Schulleiter und Personalauswahl

BEITRÄGE ZUR ARBEITS-, BERUFS- UND WIRTSCHAFTSPÄDAGOGIK

GEGRÜNDET VON PROF. DR. rer. oec. GERHARD P. BUNK

HERAUSGEGEBEN VON PROF. DR. phil. ANDREAS SCHELTEN

Band 25

PETER LANG

Frankfurt am Main · Berlin · Bern · Bruxelles · New York · Oxford · Wien

MARKUS MÜLLER

SCHULLEITER UND PERSONALAUSWAHL

EINE UNTERSUCHUNG ÜBER ENTSCHEIDUNGEN
VON SCHULLEITERN ZUM EINGEHEN
EINES LANGFRISTIGEN PERSONALVERHÄLTNISSES
IN DER ZWEITEN PHASE DER LEHRERBILDUNG
FÜR BERUFLICHE SCHULEN

PETER LANG
Internationaler Verlag der Wissenschaften

Bibliografische Information der Deutschen Nationalbibliothek
Die Deutsche Nationalbibliothek verzeichnet diese Publikation
in der Deutschen Nationalbibliografie; detaillierte bibliografische
Daten sind im Internet über <http://www.d-nb.de> abrufbar.

Zugl.: München, Techn. Univ., Diss., 2007

Gedruckt auf alterungsbeständigem,
säurefreiem Papier.

D 91
ISSN 0721-2917
ISBN 978-3-631-57588-8

© Peter Lang GmbH
Internationaler Verlag der Wissenschaften
Frankfurt am Main 2008
Alle Rechte vorbehalten.

Printed in Germany 1 2 3 4 5 7

www.peterlang.de

Inhaltsübersicht

Inhaltsverzeichnis

Vorwort

Die vorliegende Arbeit erscheint in einer Zeit, in der sich berufliche Schule und Lehrerbildung im Wandel befinden. Die Möglichkeit diese Untersuchung durchzuführen ergab sich im Rahmen des Modellversuchs AQUA, der hinsichtlich seines Innovationsgehalts der Zeit wohl noch sehr vorauseilt. Er hat hohe Wogen geschlagen und dürfte mit weit über 100 aktiv beteiligten Personen wohl zu den größten seiner Art zählen. Die Akteure dieses Versuchs haben mit der Entscheidung zur Durchführung sowohl Weitblick als auch Mut bewiesen. Sie sahen sich streckenweise manch kritischer Äußerung und manch skeptischem Blick der beharrenden Kräfte gegenübergestellt. Sie fanden Unterstützung bei den Gestaltern und Machern, den Progressiven und Innovativen. Der hier gezeigte Mut wurde mit Erfolg belohnt. Es konnte die Durchführbarkeit einer neuartigen Form der zweiten Phase Lehrerbildung unter Beweis gestellt werden, die den Paradigmenwechsel von der kollektiven zur individualisierten Lehrerbildung vollzieht.

Ein Kernelement dieser neu gedachten Lehrerbildung stellt die schulische Personalauswahl dar. Sie determiniert einerseits die schulische Personalentwicklung, andererseits die individuelle berufsbiografische Entwicklung angehender Lehrkräfte ganz wesentlich. Dieses bisher in Deutschland nie da gewesene Element einer schulischen Personalauswahl am Eingang in die zweite Phase der Lehrerbildung hat sich die vorliegende Untersuchung zu Gegenstand gemacht. Ohne die Bereitschaft der Akteure dieses Modellversuchs, sich auf das Wagnis einer neuen Form von Lehrerbildung einzulassen, hätte diese Arbeit nicht entstehen können. So gilt mein ganz herzlicher Dank allen Initiatoren, Akteuren und mutigen Unterstützern dieser neuen Form der Lehrerbildung.

Zuallererst danke ich sehr herzlich meinem Doktorvater Prof. Dr. Andreas Schelten, der dieses Vorhaben maßgeblich initiiert und mich in das Projekt geholt hat. Er stand mir in der Entstehung dieser Arbeit immer mit Vertrauen, Verständnis, Geduld und Weitblick zur Seite. Weiterhin gilt mein Dank den aktiven und ehemaligen Mitarbeitern des Lehrstuhls für Pädagogik an der Technischen Universität München PD Dr. Alfred Riedl, Dr. Robert Geiger, Prof. Dr. Ralf Tenberg, Dr. Michael Vögele, Hans-Peter Dang, Edda Fiebig, Tanja Erban, Uwe Buchalik, Michael Folgmann und Peter Hoffmann für die konstruktiven Kolloquien und Hinweise. Bei den ehemaligen Studierenden Petra Legl, Bettina Bauer, Michael Heinzmann, Florian Jehle, Antje Eder, Ilona Reinhardt, Alexander John, Gerhard Kirner und Tobias Greiner bedanke ich mich für die Unterstützung bei der Auswertung des umfangreichen Datenmaterials. Den Mitarbeitern des Bayerischen Staatsinstituts für Schulqualität und Bildungsforschung Genoveva Hiener, August Deinböck, Monika Pfahler, Arnulf Zöller und des Bayerischen Staatsministeriums für Unterricht und Kultus MR Adolf Tengg und Andrea Reuss sowie allen Referendaren, Personalentwicklern und Modulanbietern danke ich für die engagierte Kooperation im Modellversuch. Allen Schulleitern der Modellversuchsschulen gilt mein ganz besonderer Dank für die Bereitschaft, mir im Interview Auskunft und Einblick zu geben. Ohne sie alle wäre die Erstellung einer solchen Arbeit nicht möglich gewesen.

Meinem Freundeskreis danke ich für die andauernde Verbindlichkeit, die mir immer wieder den Rücken gestärkt hat.

Mein ganz besonders herzlicher Dank gilt meiner Familie, insbesondere meiner lieben Frau Melanie und meiner lieben Tochter Sarah für die große Geduld und die vielen Stunden, in denen sie auf mich verzichten mussten, meinen Eltern Elisabeth Abraham-Müller und Erich Müller sowie meiner Schwester Susanne Müller für die immerwährende Zuversicht in meine Tätigkeit.

München im Dezember 2007   Markus Müller

1 Einleitung

Die deutsche Schule befindet sich im Umbruch. Ausgehend von wirtschaftlichen, technischen und gesellschaftlichen Veränderungsprozessen werden an Schulen veränderte und neue Anforderungen herangetragen. Insbesondere berufliche Schulen sehen sich aufgrund ihrer Gelenkfunktion zwischen dem allgemeinbildenden Schulwesen und der beruflichen Arbeitswelt hohen Erwartungen hinsichtlich ihrer Flexibilität und Modernität ausgesetzt.

Schulen sind bundesweit und schulartübergreifend aufgefordert, Schulentwicklung zu betreiben. Ziel ist die Stärkung der Einzelschule. Der Schulentwicklung werden die drei Bereiche Organisations-, Unterrichts- und Personalentwicklung zugeschrieben. Ein wesentlicher Teil der Personalentwicklung ist die Personalauswahl. Individuell betrachtet stellt sie den ersten Schritt für eine Personalentwicklung dar. Bildungsadministrative Prozesse der Verantwortungsverlagerung von der Ebene der Schulaufsichtsbehörden auf die Ebene der einzelnen Schulen führen dazu, dass Schulleitungen Personalauswahlentscheidungen in eigener Verantwortung treffen. Die Schuladministration ermöglicht schulscharfe Stellenausschreibungen für Lehrkräfte und damit schulische Personalauswahl in den Bundesländern in äußerst unterschiedlicher Form und nach Schularten differenziert in variierendem Umfang. Diese Möglichkeiten entwickeln sich seit Mitte der 1990er Jahre. Eine eigene Kriterien- und Methodenkultur der schulischen Personalauswahl muss sich noch etablieren.

Die wissenschaftliche Auseinandersetzung mit dieser Thematik fand bisher für das deutsche Schulsystem nahezu nicht statt. Ziel der vorliegenden Arbeit ist es daher, das Feld der schulischen Personalauswahl zu explorieren. Ausgehend von der Grundannahme, dass schulische Personalentwicklung und Personalauswahl in das Aufgabenfeld der Schulleitung fallen, geht sie der Fragestellung nach, welcher Kriterien sich Schulleiter[1] bei der Personalauswahl bedienen. Dabei beleuchtet sie auch die Methoden schulischer Personalauswahl. Zur Gewinnung empirischer Daten werden 23 Schulleiter im problemzentrierten Experteninterview anhand eines Leitfadens vor Ort befragt.

Im Rahmen eines Modellversuchs hatten Berufsschulen die Möglichkeit, Stellen für Referendare zum Vorbereitungsdienst auszuschreiben und eigenverantwortlich zu besetzen. Eine schulscharfe Stellenausschreibung für den Vorbereitungsdienst stellt eine bis dahin nie da gewesene Situation dar. Die ausgewählten Referendare werden zwei Jahre an dieser Schule ausgebildet und erhalten im Anschluss an den Vorbereitungsdienst im Regelfall ein Angebot für eine Planstelle. Der Erfolg der Personalauswahl bemisst sich unter anderem an der langfristigen Verbleibsquote der ursprünglich ausgewählten Bewerber an der Schule.

Die vorliegende Arbeit stellt Kriterien schulischer Personalauswahl vor, diskutiert diese situationsbezogen und entwickelt Empfehlungen für schulische Personalauswahlverfahren.

---

[1] Die vorliegende Arbeit verwendet bei Personenbezeichnungen durchgängig die grammatikalisch maskuline From. Selbstverständlich ist damit auch die feminine Form angesprochen.

2 Theoretische Grundannahmen

Kapitel 2 stellt die theoretischen Grundannahmen dieser Arbeit vor. Ausgehend von aktuellen Standpunkten zur Schulentwicklung wird die Personalentwicklung an Schulen in Kapitel 2.1 in den Kontext gestellt. Es folgen in Kapitel 2.2 die weitere Fokussierung auf die Personalauswahl als Element schulischer Personalentwicklung und in Kapitel 2.3 die Vorstellung einzelner Methoden der Personalauswahl. Kapitel 2.4 schließlich stellt die Schulleitung als Instanz der schulischen Personalentwicklung heraus. Abschließend geht Kapitel 2.5 auf das Referendariat als Einstieg in die Personalentwicklung ein.

2.1 Personalentwicklung und Schulentwicklung

Der Begriff der Schulentwicklung hat sich im vergangenen Jahrzehnt zu einem zentralen Thema der schulnahen Diskussion entwickelt. Ausgehend von betriebswirtschaftlich determinierten Impulsen wurden Implikationsmöglichkeiten von Ansätzen des Qualitätsmanagements und der Organisationsentwicklung im schulischen Handlungsfeld gesucht (ALTRICHTER, SCHLEY, SCHRATZ 1998; SCHELTEN, TENBERG 2001; BLK 2003; ISB 2003, TREDOP 2003). Berufliche Schulen nehmen hier eine Vorreiterrolle ein. Spätestens seit dem Beginn der 2000er Jahre sind berufliche Schulen aufgefordert, sich zu beruflichen Kompetenzzentren und Partnern in regionalen Berufsbildungsnetzwerken weiterzuentwickeln. Dabei stehen alle Bereiche und Ebenen von Schule und deren Verwaltung zur Disposition. Administrative und organisatorische Abläufe sollen optimiert, die Regelungsdichte auch im Bereich der Schulaufsicht reduziert und die einzelne Schule mit mehr Entscheidungskompetenz ausgestattet werden. Das zentrale Handlungsfeld Unterricht unterliegt einem elementaren Veränderungsprozess, insbesondere an beruflichen Schulen. Von innen heraus muss schulisches Lernen neu gedacht werden, um den veränderten Anforderungen des beruflichen Alltags mit seinen komplexen Handlungsfeldern gerecht zu werden. Von außen gesteuert werden neue Formen der unterrichtlichen Gestaltung aufgrund moderner Strukturen von Lehrplänen und Stundentafeln erforderlich. Auf personeller Ebene gewinnen Formen teamorientierten Arbeitens an Bedeutung. Flankiert werden diese Prozesse auf einer inhaltlichen Ebene von sich verkürzenden Innovationszyklen vor allem im technischen Bereich, aber auch im kaufmännisch-verwaltenden Sektor und bei personenbezogenen Dienstleistungen. Daraus resultieren nicht nur neue Inhalte für den Unterricht in einzelnen Fächern oder Lernfeldern, sondern auch ganz neue Berufsbilder, die an beruflichen Schulen unterrichtet werden müssen. Hinzu kommen gesellschaftliche Veränderungsprozesse, die eine Verschiebung in der Struktur des Schülerklientels zur Folge haben und sich in der Form einer Anzahlerhöhung von Jugendlichen ohne Ausbildungsvertrag äußern.

Vor diesem Hintergrund ist das berufliche Handeln einer Lehrkraft zu betrachten. Dieses gehört einer besonderen Form beruflicher Tätigkeit an, dem professionellen Handeln (KOLBE, COMBE 2004). Professionelles Handeln findet in wechselnden Kontexten statt, es bezeichnet eine nicht standardisierbare Tätigkeit. Die Diversität des beruflichen Handelns einer Lehrkraft kann an beruflichen Schulen im Vergleich zu allgemein bildenden Schulen als besonders ausgeprägt bezeichnet werden. Berufliche Schulen sind von einer großen Heterogenität gekennzeichnet. Das bezieht sich sowohl auf die zu beschulenden Personen der Schüler, welche mit einer ausgedehnten Altersspanne und einer weit gestreuten schulischen und auch beruflichen Vorbildung auftreten, als auch auf die zu unterrichtenden Fächer, Lernfelder und Berufe oder berufsvorbereitenden Kurse in verschiedenen fachlichen Anforderungsstufen. Hinzu kommen unterschiedliche regionale und strukturelle Gegebenheiten hinsichtlich außerschulischer Kooperationspartner und finanzieller Möglichkeiten. Keine berufliche Schule ist in ihrer Struktur einer anderen identisch. Im Rahmen der oben angedeuteten Entwicklung regionaler Kompetenzzentren kommen auf die beruflichen Schulen und die dort tätigen Lehrkräfte erweiterte Aufgaben zu. Lehrkräfte werden in betriebswirtschaftliche Prozesse eingebunden, agieren kundenorientiert und repräsentieren die eigene Schule nach außen (BLK 2003).

SCHLEY (1998) stellt ein integratives Modell der Schulentwicklung vor. Dabei werden in einem pyramidalen Aufbau verschiedene Ebenen gekennzeichnet. Über der Pyramide steht die Vision, die Ausrichtung der geplanten Schulentwicklungsprozesse. Die Ebenen der Schulentwicklung werden von oben nach unten bezeichnet mit Strategie-, Organisations-, Team- und Personalentwicklung. Dabei geht das Modell davon aus, dass die Entwicklungsprozesse sowohl aufsteigend als auch absteigend initiiert werden können. Die hier vorliegende Forschungsarbeit konzentriert sich in dieser Terminologie auf die unterste Ebene der Schulentwicklung, die Personalentwicklung.

Schulische Personalentwicklung gewinnt an Bedeutung. Zum einen hat das Bild einer autonomen, allein auf sich bezogenen und in einem abgeschlossenen Bereich handelnden Lehrkraft mehr und mehr ausgedient. Zum anderen gelten Konzepte der Lehrerbildung als unzureichend, die lediglich auf eine Ausbildung in zwei Phasen abstellen. Vielmehr bedarf es künftig einerseits einer Lehrkraft, die in Teamstrukturen arbeitet und Aufgabenfelder auch jenseits des reinen Unterrichtens bewältigt, und andererseits einer Sichtweise von Qualifizierung, die eine berufsbiografische Perspektive der Professionalität von Lehrkräften aufnimmt (TERHART 2000). Das umfasst sowohl langfristig angelegte Qualifizierungsplanungen als auch perspektivische Karriereoptionen (BLK 2003). In diesem Zusammenhang kommt an der einzelnen Schule insbesondere den Schulleitungen eine erhöhte Bedeutung zu. Auf die Bedeutung und die Funktion der Schulleitung im Kontext der schulischen Personalentwicklung wird im Kapitel 2.4 näher eingegangen.

Betrachtet man den Ansatz der Personalentwicklung auf einer individuellen Ebene, so ist im Bezug auf Lehrkräfte zunächst die Dreiphasigkeit der Lehrerbildung in Deutschland evident. Die erste Phase bezeichnet das Studium an einer Hochschule, gefolgt von einer zweiten Phase des staatlichen Vorbereitungsdienstes. Die dritte Phase umfasst den Bereich der beruflichen Tätigkeit mit begleitenden Fortbildungsmaßnahmen. In weiter differenzierenden Sichtweisen kann die dritte Phase noch unterteilt werden in eine Berufseingangsphase, eine Phase der Fort- und Weiterbildung bzw. Berufsausübungsphase und in eine Berufsabschlussphase (KEUFFER, OELKERS 2001, INNOVELLE-BS 2003).

Modernere Ansätze heben darauf ab, „... *Lehrerbildung als eine übergreifende berufsbiografi-sche Aufgabe* zu betrachten." (Hervorhebung im Orig.; TERHERT 2000, S. 20). Die äußeren Rahmenstrukturen stehen jedoch auf absehbare Zeit nicht zur Disposition, sodass Innovationsprozesse in den Phasen an einzelnen Punkten ansetzen müssen (TERHART 2000).

Herkömmliche Ausbildungsstrukturen der Lehrerbildung in den ersten beiden Phasen sind darauf ausgelegt kollektiv ein Grundcurriculum zu verfolgen, ohne eine spätere Beschäftigung oder eine Zielstellung differenzierter Art zu berücksichtigen. Nimmt man vor allem die zweite Phase der Lehrerbildung in den Fokus, so fällt zunächst aufgrund der strukturellen Anlage des Ausbildungssystems – wie auch im Folgenden gezeigt – ein hoher Grad an Fremdsteuerung des Lernens der zukünftigen Lehrenden auf. Eine Lehrerbildung, die auf ein berufliches Tätigkeitsfeld teilautonomer Professionalität mit hohen Graden an selbstständigem und eigenverantwortlichem Arbeiten vorbereiten will, operiert hier in erster Linie mit fremdgesteuertem Lernen. Das betrifft im Wesentlichen alle vier Dimensionen von Ausbildung, also die Zeit, den Ort, den Inhalt und das Personal. Hinzu kommt übergreifend die Dimension der Prüfungen.

Die folgenden Ausführungen erfolgen vor dem Hintergrund der oben gezeigten Perspektive, Lehrerbildung als eine `übergreifende berufsbiografische Aufgabe´ zu sehen und beziehen sich auf die Lehrerbildung für berufliche Schulen im Freistaat Bayern, wo die zweite Phase der Lehrerbildung in vergleichsweise dezentraler Form organisiert ist. In einem Jahrgang absolvieren hier ca. 300 Referendare den Vorbereitungsdienst für ein Lehramt an beruflichen Schulen. Nach absolviertem Studium an einer wissenschaftlichen Hochschule und der Anmeldung für den Vorbereitungsdienst werden die zukünftigen Lehrkräfte in einem Zuweisungsverfahren auf die Seminarschulen verteilt. Im Regelfall wird der Ausbildungsort zwei Monate vor Schuljahresbeginn von Kultusministerium und nachfolgend von den Bezirksregierungen bekannt gegeben. Das erste Jahr des Vorbereitungsdienstes verbringt der Referendar an einer Seminarschule. Gegen Ende des Schuljahres erfährt er seinen Dienstort für das zweite Jahr der Ausbildung an der so genannten Einsatzschule. Wünsche hinsichtlich der Zuweisung können dabei geäußert werden. Für seine berufliche Tätigkeit nach dem Vorbereitungsdienst entscheidet sich der Ort erst nach der Ausbildung. Die Ausbildungszeiten sind in einer festen Struktur für diese beiden Jahre vorgegeben. Gleiches gilt für die Inhalte und das Ausbildungspersonal. Wahlmöglichkeiten sind nicht vorgesehen. Die Ausbildungsinhalte sind landesweit verbindlich in einer Ausbildungsordnung fixiert, wenngleich auf einem relativ hohen Abstraktionsniveau. Die Ausbildung erfolgt durch einen Personenkreis, dem der Referendar zugewiesen wird. Das sind im ersten Ausbildungsabschnitt die beiden Seminarlehrer für die beiden Fächer, ein Seminarvorstand, der die Gesamtverantwortung für die Ausbildung trägt, und betreuende Lehrkräfte, bei denen der angehende Lehrer Unterrichtsversuche macht und Stunden übernimmt. Im zweiten Jahr begleitet ein Betreuungslehrer an der Einsatzschule den Referendar und es finden Sitzungen beim Seminarvorstand statt, zu dem die Referendare eines Bezirks zentral fahren. Prüfungen werden vom Seminarvorstand zentral organisiert.[2] An dieser Stelle stehen sich zwei Paradigmen gegenüber. Auf der einen Seite steht die Idee einer kollektiven Lehrerbildung, die alle Abläufe und Inhalte vordenkt und in gegebenen Strukturen auf rationelle Weise Lehrkräfte auf Vorrat ausbildet. Auf der anderen Seite entsteht eine Sichtweise auf Lehrerbildung, die in längeren Fristen phasenübergreifend denkt und individuelle berufsbiografische Entwicklungsverläufe vorsieht. Als Orientierungsgröße wäre im ersten Fall ein fixiertes Curriculum zu sehen, im zweiten Fall eine situations- und bedarfsabhängige Entwicklung.

An dieser Stelle sind die vier Dimensionen von Ausbildung aufzugreifen. Grundsätzlich steht aus dem Blickwinkel der Schulentwicklung und weiter der Personalentwicklung für Schulen jede der Lehrerbildungsdimensionen zur Diskussion. Dabei können zwei Fokussierungen vorgenommen werden. Einerseits können die Strukturen von Lehrerbildung und die Inhalte bedacht werden, andererseits wäre zu betrachten, welche Personen in so einer Lehrerbildung an das berufliche Handlungsfeld herangeführt werden sollen und wie diese ausgewählt werden.

Die vorliegende Arbeit betrachtet im Schwerpunkt den zweiten Fokus, also die Personalauswahl, unter den Rahmenbedingungen einer besonderen Struktur mit der Möglichkeit der Flexibilisierung der Ausbildungsinhalte, also im Kontext eines besonderen ersten Fokus.

Nach diesen Überlegungen, zum einen Personalentwicklung vor dem Hintergrund sich verändernder beruflicher Tätigkeitsfelder von Lehrkräften als Teil von Schulentwicklung zu begreifen und zum anderen Lehrerbildung als eine übergreifende berufsbiografische Aufgabe zu betrachten, soll es im Folgenden um die Personalauswahl als einen Ansatzpunkt schulischer Personalentwicklung gehen.

2.2 Personalentwicklung durch Personalauswahl

In Kapitel 2.1 wurde ausgehend von aktuellen Tendenzen im Hinblick auf Schulentwicklung die Personalentwicklung als ein wesentlicher Faktor sowohl aus strukturell-organisatorischer Sicht als auch aus einer individuellen Perspektive herausgestellt. Im Folgenden soll der Blick auf die Personalauswahl als Element der schulischen Personalentwicklung gelenkt werden.

Zum Begriff der Personalentwicklung liegt keine verbindliche und allgemeingültige Definition vor. Vielmehr ist eine solche Definition, vor allem aus wissenschaftlicher Sicht, immer im Kontext des jeweiligen Forschungszugangs zu sehen. Vorliegende Definitionen finden ihren Ursprung meist in einer betriebswirtschaftlichen Orientierung. Im Folgenden soll eine Definition von BECKER als Arbeitsgrundlage für die vorliegende Arbeit dienen, die zum einen umfassend genug ist, um auch Non-Profit-Organisationen wie die Schule zu erfassen, zum anderen konkret genug erscheint, um den anvisierten Arbeitsbereich klar zu verorten.

---

[2] Zur Vertiefung vgl. Ordnung der Zweiten Staatsprüfung für ein Lehramt an öffentlichen Schulen (LPO II) und Zulassungs- und Ausbildungsordnung für das Lehramt an beruflichen Schulen (ZALB), veröffentlicht unter http://www.servicestelle.bayern.de/bayern_recht/

„Personalentwicklung umfasst alle Maßnahmen der Bildung, Förderung und der Organisationsentwicklung, die zielgerichtet, systematisch und methodisch geplant, realisiert und evaluiert werden." (BECKER 2002, S.4)

Mit dieser Definition werden drei Säulen der Personalentwicklung aufgemacht. Die erste Säule umschreibt mit dem Begriff der Bildung u. a. die Bereiche Berufsausbildung, Weiterbildung, Führungsbildung, Anlernung, Umschulung. Die zweite Säule formiert unter dem Begriff Förderung u. a. die Bereiche Auswahl und Einarbeitung, Arbeitsplatzwechsel, Nachfolge- und Karriereplanung, Mitarbeitergespräche und Leistungsbeurteilung, Coaching, Mentoring. In der dritten Säule umfasst der Begriff der Organisationsentwicklung u. a. die Bereiche Teamentwicklung, Projektarbeit, Systemgestaltung, Gruppenarbeit (BECKER 2002). Dabei werden unter Personalentwicklung im engen Sinn die Säule der Bildung, im erweiterten Sinn die Säulen Bildung und Förderung zusammen und im weitesten Sinn der Verbund aus den Säulen Bildung, Förderung und Organisationsentwicklung verstanden. Die vorliegende Arbeit nimmt die Fokussierung auf die zweite Säule der Personalentwicklung vor, die hier unter dem Begriff der Förderung firmiert, und konzentriert sich dort auf den Teilbereich der Personalauswahl. Mitgedacht ist dabei auch der Bereich der Nachfolge- und Karriereplanung.

Die besondere Bedeutung der Personalauswahl unterstreicht BARTZ (2004) vor allem im Hinblick auf die Organisation Schule. Es gilt die Annahme, dass auf die Schule übertragbar ist, was für Unternehmen grundsätzlich gilt: „Eine sorgfältige Personalauswahl (...) ist (...) ein grundlegender Erfolgsfaktor des Unternehmens, da im Falle einer Fehlbesetzung empfindliche Folgekosten in Millionenhöhe entstehen können, sei es durch krasse Fehlentscheidungen des (fälschlicherweise) eingestellten Mitarbeiters oder aber durch gravierende Fähigkeits- oder Fertigkeitslücken, die im Rahmen der Leistungsbeurteilung offen gelegt werden und dann nachträglich durch seinerseits kostenintensive Personalentwicklungsmaßnahmen behoben werden müssen" (Steinmann/Schreyögg 1990, S. 583 zitiert nach BARTZ 2004, S. 116). „Was hier für den Unternehmensbereich ausgesagt wird, lässt sich auf die Schule übertragen, wobei hier die Kosten z. B. darin liegen können,

- dass eine Lehrkraft nicht zur Schule und zum Schulprogramm passt, zu Lehrerkooperation in dieser Schule nicht bereit und in der Lage ist und dies immer wieder Anlass für Konflikte bietet oder

- dass eine Lehrkraft das Lernen und die Entwicklung der Schülerinnen und Schüler nur unzureichend fördert oder gar Schülerinnen und Schüler schädigt oder

- dass eine Lehrkraft wegen Überforderung oder Burnout vorzeitig in den Ruhestand versetzt werden muss." (BARTZ 2004, S. 116-117)

Erschwerend kommt hinzu, dass die im Falle einer Fehlbesetzung entstehenden Kosten und Flurschäden nicht quantifiziert werden, bzw. nicht quantifiziert werden können. Die Auswirkungen sind häufig langfristig und die kausalen Zusammenhänge nur äußerst schwer zurück zu verfolgen. Jedenfalls aber liegt keine Ergebnisverantwortung für Personalentscheidungen vor. Auf die im weiteren Verlauf schwierigen oder gar unmöglichen Prozesse der Personalfreisetzung soll im Rahmen dieser Arbeit nicht eingegangen werden. Vielmehr geht es darum, zu prüfen, welche Maßnahmen der Personalbeschaffung für die Schule zielführend sein können.

Schulische Personalentwicklung und damit auch schulische Personalauswahl unterliegen besonderen Rahmenbedingungen, die eine deckungsgleiche Adaption betriebswirtschaftlicher Personalentwicklungsinstrumente nicht zulassen.

In Bayern werden Lehrkräfte in der Regel in einem Beamtenverhältnis beschäftigt. In einem ersten Schritt sind daher beamtenrechtlich geregelte Eingangsvoraussetzungen für ein Lehramt zu berücksichtigen. Für das Lehramt an beruflichen Schulen ist ein universitäres Studium in einer beruflichen Fachrichtung und meist einem zusätzlichen Unterrichtsfach vorgesehen. Für den kaufmännischen Bereich entfällt häufig das Zweitfach durch die Belegung eines affinen Doppelwahlpflichtfachs. Im Rahmen von Sondermaßnahmen werden zeitlich befristet vom Kultusministerium auch Universitätsabsolventen aus rein fachlichen Studiengängen in den Vorbereitungsdienst übernommen. Aus schulischer Sicht werden aber in jedem Fall die formalen Eingangsvoraussetzungen für eine Beschäftigung an der Schule von einer übergeordneten Dienststelle festgesetzt und geprüft.

In einem nächsten Schritt muss sich die Schule von der übergeordneten Dienststelle die Besetzung einer Personalstelle genehmigen lassen, bzw. sich eine Planstelle zuweisen lassen. Die Genehmigung einer Stelle hängt vom Lehrkräftebedarf der Schule ab, der sich aus der Anzahl der Schüler und Klassen ergibt. Es liegt also ein reglementiertes bedarfs- bzw. nachfrageorientiertes Einstellungsverhalten der Schule vor.

Eine angebotsorientierte Personalpolitik auf Schulebene ist in bisheriger Denkweise nicht vorgesehen. Die Nachfrage nach den schulischen Dienstleistungen ist gesteuert bzw. gedeckelt. Im Fall von Pflichtbeschulungen im Rahmen einer dualen Berufsausbildung werden die Schüler durch so genannte Sprengel der Schule zugewiesen. Im Fall von freiwilligem Schulbesuch z. B. bei weiterführenden beruflichen Schulen legt die Schule in Absprache mit der übergeordneten Dienststelle die Anzahl der anzunehmenden Schüler fest. An Berufsschulen, die Auszubildende aus einer dualen Berufsausbildung beschulen, ergibt sich eine gewisse Unvorhersehbarkeit des Personalbedarfs aus der Abhängigkeit vom Einstellungs- und Ausbildungsverhalten der Betriebe. Schüler können auch noch weit bis ins das laufende Schuljahr hinein an der Schule angemeldet werden, wenn der Ausbildungsvertrag verspätet zustande kommt. Dieser Umstand erschwert eine Personalplanung. Daneben ergeben sich aus der oben angedeuteten Entwicklung hin zu beruflichen Kompetenzzentren zum Teil massive Verschiebungen der Fachbereiche zwischen den Schulen, die vorwiegend außengesteuert vorgenommen werden.

Schulen werden in derzeitigen Regelungsmodellen von verschiedenen Kostenträgern finanziert. Personalkosten übernimmt bei staatlichen Schulen das Land, hier der Freistaat Bayern, bei kommunalen oder privaten Trägern wird ein Personalkostenzuschuss in erheblicher Höhe gewährt. Den Sachaufwand hingegen trägt im Regelfall die Kommune oder der Landkreis. Für die einzelne Schule bedeutet das hinsichtlich ihrer Entwicklungsbemühungen, immer bei beiden Kostenträgern Genehmigungen einholen zu müssen. Schulentwicklung ist immer im

Verbund der Bereiche Personal-, Organisations- und Unterrichtsentwicklung zu sehen. Will eine Schule ihr Dienstleistungsangebot in bestimmten Fachbereichen ausbauen, so benötigt sie dazu sowohl geeignetes Personal, als auch geeignete Räume und Ausstattung sowie angemessene Unterrichtskonzepte.

In Teilbereichen sind Öffnungsansätze zu beobachten, die der Einzelschule mehr Autonomie zusprechen. Für den Bereich der Personalentwicklung haben berufliche Schulen in Bayern seit dem Schuljahr 2000/2001 die Möglichkeit Planstellen über eine Internetseite des Kultusministeriums auszuschreiben und autonom über die Personalauswahl zu entscheiden. Die Planstelle an sich muss der Schule jedoch zuvor von der Bezirksregierung bereitgestellt werden. Weiterhin muss der ausgewählte Bewerber formale Kriterien erfüllen, insbesondere muss er die so genannte Einstellungsgrenznote, den Numerus clausus dieses Jahrgangs, erreichen. In der Stellenausschreibung hat die Schule die Option, Anforderungskriterien zu formulieren. Aus der Beobachtung der letzten Jahre verbleiben diese Formulierungen jedoch meist auf dem Niveau einer Nennung der gewünschten Fächerverbindung. Hinzu kommt in Einzelfällen der Wunsch nach einer Berufsausbildung des Bewerbers in einem bestimmten Bereich. Positiv an dieser Möglichkeit der Personalgewinnung ist zu sehen, dass die Personalfluktuation reduziert werden dürfte. Die angehenden Lehrkräfte bewerben sich bewusst an dieser Schule und werden nicht wie bisher in einem Zuweisungsverfahren unfreiwillig an Standorte versetzt, an denen sie sofort wieder Versetzungsanträge stellen. Als wesentlicher Fortschritt aus Sicht der Schule ist zu werten, dass aus einem Bewerberpool diejenige Person ausgewählt werden kann, die neben den formal-fachlichen Kriterien auch in personeller und sozialer Hinsicht in das Profil der Schule passt und dieses weiter entwickeln kann.

Andere Bundesländer wie Baden-Württemberg, Berlin, Hessen, Mecklenburg-Vorpommern, Niedersachsen, Rheinland-Pfalz, Schleswig-Holstein oder Nordrhein-Westfalen führen ähnliche Verfahren zur Besetzung schulbezogener Stellen durch. In Fällen akuten Bedarfs schreibt auch Brandenburg schulscharf Stellen aus. Für die Stadtstaaten ergeben sich naturgemäß besondere Bedingungen, da Bewerbungen in einer beruflichen Fachrichtung häufig nur wenige mögliche Schulen bedingen. Insgesamt gehen die Länder in immer stärkeren Umfang dazu über, Schulen rechtlich die Kompetenz zu Stellenausschreibungen und Besetzungen zu verleihen. Dieser Trend hat sich vor allem in den Jahren 2005 und 2006 verstärkt und findet seinen Niederschlag in den Veröffentlichungen der entsprechenden Verordnungen in diesem Zeitraum[3].

Weiter reichende Ansätze, wie etwa der einer Gesamtbudgetierung, in der Personal- und Sachaufwand gegeneinander verrechnet oder verschoben werden können, sind derzeit in Bayern noch nicht vorgesehen. Im Modellversuch MODUS 21 (Modell Unternehmen Schule) werden bayerischen Schulen erweiterte Spielräume schulischer Gestaltung und Verantwortung zugestanden. Eines der Arbeitsfelder befasst sich mit dem Bereich des Personalmanagements und der Personalführung (STIFTUNG BILDUNGSPAKT BAYERN 2005). Die erprobten und vom bayerischen Kultusministerium zum Schuljahr 2005/06 freigegebenen Maßnahmen kommen allerdings bisher über zaghafte Ansätze der Förderung teamorientierten Ar-

---

[3] Vgl. hierzu die entsprechenden Links auf dem Deutschen Bildungsserver unter www.bildungsserver.de

beitens der Lehrkräfte noch nicht hinaus. Interessant wird bleiben, inwieweit sich zu den ausgeschriebenen Versuchsbereichen zur Personalentwicklung und Personalverantwortung im
weiteren Verlauf des Modellversuchs Erfolg versprechende Maßnahmen abzeichnen.

In Niedersachsen erhalten berufliche Schulen einen noch höheren Grad an finanzieller und
personeller Autonomie im Rahmen des Modellversuchs ProReKo (Projekt Regionale Kompetenzzentren). Eigenverantwortung in personellen Fragen und eigenständige Finanzbewirt-
schaftung werden von nahezu allen befragten Modellversuchsteilnehmenden als förderlich für
den Aufbau eines Qualitätsmanagements an der Schule eingestuft (RÜTTERS, ROG-
GENBRODT, KÜNZEL 2005). Weiterführende Analysen zu diesen Zusammenhängen stehen
allerdings noch aus und können daher hier noch nicht als Referenz dienen.

In einer konstruktiven Sichtweise sind die Entwicklungen zur Schaffung von Möglichkeiten
zu einer bedarfsgerechten Personalauswahl auf der einen Seite und einer interessens- und mo-
tivationsgeleiteten Bewerbung auf der anderen Seite trotz der oben gezeigten Einschränkungen zunächst positiv zu bewerten. Diese Position basiert auf der Annahme, dass eine solche
Öffnung überhaupt erst die Entwicklung einer spezifischen Kultur der Personalentwicklung
und damit der Personalauswahl ermöglicht. Wie oben gezeigt, konnte sich aufgrund der bisherigen hohen Regelungsdichte zur Personalversorgung öffentlicher Schulen eine solche Kultur
der Personalentwicklung wenn überhaupt nur sehr begrenzt entwickeln. Entwicklungsför-
dernd ist damit die derzeitige moderate Öffnung zu sehen. Die Schulverwaltung delegiert einen Teil ihrer Aufgaben aber damit auch ihrer Macht an die Einzelschule. Dennoch bleiben –
zunächst – regulierende Vorgaben in abgeschwächter Form bestehen, um einerseits eine Ab-
senkung der Qualität der Lehrkräfte durch unangebrachte Einstellungen zu vermeiden und
andererseits einer Überforderung der Einzelschule vorzubeugen.

Aus einer eher kritisch orientierten Perspektive wären die geschaffenen Möglichkeiten als
minimalistisch zu bezeichnen. Diese Position basiert auf der Annahme, dass die staatliche
Schulaufsicht offenbar nicht so recht loslassen kann von den lieb gewonnenen Verwaltungs-
vorgängen und der Einzelschule zu wenig zutraut, auch mit größeren Freiheiten verantwortlich und angemessen umzugehen. Ein Beleg dafür wäre das nach wie vor strenge Festhalten
an der so genannten Einstellungsgrenznote als formales und oberstes Kriterium eine Stellenzusage. Andere Kriterien der Personalauswahl hingegen, die evtl. aus Sicht der Schule höhere
Relevanz haben könnten, bleiben hingegen unberücksichtigt. Dazu wären beispielsweise weiterführende Qualifizierungen, der eigene Ausbildungsberuf oder personale Kompetenzen zu
zählen.

In jedem Fall aber bleibt festzuhalten, dass schulbezogene Stellenausschreibungen und damit
verbundene Personalentscheidungen deutschlandweit in zunehmendem Maße praktiziert werden und somit – entsprechend der hier zugrunde gelegten Definition – die Säule der Förderung innerhalb der Personalentwicklung im erweiterten Sinn an Schulen als Teil der Schulentwicklung gestärkt wird. Hier geht es nun primär um den ersten Schritt einer solchen Förderung, die Personalauswahl. Im folgenden Kapitel 2.3 gilt der Blick den Methoden einer solchen Auswahl von Personal, später in Kapitel 2.4 den Personen, die diese Auswahl durchführen.

2.3 Methoden der Personalauswahl

Die Methoden der Personalauswahl sind Teil der Methoden der Personalförderung. Vor der Personalauswahl steht die Stellenausschreibung. Nach dem Bewerbungseingang erfolgt in einem ersten Schritt eine Vorauswahl, an die sich die Endauswahl anschließt. Die Darstellung folgt der Chronologie einer Stellenbesetzung und beleuchtet somit die Stellenausschreibung, die Methoden der Vorauswahl sowie die Methoden der Endauswahl.

Stellenausschreibung

Eine bedarfsgerechte Stellenbesetzung setzt eine entsprechende Stellenausschreibung voraus. In der Stellenausschreibung sollten möglichst präzise die Anforderungen an den Bewerber beschrieben werden, um die Anzahl ungeeigneter Bewerber von vorne herein gering zu halten. Zugleich sollten die Anforderungen nicht unnötig überhöht dargestellt werden, um potenzielle Bewerber, welche die Mindestvoraussetzungen erfüllen können, nicht auszuschließen. Mit anderen Worten heißt das, die Stellenausschreibung muss die Mindestanforderungen nennen und kann ggf. zusätzlich begünstigende Eigenschaften erwähnen. Die Formulierung der Mindestanforderungen setzt eine Anforderungsanalyse voraus. Für die hier zu untersuchende Personalauswahl ergibt sich ein Teil der Mindestanforderungen aus den Zugangsvoraussetzungen für die Zulassung zum Vorbereitungsdienst. Diese sollen im Weiteren nicht näher betrachtet werden, da sie keine Auswahlkriterien für die Schule darstellen. Es wird vielmehr davon ausgegangen, dass alle Bewerber diese Zugangsvoraussetzungen erfüllen. Die Überprüfung dazu findet beim Ministerium und nicht an der Einzelschule statt. Darüber hinausgehende Merkmale, die sich aus einer Anforderungsanalyse an der Schule ergeben, finden Niederschlag in der Stellenausschreibung und gelten weiter in der Vor- und Endauswahl als leitend. In welcher Ausprägung diese Anforderungen auswahlentscheidend sind, gilt es in dieser Arbeit offen zu legen.

Methoden der Vorauswahl

Die Auswertung der Bewerbungsunterlagen stellt gewöhnlich den ersten Schritt bei der Bewerberauswahl dar. THOM & RITZ (2006 b) stellen diese neben dem Bewerbungsgespräch als die sowohl in Unternehmen als auch in der öffentlichen Verwaltung am häufigsten angewendete Methode der Personalauswahl dar. In den meisten Fällen folgen weitere Stufen der Auswahl, weshalb diese Auswertung häufig als Vorauswahl bezeichnet wird (SCHULER 2000). Besonders bei großen Bewerberzahlen wird neben der Prüfung der formalen Voraussetzungen bereits eine Selektion anhand der eingesendeten Unterlagen vorgenommen. Aus dem Anschreiben werden erste Hinweise über die Persönlichkeit und den Arbeitsstil des Bewerbers entnommen. Insbesondere sprachliche Ausdrucksfähigkeit, Sorgfalt und die Fähigkeit klar strukturiert und in prägnanter Form das wichtigste mitzuteilen werden bewertet. Allerdings weist DRUMM (2000) auf den bescheidenen Wert der Bewerbungsunterlagen als Grundlage der Bewerberauswahl hin. Dies erscheint zumindest im Hinblick auf das Anschreiben schlüssig, da inzwischen vielfältige Möglichkeiten bestehen, sich an vorgefertigten Musteranschreiben zu orientieren und sich in einigen Bereichen Normen etabliert haben. Nimmt

ein Bewerber Dienste eines professionellen Bewerbungsbüros in Anspruch, verliert das Anschreiben hinsichtlich der Aussagekraft über die oben genannten Kriterien an Wert.
Dies gilt jedoch nicht für die formal-faktischen Informationen, die den Bewerbungsunterlagen
im Ganzen zu entnehmen sind. Dazu zählen der Lebenslauf und die Zeugnisse sowie ggf. Referenzen. SCHULER (2002) berichtet eine überaus gute Einschätzung dieser Bewerbungsunterlagen hinsichtlich der Brauchbarkeit durch die Verwender im Prozess der externen Personalauswahl. Die Brauchbarkeit setzt sich hier aus den Komponenten Validität, Praktikabilität
und Akzeptanz zusammen. Arbeitszeugnissen und Referenzen wird im Rahmen der vorliegenden Arbeit geringe Relevanz beigemessen, da Arbeitszeugnisse im Allgemeinen unterschiedlichen Konventionen sowie der Verpflichtung zur positiven Formulierung unterliegen
(SCHULER 2000, DRUMM 2000, BECKER 2002). Zudem handelt es sich bei den Bewerbern um Berufsnovizen, bei denen in den wenigsten Fällen Arbeitszeugnisse aus einer Tätigkeit auf ähnlichem Qualifikationsniveau zu erwarten sind. Als aussagekräftig hingegen gelten
gemeinhin Zeugnisse, die Aufschluss über Leistungen in Schule, Berufsausbildung und Studium geben. Insbesondere die Leistungsnachweise aus dem Hochschulstudium dürften für die
Bewerberauswahl interessant sein. So sollten Noten im Abschlusszeugnis mit kognitiver Leistungsfähigkeit sowie Fleiß und diszipliniertem Arbeitsverhalten korrelieren. Einschränkend
sei jedoch auf die – wenn auch älteren, aber dennoch hier als relevant gesehenen – Untersuchungen von REILLY & CHAO (1982) hingewiesen, die in einer Metaanalyse verschiedene
Methoden der Personalauswahl gegenüberstellen. Danach wird den Schulnoten zwar relativ
hohe Validität für die Prognose von Ausbildungserfolg zugeschrieben, für die Vorhersage von
Berufserfolg aber fallen die Koeffizienten gering aus. Dabei kommt den Schulzeugnissen innerhalb der Bewerbungsunterlagen immerhin noch ein vergleichsweise höheres Gewicht zu,
die Aussagekraft von Bewerbungsunterlagen insgesamt aber wird als recht begrenzt bewertet.
SCHULER (2000) geht davon aus, dass für Examensnoten als Entscheidungsgrundlage eine
ähnliche Unsicherheit gilt.

Dem Lebenslauf sind biographische Daten[4] zu entnehmen, für die REILLY & CHAO (1982)
eine hohe Validität hinsichtlich der Prognose von Berufserfolg bestätigen. Dies gilt auch und
gerade für die berufliche Tätigkeit auf Managementebene, die noch am ehesten dem Feld der
beruflichen Tätigkeit von Lehrkräften nahe kommt. STAUFENBIEL & RÖSLER (1999)
kommen zur gleichen Einschätzung hinsichtlich der prognostischen Validität von biographischen Daten, weisen jedoch auf die tendenziell geringere Akzeptanz für dieses Auswahlinstrument auf Seiten der Bewerber hin. Diese Akzeptanz wäre unter dem Begriff der sog. sozialen Validität zu führen (KOLZAREK, LINDAU-BANK 2004). Für die vorliegende Arbeit
stellt sich zudem die Frage, welche biographischen Daten (z. B. Alter, Geschlecht, Zugehö-
rigkeit zu ethnischen Gruppen, Erfahrungen, Werdegang, ...) in welcher Richtung Aussagekraft haben können oder von den Schulleitern präferiert werden. BECKER (2000) schlägt vor,
den Lebenslauf auf Korrektheit und Kontinuität zu prüfen. THOM & RITZ (2006 b) un-
terstreichen diese Herangehensweise und fragen weiter nach kausalen Zusammenhängen und
Zielgerichtetheit von Arbeitsplatzwechseln. Für die hier vorliegende Population bieten sich

---

[4] Reilly & Chao (1982) bezeichnen diese als „biodata".

Aspekte der Berufsbiographie an, die etwa das Durchlaufen einer Berufsausbildung, Art und Anzahl von Praktika oder eine Schullaufbahn in berufsbildenden Schulen betreffen. Grundsätzlich existieren als Instrumente zur Verbreiterung der biographischen Datenbasis auch biographische Fragebögen. Deren Einsatz stößt allerdings dort an Grenzen, wo über einstellungsrelevante Informationen hinausgegangen wird und Fragen aus der Privatsphäre der Bewerber gestellt werden. Weiterhin gestaltet sich einerseits die Erarbeitung eines biographischen Fragebogens aufwändig, andererseits können sich Schwierigkeiten bei der Interpretation der gewonnenen Daten ergeben. BECKER (2002) weist diesbezüglich einschränkend auf FUNKE (1986) hin: „Die Betrachtung valider Einzelitems lässt zur Zeit noch kein konsistentes biographisches Muster erkennen, das überzeugend mit anforderungsbezogenen Überlegungen in Verbindung gebracht werden könnte." (FUNKE 1986, S. 94 zitiert nach BECKER 2002, S. 274)

Auf graphologische Gutachten soll im Rahmen dieser Arbeit nicht näher eingegangen werden. Diese werden zwar bei einzelnen Autoren noch als mögliche Methoden der Personalauswahl geführt und in der Privatwirtschaft noch gelegentlich verwendet, sie sind jedoch rechtlich und fachwissenschaftlich erheblich umstritten und gelten mehrheitlich als ungeeignet (DRUMM 2000; BECKER 2002; THOM, RITZ 2006 b; BORKENAU 2004).

Für die vorliegende Untersuchung bleibt hinsichtlich der Methoden der Vorauswahl zusammenfassend festzuhalten, dass sich die Methoden der Vorauswahl auf die Sichtung der Bewerbungsunterlagen konzentrieren dürften. Es ist anzunehmen, dass die Bewerber Unterlagen in der üblichen Form zusenden, d. h. Anschreiben, Lebenslauf und Zeugnisse vorlegen. Dem Anschreiben wird eine geringe Aussagekraft beigemessen, für Zeugnisse wird zumindest für den Ausbildungserfolg eine relativ hohe Validität beschrieben. Die in diesem Vergleich größte prognostische Validität wird den biographischen Angaben zugeschrieben, die allerdings einen Mangel an sozialer Validität, also der Akzeptanz auf Seiten der Bewerber, aufweisen.

Methoden der Endauswahl

Bewerbungsgespräch

Das Bewerbungsgespräch oder Einstellungsinterview gehört allgemein zu den am häufigsten eingesetzten Auswahlverfahren und erfährt eine hohe Akzeptanz, sowohl bei den Bewerbern als auch bei den Anwendern (STAUFENBIEL, RÖSLER 1999; SCHULER 2002; KOLZA-REK, LINDAU-BANK 2004; THOM, RITZ 2006b). Die hohe soziale Validität dieses Instruments bei den Bewerbern hängt offenbar mit dem Gefühl zusammen, die Situation selbst gestalten und Einfluss nehmen zu können. Auswahlinterviews unterliegen jedoch einer breiten Streuung hinsichtlich der prognostischen Validität. Zurückgeführt werden die Schwächen des Auswahlinterviews im Wesentlichen auf die klassischen Beurteilungsfehler, die im Beobachter selbst zu suchen sind. Dazu zählen etwa die bekannten Verfälschungstendenzen wie Halo- oder Primacyeffekte, Ähnlichkeitsphänomene, Self-fullfilling-prophecies oder Überlastungen in der Informationsverarbeitung. Dem gegenüber erreichen vor allem hoch strukturierte Interviews und solche, die Fragen stellen, welche sich auf die tatsächliche berufliche Anforderung beziehen, bessere Reliabilitäts- und Validitätswerte (STAUFENBIEL, RÖSLER 1999).

SCHULER (2002) berichtet eine zunehmende Tendenz der Normierung von Einstellungsinterviews und eine noch keineswegs abgeschlossene Forschung zu den Validitäten der verschiedenen Interviewstile. Für ihn geht das einher mit einem Glauben an eine grundsätzliche
Normierbarkeit und Verwissenschaftlichung aller Lebensbereiche, der einen Wandel der Kultur darstellt. Zur methodischen Verbesserung des Interviews schlägt er zehn Maßnahmen vor:
„1.Anforderungsbezogene Gestaltung; 2. Beschränkung auf diejenigen Merkmale, die nicht
anderweitig zuverlässiger gesammelt werden können; 3. Durchführung in strukturierter bzw.
(teil-)standardisierter Form; 4. Verwendung geprüfter und verankerter Skalen; 5. Empirische
Prüfung (Itemanalyse, Validierung) von Einzelfragen; 6. Bei geringem Standardisierungsgrad
Einsatz mehrerer Interviewer; 7. Integration von Verfahrenskomponenten aus dem Assessment
Center; 8. Standardisierung der Gewichtungs- und Entscheidungsprozedur; 10. Vorbereitung
der Interviewer durch ein verfahrensbezogenes Training" (SCHULER 2002, S. 33). Inwieweit
der hier vorgelegte Maßnahmenkatalog als angemessene Referenzgröße für die an den Schulen durchzuführenden Einstellungsinterviews dienen kann wird in der Diskussion der Ergebnisse der vorliegenden Arbeit in Kapitel 9 aufzugreifen sein.

THOM & RITZ (2006 b) berichten eine Einsatzquote von 94% für das Bewerbungsgespräch
als hauptsächliches Auswahlinstrument bei schweizerischen Reformprojekten im öffentlichen
Sektor[5]. Für die Auswahl von Lehrpersonen empfehlen THOM & RITZ (2006 a) ein dreistufiges Verfahren, bei welchem dem Bewerbungsgespräch die zentrale Rolle zukommt: 1. Anforderungsanalyse und Stellenausschreibung, 2. Prüfung der Bewerbungsunterlagen und 3.
Probelektion und Bewerbungsgespräch. Auf die Stufen 1 und 2 wurde weiter oben bereits
eingegangen. Die hier empfohlene 3. Stufe stellt neben dem Bewerbungsgespräch das Element einer Probelektion vor. Darunter ist eine vom Bewerber zu haltende Unterrichtsstunde
zu verstehen, die von der Auswahlkommission begutachtet wird. Interessant kann bei diesem
Verfahren – neben den Beobachtungseindrücken aus einer konkreten relevanten beruflichen
Situation – die Möglichkeit sein, den Bewerber im Gespräch nach der Probelektion auch zu
dieser Probe und seinen Empfindungen in der Situation zu befragen. So verlockend sich die
Methode der Probelektion auf den ersten Blick präsentieren mag, so kritisch muss sie jedoch
im Zusammenhang mit der in der vorliegenden Arbeit zu untersuchenden Situation betrachtet
werden. Die Bewerber für die Stellen im Untersuchungsfeld Referendariat werden zu Beginn
der Ausbildung ausgewählt und verfügen dementsprechend noch nicht, bzw. noch nicht vollständig über die zu erwerbenden Kompetenzen einer Lehrkraft. Die zu entwickelnde Performanz kann nicht a priori getestet werden. Dennoch erscheint eine derartige Herangehensweise
nicht indiskutabel. Schließlich haben die Bewerber bereits in ihrer ersten Phase der Lehrerbildung im Rahmen schulischer Praktika Gelegenheit gehabt, ihr Theoriewissen in unterrichtli-
cher Gestaltung anzuwenden. Grundkonstitutionen wären also beobachtbar[6].

---

[5] Den Untersuchungsschulen werden keine Vorgaben zu den Methoden und Instrumenten der Personalauswahl
gemacht. Für die vorliegende Arbeit gilt jedoch die Grundannahme, dass auch jeder der zu untersuchenden
Schulleiter zumindest auf das Einstellungsinterview als Personalauswahlinstrument zurückgreifen wird.
[6] Vgl. dazu weiter die Ausführungen am Ende dieses Kapitels zur Potentialanalyse.

Arbeitsproben

Für den Begriff der Arbeitsproben hat sich inzwischen ein erweitertes Verständnis durchgesetzt, das über standardisierte Aufgaben oder Tests hinausgeht (STAUFENBIEL, RÖSLER 1999). Es zählt z. B. auch ein Probevortrag eines Lehrers dazu, oder um den obigen Terminus aufzugreifen eine Probelektion. Arbeitsproben können sowohl in konkreten als auch in simulierten Situationen durchgeführt werden. Im schulischen Kontext wäre eine Simulation jedoch wohl unverhältnismäßig aufwändig. Für Situationen, in denen Bewerber noch nicht über die erforderlichen Kompetenzen verfügen, werden zwar Trainierbarkeits- oder Lernfähigkeitstests diskutiert (ebd.). Diese dürften jedoch für das komplexe Handlungsfeld einer Lehrkraft keine hinreichende Aussagekraft erwarten lassen. Arbeitsproben an sich und speziell Probelektionen in angekündigten realen Situationen erscheinen im Lichte des vorliegenden Untersuchungsfeldes nach Meinung des Verfassers geeignet, um das Entwicklungspotential eines Bewerbers einschätzen zu können [7].

Assessment Center

In Assessment Centern (AC) kommen verschiedene diagnostische Verfahren (z. B. Gruppendiskussionen, Postkorb-Übungen, Präsentationen, Fallstudien, Planspiele) kombiniert zum Einsatz. AC werden vorwiegend auf der Ebene von Führungspersonen auch zur Personalauswahl eingesetzt. Im Kontext schulischer Personalauswahl erscheint dies zunächst reizvoll, ist jedoch bei genauerer Betrachtung zu aufwändig in der Vorbereitung und erfordert zudem eine fundierte diagnostische Kompetenz der Beobachter. ACs wird einerseits eine hohe prädiktive Validität zugesprochen, jedoch eine defizitäre Konstruktvalidität (STAUFENBIEL, RÖSLER 1999). ACs gelten als die „Dinosaurier der Personalinstrumente" (KOMPA 2004, S.474), kommen nahezu ausschließlich in Großunternehmen zum Einsatz und sind äußerst umstritten. Als weitere Einschränkung ist die möglicherweise geringe Zahl an Bewerbern an der einzelnen Schule zu sehen, sodass ein AC nicht funktionieren würde.

Tests

Tests erlauben die Messung von Persönlichkeitsmerkmalen in unterschiedlichen Kategorien. Es werden Leistungs- (Z. B. Intelligenz-, Konzentrations-, Sprachentests), Persönlichkeits-, Interessen- und Motivationstests unterschieden. Tests weisen aufgrund ihrer Standardisierung hohe Objektivität und Reliabilität auf. Eine hohe prognostische Validität für den Berufserfolg zeigen vor allem Intelligenztests, im Gegensatz zu Persönlichkeitstests, die u. a. wegen des geringen Bezugs der allgemeinen Persönlichkeitsdimensionen zu den Arbeitsanforderungen und positivierender Selbstdarstellungstendenzen der Bewerber nur geringe Aussagekraft haben (STAUFENBIEL, RÖSLER 1999; BORKENAU 2004).

Im Rahmen der vorliegenden Untersuchung wird davon ausgegangen, dass an den einzelnen Schulen keine spezifischen normierten Leistungs- oder Intelligenztest durchgeführt werden. Dies wäre weder aus qualitativen noch aus ökonomischen Gesichtspunkten zu vertreten. Professionelle Tests erfordern neben dem geeigneten Instrument geschultes Personal für die

---

[7] Form und Inhalt einer solchen Arbeitsprobe, hier also einer Probelektion, wären den Bewerbern nicht unbekannt, da im Studium und den damit verbundenen Praktika bereits mehrfach Lehrversuche zu absolvieren waren.

Durchführung und Auswertung. In Ermangelung entsprechender Erfahrungen ist eine Test-
durchführung durch die Einzelschule oder einen Schulleiter zum derzeitigen Stand schulischer
Personalentwicklungsprozesse nicht zu empfehlen.

Zusammenfassung

Für alle Methoden der Personalauswahl gilt, dass sich die Bestimmung der prognostischen
Validität einzelner Instrumente und Methoden unscharf gestaltet, da die Festlegung methodisch sauberer Erfolgskriterien schwierig ist. Dies betrifft vor allem und gerade die professionelle berufliche Tätigkeit von Lehrkräften. Neben der Schwierigkeit der Festlegung von Erfolgskriterien in komplexen Handlungsfeldern tritt die Herausforderung, innerhalb des Perso-
nalauswahlprozesses Potentialbeurteilungen über die Bewerber zu erstellen. Das größte methodische Problem der Potentialbeurteilung liegt in der (zwangsweisen) Anwendung statusdiagnostischer Methoden (KANNING, HOLLING 2004).

Neben der prognostischen ist die sog. soziale Validität von Personalauswahlinstrumenten von
Relevanz. Damit wird ein Blickwinkel der Bewerber eingenommen, der das persönliche Erle-
ben und die Akzeptanz der angewendeten Auswahlmethoden und Instrumente fokussiert.
Qualitative Merkmale können dabei sein: Grad der Information über Charakteristika der
Schule, die für eine Selbstselektion relevant sein könnten; Einbindung der Bewerber in die
Instrumentenentwicklung; Transparenz der Verfahrensdurchführung und der diagnostischen
Schlüsse; Art der Urteilskommunikation (KOLZAREK, LINDAU-BANK 2004). Das Vor-
stellungsgespräch erfährt aus dem Blickwinkel der sozialen Validität in den Augen der Be-
werber die größte Zustimmung.

Es wird für die vorliegende Untersuchung davon auszugehen sein, dass sich die angewendeten
Methoden der Personalauswahl an den Schulen im Regelfall auf eine Analyse der Bewerbungsunterlagen als Stufe der Vorauswahl und ein Bewerbungsinterview als Fein- oder Endauswahl konzentrieren. Weiterführende Methoden wie etwa Assessment Center oder psychologische Tests dürften aufgrund einer ungünstigen Kosten-Nutzen-Relation sowie unzurei-
chender Erfahrungen an den Schulen nicht zu erwarten sein.

2.4 Schulleiter und Personalauswahl

Nachdem in den vorangegangenen Kapiteln der Relevanz von Personalentwicklung an Schulen sowie der Personalauswahl und ihren Methoden nachgegangen wurde, stellt sich die Frage
nach den Personen, die als schulische Personalentwicklungsinstanz fungieren, sowie nach den
Qualifikationen und Aufgaben, die diese Personen haben. Im Kern dürfte davon auszugehen
sein, dass schulische Personalentwicklung dem Kompetenzbereich der Schulleitung zugeschrieben werden muss, zumindest solange eine ausgewiesene Funktionsstelle eines Personalentwicklers oder einer Personalabteilung additional zur Schulleitung an den Schulen nicht zu
sehen ist. Die Begriffe Schulleitung und Schulleiter werden in der Literatur weder einheitlich
noch konsequent verwendet. Schulleitung kann als Aufgabe oder als Personengruppe mit einem Kompetenzprofil verstanden werden. Betrachtet man die Personen, so stellt an kleineren

Schulen der Schulleiter die Schulleitung dar, an größeren Schulen umfasst die Schulleitung mehrere Personen, für die der Schulleiter jedoch die Führungsposition einnimmt. Für die vorliegende Arbeit steht die Person des Schulleiters im Fokus des Interesses.

SCHRATZ (1998) sieht Schulleitung als Managementaufgabe und stellt hierzu verschiedene Tätigkeitsbereiche vor. Neben den administrativ-organisatorischen Aufgaben werden hier Führungs- und Leitungsaufgaben sowie pädagogische Aufgaben genannt. Aus den beiden letztgenannten Bereichen ergibt sich das Aufgabenfeld der Personalentwicklung. Schulische Personalentwicklung ist somit als Auftrag an die Schulleitung zu sehen, und zwar aus zwei Intentionen heraus. Erstens ergibt sich – als eine pädagogischen Intention – aus der Veränderung des Tätigkeitsfeldes der Lehrkräfte, wie auch aufgrund veränderter Anforderungen von Seiten der Eltern oder im beruflichen Bereich von Seiten der Betriebe, Qualifizierungsbedarf, der erhoben, strukturiert und geplant werden muss (vgl. dazu auch MARITZEN 1998). Zweitens gehört es – als eine Führungs- und Leitungsintention – zur Personalentwicklung, für die Mitarbeiter Entwicklungs- und Karriereoptionen aufzuzeigen.

ENDER und STRITTMATTER[8] (2001) beobachten zu Beginn der 2000er Jahre bei etwa der Hälfte der Schulleiter, dass Personalentwicklung ausdrücklich im eigenen Pflichtenheft steht. Eine „Erlaubnis des Kollegiums (...), Personalentwicklung wirklich aktiv zu betreiben, meldet (...) von dieser Hälfte gerade mal wiederum die Hälfte." (...) (ENDER; STRITTMATTER 2001, S.7). Das erscheint in einer größeren Betrachtung jedoch nicht allzu erstaunlich, denn: „Personalentwicklung ist, historisch gesehen, eine neue Schulleitungsaufgabe. Es gibt dafür praktisch keine Erfahrungswerte und keine gesicherten Modelle." (ENDER; STRITTMATTER 2001, S.7)

Für Deutschland formuliert die BLK (2003) in der Expertise zur Weiterentwicklung berufsbildender Schulen zum zukünftigen Aufgabenprofil eines Schulleiters verschiedene Handlungsfelder, darunter explizit das Feld Personalmanagement und -entwicklung. Schulleitungen stellen allerdings bisher vornehmlich den dienstlichen Vorgesetzten für eine Lehrkraft dar. Der Schulleiter beurteilt den Status Quo der Tätigkeit einer Lehrkraft und entscheidet mit, wenn es um das dienstliche Fortkommen der Lehrkraft geht. Eine progressive und Perspektiven eröffnende Entwicklungsaufgabe ist das noch nicht. In den letzten Jahren werden die Pflichtenhefte für Schulleitungen zunehmend um Aufgaben im Bereich Personalentwicklung angereichert. So genehmigt der Schulleiter nicht nur Fortbildungen, sondern er führt beispielsweise Personalgespräche in denen Zielvereinbarungen getroffen werden und gibt Empfehlungen zur individuellen Fortentwicklung. Im diesem Zusammenhang stellt die Kommission jedoch weiter fest: „Die heutigen Schulleiter und Schulleiterinnen sind vorrangig aus dem pädagogischen Personalbestand gewonnen und in ihrer Managementkompetenz zumeist Autodidakten." (BLK 2003, S.16) Diese Feststellung wirft die Frage nach der Personalmanagementkompetenz von Schulleitungen auf. Zu ähnlich kritischen Betrachtungen kamen zuvor bereits WISSINGER & HÖHLER (1998): „SchulleiterInnen sollen mit Personalführung künftig etwas tun, auf das sie allerdings nicht vorbereitet sind." Der Themenbereich schulische

---

[8] Bianca Ender und Anton Strittmatter sind als freiberufliche Organisationsberater in Ausbildungsteams für Schulleiter im deutschsprachigen Raum tätig, vorwiegend in Österreich und der Schweiz.

Personalführung und -entwicklung ist immer auch im Gesamtkontext der derzeitigen Bestre-
bungen zu sehen, staatliche Aufgaben und Verantwortung zu dezentralisieren und die Selbst-
verantwortung der Einzelschule zu stärken. Damit werden die Aufgaben einer Schulleitung
zwar bedeutungsvoller und interessanter, aber eben auch komplexer und schwieriger (A-
CKERMANN; WISSINGER 1998).

Die Arbeitsgemeinschaft der Schulleiterverbände Deutschlands (ASD) legte 1997 ein Konzept für die Ausbildung von Schulleitern vor (ASD 1997). In mehreren Grund- und Aufbau-
kursen sollen zukünftige Schulleiter auf ihre Aufgabe vorbereitet werden. Das Aufgabenfeld
der Personalentwicklung und im speziellen der Personalauswahl sucht man allerdings vergeb-
lich in diesem Curriculum. Allenfalls die Organisationsentwicklung als ein Teilbereich von
Schulentwicklung wird dort genannt. – Im Übrigen findet sich auch der Begriff der Unterrichtsentwicklung nicht in diesem Vorschlag. – Das vorgeschlagene Konzept zur Personalentwicklung *für* Schulleiter hält offenbar die Aufgabe der Personalentwicklung *durch* Schulleiter im ausgehenden 20. Jahrhundert noch nicht für ausbildungsrelevant.

Für eine weitergehende und aktuellere Beschäftigung mit der Ausbildung von Schulleitern sei
auf das Kapitel 3 verwiesen, das den Stand der Forschung zu Schulleitungen als Personalauswahlinstanz aufbereitet.

THOM und RITZ (2006) stellen in ihrem IOP-Modell (Innovations-, Organisations-, Personalmanagement) zur Bewältigung des Strategie-, Struktur- und Kulturwandels im Bildungswesen das Personalmanagement eindeutig in den Aufgabenbereich der Schulleitung. Zur Klärung der Rolle und der Aufgaben der Schulleitung soll das Modell im Folgenden skizziert
werden. Unter Strategiewandel verstehen die Autoren die „Veränderung der Festlegung, Sicherung und Kontrolle der heutigen Rahmenbedingungen zur Lösung zukünftiger Anforderungen.", unter Strukturwandel die „Veränderung der Regeln (Aufbau- und Ablauforganisati-
on, Instrumente, Verträge, Institutionen), welche die angestrebte Zielerreichung ermöglichen.", und unter Kulturwandel die „Veränderung der Mittel und Massnahmen zur Förderung
gemeinsamer Werte im Hinblick auf die strategischen Ziele (THOM; RITZ 2006). Eingebettet
zwischen Struktur- und Kulturwandel geht es bei den erforderlichen Maßnahmen im Perso-
nalbereich in erster Linie darum, die Motivation und die Qualifikation der Lehrkräfte zu steigern. Vor diesem Hintergrund umfasst ein lehrerzentriertes Personalmanagement alle Perso-
nalführungsmaßnahmen, von der Personalgewinnung bis zur Personalfreistellung. Bezüglich
der direkten Personalführung trägt die Schulleitung die Hauptverantwortung. Bei Bedarf oder
in Krisensituationen bietet eine so genannte Schulkommission Unterstützung an, z. B. bei der
Gewinnung, Beurteilung, Entwicklung oder Freistellung von Lehrkräften. Die Schulkommission versteht sich als Zwischeninstanz von Schulleitung und Exekutive. Die Schulkommission
ist also nicht gleichzusetzen mit der nächsten übergeordneten administrativen Ebene. Für
Deutschland fehlt eine solche beratende Zwischenebene. Für die Beratung z. B. bei der Personalgewinnung muss/müsste die Schulleitung auf die – zugegebenermaßen mit dem überkom-
menen Begriff bezeichneten – Schulaufsichtsbehörde zurückgreifen. Auf diese ambivalente
Situation von personalpolitischer Abhängigkeit auf der einen Seite und schulspezifischem
Beratungsbedarf auf der anderen Seite soll an dieser Stelle nicht näher eingegangen werden.

Festzuhalten bleibt jedoch, dass sich der Schulleiter einmal mehr als die zentrale Figur im schulischen Personalmanagement herauskristallisiert.

Insbesondere der Personalauswahl kommt im Rahmen von Personalentwicklungsprozessen eine erhöhte, wenn nicht sogar die höchste Bedeutung zu. Dies gilt im schulischen Tätigkeitsfeld in besonderem Maße, einerseits da – zumindest solange das Beamtenlaufbahnprinzip in den Köpfen verankert ist – ein einmal verfehlter Auswahlentscheid längerfristig kaum noch zu korrigieren ist, andererseits da die Lehrertätigkeit nahezu ausschließlich in sozialen Kontexten passiert, die einen Multiplikationseffekt haben können. Auf das gesamte Bildungssystem betrachtet stellt Personal den größten Kostenfaktor dar. Beispielrechnungen ergeben für eine nur zwanzigjährige aktive Tätigkeit einer Lehrkraft ein Personalkostenvolumen von zwei Millionen DM[9] (LANGE 1994). Betriebliche Personalentwickler gehen davon aus, dass eine einzustellende Person den weitaus größeren Teil der erforderlichen Kompetenzen bereits mitbringen soll, ein geringerer Teil sollte über Fortbildungen aufzuholen sein. Dabei sind die fachlichen und die persönlichen Eingangsvoraussetzungen zu unterscheiden. Die fachlichen Voraussetzungen sind einfacher und exakter zu analysieren, aber auch einfacher nachzubilden. Schwieriger gestaltet sich die Potentialanalyse bei den persönlichen Voraussetzungen. „Wenn Recruiting-Prozesse am Ende nicht erfolgreich waren, so hängt dies selten mit einer fachlichen Überforderung zusammen, sondern meist mit anderen Persönlichkeitsmerkmalen eines Bewerbers." (PASCHEN; FAERBER 2003, S. 10-11). Dies erscheint insbesondere vor dem Hintergrund der beruflichen Tätigkeit von Lehrkräften relevant, da diese Tätigkeiten nahezu ausschließlich in sozialen Situationen stattfinden und dort personale Merkmale besonders zum Tragen kommen. Zugleich wird bislang für Lehrpersonal nur geringer Wert auf den Prozess der Personalauswahl gelegt. Nur äußerst selten erfolgt in der Schulpraxis die Selektion von Lehrpersonen nach einem systematischen Vorgehen (THOM; RITZ 2006a). Oder kürzer: Personalauswahl hat zwar höchste Bedeutung, aber nur geringsten Stellenwert.

Soweit zur Bedeutung aus Sicht des Bildungssystems. Ein zweiter Blickwinkel ist aus Sicht der einzustellenden Personen selbst in Verbindung mit dem zukünftigen Kollegium zu eröffnen. Im Sinne der individuellen Arbeitszufriedenheit und der damit verbundenen Leistungsbereitschaft gilt es, eine gewisse Passung zum Kollegium herbeizuführen. Daraus erwächst für den Schulleiter, der als Personalauswahlinstanz fungiert, die Anforderung, Personal in Abstimmung mit dem bestehenden Kollegium einzustellen, das bestehende Kollegium in die Personalauswahl in geeigneter Weise einzubeziehen und die Struktur des Kollegiums bei der Auswahl mitzudenken.

Vor dem Hintergrund der langfristigen Bedeutung der Personalauswahl ist es also Aufgabe der Schulleitung, ein geeignetes Instrumentarium für diesen Prozess bereithalten. THOM und RITZ (2006a) schlagen ein dreistufiges Verfahren vor[10]. Im Vorfeld gilt es, das Stellenprofil zu überprüfen und eine adäquate Stellenausschreibung zu entwerfen. Zur Erlangung der Kenntnis der Anforderungen an die zu besetzende Stelle sind die ggf. ausscheidende Lehrkraft und das Kollegium einzubinden. Zugleich hat der Schulleiter hier die Möglichkeit, seine Vor-

---

[9] Pensionsleistungen werden hierbei berücksichtigt. Aktuellere Zahlen liegen dementsprechend höher.
[10] Vgl. zu den methodischen Aspekten Kapitel 2.3; hier soll es eher um die Bedeutung für den Schulleiter gehen.

stellungen hinsichtlich des Schulentwicklungsprozesses – und den Personalentwicklungsprozess als eine Teilmenge davon – einzubringen und maßgeblich Einfluss zu nehmen. Die Stellenausschreibung muss die erwarteten Bewerbungsunterlagen genau angeben. Den nächsten
Schritt stellt die Prüfung der Bewerbungsunterlagen anhand eines umfassenden und situati-
onsadäquaten Kriterienrasters dar. Informationen können gewonnen werden über Leistungs-
merkmale, Interessen und Neigungen, Lücken im Lebenslauf, Selbstpräsentation usw. Hier
können unter Gesichtspunkten der Kongruenz von Anforderungs- und Fähigkeitsprofil schon
erste Bewerber herausfallen. Im dritten Schritt erfolgt die Einladung zu Probelekti-
on/Arbeitsprobe mit anschließendem Bewerbungsgespräch[11]. Dabei dient das Bewerbungsgespräch nicht nur der Informationsbeschaffung über den Bewerber und der Informationsgabe
durch die Schule, sondern versucht auch bereits eine Klassifikation der Bewerber hinsichtlich
ihres Eignungsprofils und -potenzials. Bewerber, die sich bereits über den Verlauf des Aus-
wahlprozesses als geeignet und erwünscht herauskristallisiert haben, können in diesem Gespräch motiviert werden, sich für diese Schule zu entscheiden. Daneben kann das Bewerbungsgespräch eine Steuerungs- und Kontrollfunktion erfüllen, Informationslücken können
identifiziert und Angaben aus den Bewerbungsunterlagen überprüft werden. Letztlich besteht
die Möglichkeit zur Absprache von Detailvereinbarungen.

Zusammenfassend lässt sich festhalten, dass schulische Personalentwicklung und damit auch
Personalauswahl zwar zunehmend mehr in den Aufgabenbereich der Schulleitung fällt, diese
Aufgabe aber erst von einem geringeren Teil der Schulleiter wahrgenommen wird. Die Aufgabe kann derzeit noch als vergleichsweise neu bezeichnet werden. Das vorhandene Schullei-
tungspersonal hat in den seltensten Fällen Qualifizierungen zur Personalentwicklung durchlaufen. Dementsprechend dürften Instrumente zur Personalauswahl an den Schulen wenn
überhaupt erst rudimentär entwickelt sein. Empfehlungen und Transferkonzepte aus der Wirtschaft liegen inzwischen vor. Bisherige Betrachtungen im schulischen Bereich behandeln ausschließlich die Besetzung von „Planstellen" für Lehrkräfte.

2.5 Personalauswahl im Referendariat

Der Großteil aller Überlegungen und Untersuchungen zur Personalauswahl auf dem Niveau
von Führungskräften oder ähnlich gelagerten Positionen geht von einem Zeitpunkt der Personalauswahl aus, der nach einer entsprechenden Qualifizierungsphase liegt. Für schulische
Personalauswahl bedeutet das, aus Bewerbern auszuwählen, die im Regelfall ein Studium und
ein Referendariat durchlaufen haben. Über universitäre und staatliche Abschlussprüfungen
werden Standards gesetzt, die eine Grundqualifikation zur Erfüllung beruflicher Aufgaben
einer Lehrkraft sicherstellen. Jede Person, die diese Prüfungen erfolgreich passiert, ist formal
qua Definition geeignet, die Position einer Lehrkraft auszufüllen und die an sie gestellten Erwartungen zu erfüllen. Dieser Überlegung folgend läge die Grundquote, welche den Anteil
geeigneter Personen unter den Bewerbern angibt, bei 100%. Oder anders formuliert, es wäre

---

[11] Auf die Problematik von Probelektion und der in der vorliegenden Untersuchung damit verbundenen teilwei-
sen Prüfung von Fähigkeiten, zu deren Erlangung die Person überhaupt erst eingestellt werden soll, wurde oben
bereits eingegangen.

die Wahl eines Personalauswahlinstruments oder einer Methode irrelevant, da sich bei einer Grundquote von 100% auch eine Validität von 1.0 einstellen muss.

Das führt zu zwei Überlegungen, die eine Relevanz schulischer Personalauswahl doch herausstellen. Zum einen gilt es, die Kriterienbereiche einzubeziehen, welche im Rahmen staatlicher Prüfungen nicht erfasst werden. Dazu können etwa soziale und personale Kompetenzen, berufsbiographische Erfahrungen oder Motive der Schulwahl zählen. Diese Kriterien, die außerhalb des in Zeugnissen fassbaren liegen, offen zu legen ist Aufgabe der vorliegenden Arbeit. Zum anderen gilt es aber auch, darüber nachzudenken, an welchen Schnittstellen beruflicher Entwicklungen Personalauswahl stattfinden kann. Eine mögliche Zäsur stellt die Besetzung von Planstellen dar. Das wird inzwischen zunehmend, wenngleich noch nicht hinreichend, praktiziert und wurde oben dargestellt. Einen weiteren möglichen Zeitpunkt zur Personalauswahl stellt der Eintritt in den Vorbereitungsdienst dar. An dieser Stelle setzt die vorliegende Arbeit an. Aus Bewerbersicht ist die erste Stufe der Qualifizierung zur Lehrkraft erklommen und es gilt die zweite Hürde mit einer gewissen Zielorientierung zu nehmen. Zugleich bedeutet das aber auch für die Seite der Schule, sich auf ein qualitätssicherndes Kriterium weniger verlassen zu können. Damit wird automatisch die Grundquote gesenkt, bzw. steigt für die Schule wieder die Relevanz der Validität der eigenen Auswahlmethode. D. h. die Schule sollte mehr Zeit und Ressourcen in die Erhöhung der Validität der Instrumente investieren. Aufwand und Nutzen der Methodenentwicklung und Durchführung sollten dennoch in vertretbarem Verhältnis stehen.

Für die Personalauswahl an Schulen können im Anschluss an die Kapitel 2.3 und 2.4 eine retrospektive und ein prospektive Komponente festgehalten werden. Die retrospektive Komponente betrachtet die biographischen Merkmale eines Bewerbers, die bis zum Zeitpunkt seiner Bewerbung zu seinem Profil geführt und beigetragen haben. Die Profilanalyse stützt sich also auf Zurückliegendes und Nachweisbares sowie derzeit Beobachtbares. Anders sieht es mit der prospektiven Komponente aus. Diese betrifft die Potentialanalyse und bewegt sich im Bereich des Prognostischen, noch nicht Beobachtbaren, Spekulativen. Die prospektive Komponente, sprich die Potentialanalyse erscheint besonders interessant und reizvoll, wenn es bei den auszuwählenden Personen darum geht, sie einem Qualifizierungsprozess zuzuführen, der genau auf diesem individuellen Potential aufsetzt. Oder anders formuliert: Der Schulleiter sieht sich vor der Aufgabe, im Rahmen der Personalauswahl das – im wörtlichen Sinne – Entwicklungspotential eines Bewerbers einzuschätzen und ihm in einem Personalentwicklungsprozess die Chance zu Entfaltung zu geben.

Im Modellversuch AQUA, der als Rahmen für das Forschungsfeld der vorliegenden Untersuchung fungiert, hatten Schulleiter die Möglichkeit, Personal auszuwählen und in einem individualisierten Qualifizierungsprozess auf das zukünftige – nicht standardisierbare – Tätigkeitsfeld an ihrer Schule vorzubereiten. Der Schwerpunkt der vorzunehmenden Betrachtungen liegt auf der Personalauswahl durch den Schulleiter.

3 Praxis und Forschungsstand schulischer Personalauswahl

Kapitel 3 gibt einen Überblick zu Praxis und Forschungsstand schulischer Personalauswahlverfahren in Deutschland. Dabei stellt zunächst Kapitel 3.1 die Praxis schulischer Personalauswahl dar. Kapitel 3.2 berichtet im Anschluss den Stand der Forschung zu diesem Feld.

Schulische Personalauswahl wird in Deutschland seit Mitte der 1990er Jahre von Seiten der Schuladministration in zunehmendem Maße ermöglicht bzw. gewünscht. Die Intentionen sind vielfältig und divergieren bei differenzierter Betrachtung der Akteure. Schulen erhalten in den Bundesländern unterschiedlich stark reglementiert Möglichkeiten der Mitwirkung an der Entscheidung, welche Lehrkraft eine Stelle an der Schule besetzen wird. Diese neueren Besetzungsverfahren firmieren zum einen unter verschiedenen Begriffen, so z. B. „schulscharfe", „schulgenaue" und „schulprofilbezogene" Ausschreibung oder „ortsnahe Personalauswahl". In Bayern hat sich der Begriff „Direktbewerbungsverfahren" etabliert. Zum anderen unterscheiden sich die Verfahren auch hinsichtlich des Umfangs der so zu besetzenden Stellen sowie der Form und Tiefe der Einbindung der Einzelschule.

3.1 Stand der Praxis schulischer Personalauswahl

Seit Anfang der 2000er Jahre kann man von einem spürbaren Umfang an Stellen sprechen, die über diese moderneren Verfahren besetzt werden. Im Jahr 2005 finden in zehn Bundesländern schulscharfe Einstellungsverfahren statt. Dabei liegt eine Spreizung des Umfangs der so zu besetzenden Stellen von 95% aller Lehrerstellen in Nordrhein-Westfalen (NRW) bis hin zu lediglich 10% der Stellen an allgemeinbildenden Schulen in Mangelfächern in Rheinland-Pfalz vor (MEETZ et al. 2005). Einige Länder befinden sich noch in der Überlegungs- oder Anlaufphase, andere stellen Kontingente im Umfang von ca. 1/3 der Stellen zur Ausschreibung frei. In Bayern bezieht sich das Direktbewerbungsverfahren ausschließlich auf die beruflichen Schulen, in Schleswig-Holstein wird die Option schulgenauer Einstellungen von den beruflichen Schulen sehr umfassend genutzt, während an allgemeinbildenden Schulen Zurückhaltung herrscht. Kurz: Die Lage ist derzeit durch äußerste Heterogenität gekennzeichnet. Die größten zusammenhängenden Kontingente von Stellenbesetzungen in Ausschreibungsverfahren sind in NRW (fast alle Stellen an allen Schularten), sowie in Bayern und Schleswig-Holstein (nahezu alle Stellen an beruflichen Schulen) zu finden. Die Bundesländer Brandenburg, Hamburg, Saarland, Sachsen und Thüringen kennen 2005 noch keine schulscharfen Besetzungsverfahren, Hessen und Sachsen-Anhalt verwenden Auswahlverfahren auf einer der Schule übergeordneten Verwaltungsebene.

Ebenso ergeben sich deutliche Unterschiede in der Art des formalen Ablaufs der Einstellungsverfahren und im Grad der Bürokratisierung. So ist beispielhaft etwa in Baden-Württemberg das schulbezogene Einstellungsverfahren nur in beschränktem Umfang (ca. 1/3 der Stellen) in Mangelfächern, in Regionen mit Rekrutierungsschwierigkeiten und für Schulen mit besonderem Profil vorgesehen. Der Schulleitung werden vom Oberschulamt Vorschläge für die Beteiligung von Lehrkräften am Auswahlgespräch gemacht und der Schulleiter erstellt lediglich eine Vorschlagsliste für die Einstellung auf Grundlage der geführten Bewerbungsgespräche. Letztlich entscheidet die übergeordnete Administrative über die tatsächliche Einstellung (GEIßBAUER & HITTLER 2001; EPPINGER 2002; SCHAVAN 2002; KM-BW 2006). Aus Sicht des Verfassers der vorliegenden Arbeit gestaltet sich das Verfahren für interessierte Bewerber recht unübersichtlich und ist mit Suchaufwand auf den entsprechenden Internetseiten der Bezirksregierungen verbunden.

Sozusagen ein Gegenbeispiel stellt die Verfahrensweise in Bayern zumindest für die Lehrerstellen an beruflichen Schulen dar. 90% aller Stellen dieser Schulart werden über das Direktbewerbungsverfahren besetzt. Die Bezirksregierungen weisen den Schulen die Anzahl der zu besetzenden Stellen zu. Die Schulleiter formulieren die Anforderungskriterien, welche sich jedoch häufig auf die gewünschte Fächerkombination oder gar nur die berufliche Fachrichtung beschränken. Alle Stellen werden über eine zentrale Internetseite des Kultusministeriums ausgeschrieben. Die Bewerber nehmen den Kontakt mit der Schule auf und der Schulleiter hat die Entscheidungsbefugnis in der Bewerberauswahl und kann einem Bewerber die Stelle nach den Bewerbungsgesprächen zusagen. Die Bezirksregierung vollzieht lediglich den formalen Akt der Einstellung. Einzig der Status der Einstellung für den einzelnen Bewerber entscheidet sich erst nach Abschluss des gesamten Einstellungsverfahrens in Abhängigkeit von der dann in den beruflichen Fachrichtungen jeweils ermittelten Einstellungsgrenznote für die Übernahme in den Beamtendienst. Bewerber mit Zusage, welche diese Grenznote nicht erfüllen, erhalten dann einen Angestelltenvertrag (StMUK 2006). Das Direktbewerbungsverfahren findet im Zeitraum zwischen Oster- und Sommerferien des vor dem Einstellungstermin liegenden Schuljahres statt.

Wesentlich bei diesem Verfahren ist aus Sicht des Verfassers der vorliegenden Arbeit, dass alle Stellen an staatlichen beruflichen Schulen auf diesem Weg ausgeschrieben werden, die Stellen für den Bewerber zentral und übersichtlich angeboten werden und der Schulleiter die maßgebliche Entscheidungskompetenz für die Bewerberauswahl hat.

Die folgende Übersicht 3-1 stellt den Stand der Entwicklung offener schulgenauer Einstellungsverfahren in den deutschen Bundesländern im Jahr 2005 dar.

Bei den herkömmlichen Besetzungsverfahren wird von Listen- oder Zuweisungsverfahren gesprochen, bei denen Ministerien und Bezirksregierungen die Bewerber ohne Ansehen der Person auf freie Stellen nach Maßgabe des Lehrkräftebedarfs an die Schulen zuweisen.

Bundesland	Art und Umfang der schulscharfen Einstellungen
Baden-Württemberg	Schulbezogene Ausschreibungen (Sommer 2005): - in Bereich der Sonderschulen und beruflichen Schulen: 40 % - weitere Schulformen: ca. 33 % (ein Drittel der Stellen)
Bayern	Nur im Bereich der beruflichen Schulen: ca. 90 % Hinweis: Die schulscharfen Einstellungen erfolgen unter dem Vorbehalt des beamtenrechtlichen Leistungsprinzips.
Berlin	Seit diesem Jahr gilt in Berlin ein neues Einstellungsverfahren: Das Einstellungsverfahren gliedert sich in schulbezogene Stellenausschreibungen und ein Verfahren der zentralen Nachsteuerung. In allen Fällen liegt die Entscheidung über die Personalauswahl bei der Schulleitung. Angedacht ist eine Verteilung von ca. 2/3 für Ausschreibungen und 1/3 für Nachsteuerung, dies ist allerdings variabel. In diesem Schuljahr war der Anteil der Nachsteuerung allerdings deutlich höher, da aufgrund der höheren Schülerzahlen in den Grundschulen erst in den Sommerferien über 250 weitere Einstellungen entschieden wurde. Insgesamt wurden 182 von 572 Personen über gesonderte schulbezogene Ausschreibungen bzw. Auswahlverfahren eingestellt, dies sind 32 %. In allen Fällen wurde die Entscheidung über die Einstellung von der Schulleiterin bzw. dem Schulleiter getroffen oder bei Abwesenheit in den Ferien durch die zuständige Schulaufsicht in Vertretung.
Bremen	Es wurden etwa 30 % der eingestellten Lehrer schulscharf eingestellt.
Hessen	Personalauswahl durch das Staatliche Schulamt: ca. 33 % (keine echte schulscharfe Besetzung, Anmerkung des Verfassers)
Mecklenburg-Vorpommern	Es wurden etwa 30 % der eingestellten Lehrer schulscharf eingestellt.
Niedersachsen	„Schulstellen" an allgemein bildenden Schulen: Während sonst bis 50% der Lehrer auf Schulstellen eingestellt werden, wurden diesmal nur ca. 45% erreicht. Die Einstellungen erfolgten aufgrund des Wegfalls der Orientierungsstufe und der Einführung des zwölfjährigen Gymnasiums vielfach an Gymnasien. (aber: nicht bei Mangelfächern!) „Schulstellen" an berufsbildenden Schulen: - ProReKo-Schulen: schreiben selbstständig aus und stellen selbstständig ein - Regionsschulen der Region Hannover stellen selbstständig ein.
Nordrhein-Westfalen	In der Regel erfolgen mehr als 95% der Einstellungen im Rahmen des Ausschreibungsverfahrens. Da von CDU/FDP nach den Landtagswahlen in NRW zum Schuljahr 2005/2006 1000 Stellen zusätzlich geschaffen wurden, konnten diese aufgrund des kurzen Zeitraumes nur per Listenverfahren (Notendurchschnitt + Ordnungsgruppe) eingestellt wurden, so dass die Prozentzahl in diesem Jahr hierdurch geringer ist.
Rheinland-Pfalz	Nur ca. 10% der Einstellungen erfolgten schulscharf, dabei vorwiegend in Mangelfächern im allgemein bildenden Bereich. Da Mangelfächer ausgeschrieben werden, ist die Zahl der Ausschreibungen in der Regel höher als die Zahl der Einstellungen.
Sachsen-Anhalt	Nach einem Erlass aus dem Jahr 2003 soll es schulbezogene Einstellungen geben, wobei an der Auswahl auch die Schulleiter/innen beteiligt werden sollen. Auch zum Schuljahr 2005/2006 wurden Schulen ausgeschrieben, auf welche sich die Lehrer bewerben konnten. Aber bei der Auswahl waren die Schulen nicht involviert, sondern nur die zuständige Anstalt. (Information der GEW)
Schleswig-Holstein	Allgemein bildende Schulen: Es gibt ein Projekt, in dessen Rahmen alle Schulen schulscharf einstellen dürfen, aber das wird wenig genutzt (unter 5%). (z.B. aktuell: keine schulscharfen Einstellungen im GHR-Bereich) Berufsbildende Schulen: Die Möglichkeit, Lehrkräfte schulscharf einzustellen, wird gut genutzt: ca. 80-90%

Brandenburg, Hamburg, Saarland, Sachsen, Thüringen: keine schulscharfen Verfahren.

Übersicht 3-1: Schulscharfe Einstellungsverfahren in den Bundesländern im Jahr 2005 Übersicht modifiziert nach MEETZ et al. 2005, S. 9

Der im Kapitel 3.2 folgende Überblick zum Stand der Forschung stellt die neueren, schulgenauen Verfahren in den Fokus, bei denen Schulen tatsächlich Mitwirkungsmöglichkeiten bei der Stellenbesetzung haben.

3.2 Stand der Forschung zur schulischen Personalauswahl

Die Darstellung konzentriert sich auf Forschungsergebnisse zum deutschen Schulsystem und dessen (moderneren) Personalauswahlverfahren und wird damit der spezifischen Struktur der deutschen Schullandschaft mit ihren Schularten und ihrem Lehrerbeschäftigungssystem gerecht. Diese Eingrenzung trägt zudem der Kultur der deutschen Lehrerbildung Rechung, welche durch eine Zweiphasigkeit gekennzeichnet ist, in der die erste Phase bereits gezielt als Lehramtstudium ausgelegt ist und in der sich eine zweite Phase anschließt, die sich durch ein aufwändiges System der Kooperation unterschiedlicher Ausbildungspersonen auszeichnet. Aufgrund dessen stehen den Schulen schließlich Bewerber für eine Stelle aus einem Lehrerbildungssystem zur Verfügung, das mit einem anderen, etwa einphasigen Lehrerbildungssystem oder gar der Anwerbung semiprofessioneller Lehrkräfte, nicht zu vergleichen wäre.

Die sich etablierende, oben beschriebene Praxis der Stellenbesetzung unter Mitwirkung der Einzelschule bei der Bewerberauswahl hat in der Forschung bisher nur äußerst geringe Beachtung gefunden. Systematische empirische Erhebungen zur Praxis der Personalauswahlverfahren können derzeit für Deutschland, abgesehen von der vorliegenden Untersuchung, nur in zwei Fällen berichtet werden. Die Recherche bezieht sich dabei auf die einschlägigen deutsch- und englischsprachigen Datenbanken und Bibliotheken.

Zum einen hat eine Forschungsgruppe an der Westfälischen Wilhelms-Universität Münster unter der Leitung von Ewald TERHART 2002 und 2003 Erhebungen zur „Mitwirkung von Schulen bei der Einstellung von Lehrerinnen und Lehrern" in Nordrhein-Westfalen (NRW) durchgeführt (vgl. HERCHER et al. 2004; HERCHER & SCHAEFERS 2004; TERHART 2004; TREPTOW & ROTHLAND 2005). Zum anderen wurden in Bayern Schulleiter von beruflichen Schulen zum Direktbewerbungsverfahren zur Besetzung von Planstellen befragt (EDER 2004; REINHART 2004). Beide Untersuchungen, die unter der Leitung des Verfassers der vorliegenden Arbeit erstellt wurden, betrachten das Auswahlverfahren für Planstellen. Die erste betrachtet alle Schularten, die zweite fokussiert berufliche Schulen. Untersuchungen zur Auswahl von Bewerbern für den Vorbereitungsdienst durch die ausbildende Schule liegen zurzeit nicht vor.

Untersuchung in NRW 2002

Seit 1997 gibt es in NRW „(...) ein *neues Einstellungsverfahren*, welches die bisherige Praxis, der zufolge mittels eines zentralisierten Zuteilungsverfahrens der Bezirksregierungen vakante Stellen ausschließlich aufgrund der Kriterien der Fächerkombination und der Examensnoten besetzt werden, zunächst teilweise ersetzt hat." (HERCHER et al. 2004, S. 6). Der Anteil der schulscharf ausgeschriebenen Stellen wurde schrittweise erhöht und betrifft seit dem Jahr 2000 alle Lehrerstellen in NRW. Im Konkreten erfolgt die Besetzung einer Lehrerstelle aktuell wie folgt[25]: „Zunächst wird unter Beteiligung der Schulkonferenz ein Ausschreibungstext mit dem gewünschten Anforderungsprofil (einstellungsrelevantes Lehramt, Fachrichtungen,

---

[25] Das Verfahren in NRW wird an dieser Stelle in dieser Breite dargestellt, da die gezeigten Verfahrensschritte elementare Relevanz im Hinblick auf die Entscheidungskriterien an der Schule haben und im Weiteren – vor allem für die Interpretation der Ergebnisse der vorliegenden Arbeit – von Bedeutung sind.

Fächerkombination) formuliert. Hinzu können noch schulbezogene Qualifikationen in dem Ausschreibungstext gefordert werden, die über die Lehrbefähigung hinausgehen. Die Bezirksregierung veröffentlicht die Ausschreibungstexte in ihren zentralen Publikationsorganen bzw. auf eigens dafür eingerichteten Bereichen im Internet. Im Rahmen des neuen Einstellungsverfahrens wird der Großteil der anfallenden Verwaltungsarbeiten von den fünf Bezirksregierungen in Nordrhein-Westfalen übernommen. Die häufig sehr zahlreichen Bewerbungen werden dort entgegengenommen, formal geprüft und mit den Ausschreibungstexten abgeglichen. Anschließend werden die Bewerber für die Auswahlkommissionen nach dem Mittel der Examensnoten in Ordnungsgruppen vorsortiert und die Bewerberlisten an die Schulen weitergeleitet. Zu einem Vorstellungsgespräch werden von den Auswahlkommissionen der einzelnen Schulen die am besten geeigneten Bewerber eingeladen, wobei sich auch hier die Einladungen nach dem Prinzip der Bestenauslese auszurichten haben: Die Reihenfolge der Bewerber auf der durch die Bezirksregierung erstellten Rangliste (Kriterium: Examensnote) ist bei der Auswahl derjenigen, die zum Vorstellungsgespräch eingeladen werden sollen, maßgeblich und einzuhalten. Allerdings können schulbezogene „harte Kriterien" („Vorausgesetzt wird ...") eine Abweichung ermöglichen. Auf Vorschlag der Auswahlkommission werden akzeptierte Bewerber nach Abschluss der Auswahlgespräche durch die Bezirksregierungen in Schuldienst eingestellt." (TREPTOW & ROTHLAND 2005, S. 307).

Die Forschungsgruppe an der Westfälischen Wilhelms-Universität Münster verfolgte folgende erkenntnisleitenden Fragestellungen, die in Form von Thesen formuliert wurden:

„a) Es gibt nur eine begrenzte Anzahl von Schulen, die ihr Schulprogramm auch auf der Eben des alltäglichen schulischen Lebens und Handelns umsetzen.

b) Entgegen der Zielsetzung des Verfahrens spielt das Schulprogramm an diesen Schulen gar keine oder nur eine untergeordnete Rolle bei der Stellenausschreibung und Kandidatenauswahl.

c) Die mangelnde Kopplung zwischen Schulprogramm und dem Anforderungsprofil an den Bewerber verstärkt sich bei Ausschreibungsverfahren für Mangelfächer: Strukturell bedingt wird hier die eigentliche Zielsetzung des Ausschreibungsverfahrens aufgehoben.

d) Insgesamt hat das Ausschreibungsverfahren in seiner konkreten Ausgestaltung und Umsetzung wenig andere Funktionen und Effekte als das Listenverfahren: Es dient in erster Linie dazu, einen Kollegen / eine Kollegin einzustellen, der / die (die) gewünschten Fächer möglichst gut unterrichten kann. Nachweis dafür sind die Noten des Ersten und Zweiten Staatsexamens. Daher sind die traditionellen Auswahlkriterien `Fächerkombination´ und `Notendurchschnitt´ weiterhin ausschlaggebend für Einstellungsentscheidungen." (HERCHER et al. 2004, S. 10)

Durch die Auswahl eines neuen Lehrerkollegen, der das Schulprogramm in personeller Hinsicht absichern soll, sollen zwei Stränge moderner Schulreform verknüpft werden, nämlich die Erweiterung der Autonomie der Einzelschule und die Erarbeitung und Umsetzung von einzelschulischen Schulprogrammen (TERHART in der Einleitung zu HERCHER et al. 2004). Eine zentrale Intention der Untersuchung liegt darin, festzustellen, inwieweit die Umsetzung des Schulprogramms an der Einzelschule durch die Erweiterung der Entscheidungs-spielräume im Bereich der Personalentwicklung und im Speziellen in der Personalrekrutie-rung befördert wird.

Die Untersuchung basiert auf zwei schriftlichen postalischen Befragungen in den Jahren 2002 und 2003, bei denen jeweils die gleichen Schulleiter, Mitglieder der Auswahlkommissionen und neu eingestellten Lehrkräfte mittels Fragebogen gefragt wurden. Angeschrieben wurden alle Schulen, die in 2002 Stellen im schulscharfen Besetzungsverfahren ausgeschrieben hat-ten. Die Erhebung erstreckt sich über alle Schularten und es wurden jeweils 3420 Fragebögen versendet. Bei Rücklaufquoten von 31,5% (2002) und 34% (2003) lagen letztlich 1079 bzw. 1164 Fragebögen aus den drei Personengruppen zusammengenommen vor.

Die summarische Bewertung der Befragung 2002 zeigt, dass alle Befragten in übergroßer Mehrheit in allen Schularten dem Ausschreibungsverfahren insgesamt sehr positiv gegenüber-stehen. Der mit diesem Verfahren verbundene höhere Zeit- und Arbeitsaufwand wird bei be-darfsgerechter Personalgewinnung als gerechtfertigt bewertet. 80% der Schulen bestätigen, dass in vollem oder weitgehendem Umfang Personal bedarfsgerecht rekrutiert werden konnte. Bei der Auswahl spielen in erster Linie die Persönlichkeit des Bewerbers und dicht folgend die Fächerkombination eine Rolle. (Die Examensnoten als Auswahlkriterium wurden ja be-reits durch die Bezirksregierungen in die Kandidatenlisten eingearbeitet.) Damit besteht der entscheidende Vorteil dieses Verfahrens in der „Personalisierung" der Einstellungsentschei-dung, die nicht länger auf den rein formalen und ´anonymen´ Kriterien Fächerkombination und Listenplatz basiert. „Weiterhin wird es von den Schulen geschätzt, dass sie – eher noch als beim traditionellen Listenverfahren – sicher sein können, auch tatsächlich einen Bewerber mit der benötigten beziehungsweise gewünschten Fächerkombination zu bekommen." (TERHART 2004) Anders formuliert könnte man auch zu der Feststellung kommen, dass ein solches Ausschreibungsverfahren nun (nacheilend) endlich in der Lage ist, Selbstverständ-lichkeiten einer Personalrekrutierung, in diesem Fall eine Besetzung mit passender Fächer-kombination, zu erfüllen, die ein bisheriges Listenverfahren zwar formal erfüllen sollte, dazu aber offenbar nicht in der Lage war.

„Demgegenüber tritt die ursprüngliche bildungspolitische Zielsetzung einer Verklammerung von Schulautonomie, Schulprofilbildung und profilspezifischer Personalergänzung in den Hintergrund." (HERCHER et al. 2004, S. 20) Schulprogramme werden zwar auf einer allge-meinen Ebene für sehr wichtig gehalten, finden aber nicht die entsprechende Einschätzung als verbindliche Orientierung auf der Ebene des konkreten Schulalltags oder der Personalauswahl (TERHART 2004).

Die Befragung 2003 fokussierte den Erfolg des Ausschreibungsverfahrens im Rückblick. Die Zielerreichung einer bedarfsdeckenden Personalgewinnung wird auch hier in vollem oder zumindest weitgehendem Umfang bestätigt. Die neuen Kollegen wurden gut integriert, was sich in der Lehrerkooperation niederschlägt. Drei Viertel der Schulleiter und Mitglieder der Auswahlkommissionen würde sich auch nach einem Jahr wieder für diesen Kollegen ent-scheiden. Entsprechend der Ergebnisse aus der ersten Befragung ergibt sich die Zufriedenheit mit der neuen Lehrkraft auch nicht aus deren Engagement für die Umsetzung des Schulprogramms, sondern aus der Tätigkeit im Kerngeschäft Unterricht.

Bei der Entscheidung für einen Kandidaten nach den Bewerbungsgesprächen stechen im Rahmen konkreter Antwortvorgaben innerhalb des Fragebogens folgende Kriterien heraus (in der Reihenfolge der Zustimmung zur Wichtigkeit des Kriteriums): 1. Der persönliche Eindruck / das Auftreten des Kandidaten (93,8%), 2. die Fächerkombination (89.8%), 3. der Eindruck im Hinblick auf die pädagogische Kompetenz des Bewerbers (86,0%), 4. die Passung des Bewerbers in das Kollegium (69,4%) (HERCHER et al. 2004, S. 46). Wie oben bereits erwähnt fanden die Noten im Examen ja bereits Eingang in den Listenvorschlag der Kandidaten von den Bezirksregierungen. Im Rahmen der Untersuchung äußerten die Schulen allerdings auch den Wunsch nach noch weiterreichender Autonomie, bzw. kritisierten sie die immer noch bestehenden Einschränkungen durch die Administrative und beziehen sich dabei auf die Vorgabe, sich an der Liste zu orientieren, welche sich aus den Examensnoten ergab. Dennoch geben die Befragten immerhin als (obiger Reihung der Wichtigkeit der Kriterien folgend) 5. Aspekt den Eindruck im Hinblick auf die Fachkompetenz des Bewerber an (63,2%). Es ergibt sich hier eine ambivalente Situation: Einerseits lehnen die Schulen (Schulleiter und Mitglieder der Auswahlkommission) die zwangsweise Orientierung an einer Notenliste ab, andererseits beachten sie die fachliche Kompetenz eines Bewerbers, welche sich doch durch Noten im Examen ausdrücken sollte.

Bei den offenen Antwortmöglichkeiten standen die Fächerkombination und die pädagogische Kompetenz im Vordergrund. Der persönliche Eindruck vom Kandidaten wird hier nicht explizit als ausschlaggebendes Kriterium genannt. HERCHER et al. (2004) führen das darauf zurück, dass der persönliche Eindruck nicht mit gezielten Fragen erfasst wird, sondern dieser unbewusst in das Auswahlgespräch mit eingeht.

Zusammenfassend stellt diese Untersuchung im Hinblick auf die Kriterien der Personalauswahl fest, dass die Schulen das Ausschreibungsverfahren nicht der ursprünglichen Intention folgend nutzen. Das originäre bildungspolitische Ziel einer Unterstützung der Umsetzung von Schulprogrammen durch eine Erweiterung der Entscheidungskompetenzen auf Schulebene wird nicht in der erwarteten Form erreicht. Dabei wurde davon ausgegangen, dass Bewerber und Schulprofil zueinander passen sollten. Vielmehr nutzen die Schulen die Möglichkeit, Personal zu rekrutieren, das vom persönlichen Eindruck her überzeugt, die passende Fächerkombination hat, pädagogisch kompetent ist und zum bestehenden Kollegium passt. Administrative Vorgaben zur Orientierung an einer Notenliste werden kritisiert, wenngleich die Fachkompetenz relevant ist. Alle Beteiligten bekunden hohe Zufriedenheit mit dem Auswahlverfahren im Ganzen.

Untersuchungen in Bayern 2003

In Bayern etablierte sich die Idee schulbezogener Stellenausschreibungen und -besetzungen zeitlich verzögert. Die Dokumentationsschrift des vom (damaligen) Bayerischen Staatsministeriums für Unterricht, Kultus, Wissenschaft und Kunst (StMUKWK) veranstalteten Bildungskongresses „Wissen und Werte für die Welt von morgen" weist in den Darstellungen der hier relevanten Foren (`Professionalität des Lehrers – Anspruch und Wirklichkeit´ und `Pädagogische Schulentwicklung und Qualitätssicherung´) zunächst noch nur recht schmal auf mögliche Gestaltungs- und Entwicklungsräume schulischer Personalentwicklung als Teil der Schulentwicklung hin: „Zu fordern ist deshalb eine stärkere Eigenverantwortung der Schulen, etwa in Haushalts- und Personalfragen." (StMUKWK 1998, S. 334). In der Folge erprobt das Staatsministerium für Unterricht und Kultus (StMUK) für das Schuljahr 2000/01 für die staatlichen Berufsschulen und Wirtschaftsschulen ein Direktbewerbungsverfahren, bei dem die Schulen – nach Zusage der Planstellen durch die Bezirksregierung – Stellen im Internet ausschreiben und über die Bewerberauswahl selbstständig entscheiden. Der übergeordneten Administration kommt die Aufgabe zu, festzustellen, ob die Einstellungsvoraussetzungen erfüllt sind (StMUK 2000, 2001). Dieses Stellenausschreibungs- und Besetzungsverfahren hat sich inzwischen unter dem Begriff Direktbewerbungsverfahren etabliert.

EDER und REINHART führten 2003 Untersuchungen zu den Auswahlkriterien der Schulleiter beruflicher Schulen in Bayern im Rahmen des Direktbewerbungsverfahrens für das Schuljahr 2003/04 durch (EDER 2004; REINHART 2004)[26]. In einer Vollerhebung wurden alle Schulleiter (n=176) an bayerischen staatlichen Berufsschulen (BS) (n=119) und Fachober-/Berufsoberschulen (FOS/BOS) (n=57) angeschrieben. Die Rücklaufquote betrug 77,8% (BS: n=97; FOS/BOS: n=40). Für die Auswertung lagen letztlich 133 verwertbare Fragebögen vor. Mit dem Instrument wurden die Präferenzen der Schulleiter für formulierte Kriterien der Bewerberauswahl auf einer fünfstufigen Ratingskala erhoben. Weiterhin wurden Daten zum Ablauf des Vorstellungstermins und die Einstellung gegenüber dem Direktbewerbungsverfahren erfasst.

Für die Gesamtstichprobe (Schulleiter von BS und FOS/BOS zusammen) fanden EDER und REINHART (2004) drei Merkmale eines Bewerbers, denen in den Augen der Schulleiter eine herausragende Bedeutung zukommt. Am deutlichsten sticht dabei heraus, dass der Bewerber zum Kollegium passen muss. Ferner ist es für die Schulleiter wichtig, weshalb sich der Bewerber gerade für diese Schule interessiert. Für Leiter einer Berufsschule kommt weiter einer Berufsausbildung des Bewerbers besondere Bedeutung zu, während für Leiter einer FOS/BOS das Zweitfach eine große Rolle spielt. Zusätzlich sind fundierte EDV-Kenntnisse erwünscht. Die folgende Übersicht zeigt die zwölf wichtigsten Kriterien nun differenziert nach der Schulart der befragten Schulleiter.

---

[26] Die Untersuchungen wurden als Diplomarbeiten am Lehrstuhl für Pädagogik Technische Universität München eingereicht und vom Verfasser der vorliegenden Arbeit betreut.

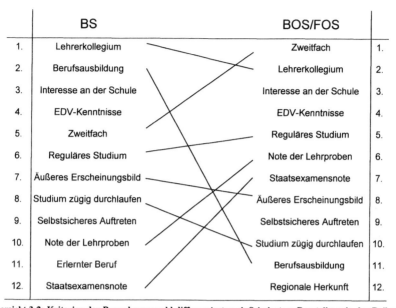

	BS	BOS/FOS	
1.	Lehrerkollegium	Zweitfach	1.
2.	Berufsausbildung	Lehrerkollegium	2.
3.	Interesse an der Schule	Interesse an der Schule	3.
4.	EDV-Kenntnisse	EDV-Kenntnisse	4.
5.	Zweitfach	Reguläres Studium	5.
6.	Reguläres Studium	Note der Lehrproben	6.
7.	Äußeres Erscheinungsbild	Staatsexamensnote	7.
8.	Studium zügig durchlaufen	Äußeres Erscheinungsbild	8.
9.	Selbstsicheres Auftreten	Selbstsicheres Auftreten	9.
10.	Note der Lehrproben	Studium zügig durchlaufen	10.
11.	Erlernter Beruf	Berufsausbildung	11.
12.	Staatsexamensnote	Regionale Herkunft	12.

Übersicht 3-2: Kriterien der Bewerberauswahl differenziert nach Schularten; Darstellung in der Reihenfolge der Relevanz entsprechend der arithmetischen Mittelwerte einer fünfstufigen Ratingskala (Darstellung modifiziert nach EDER 2004); BS: Berufsschule; BOS/FOS: Berufsoberschule/Fachoberschule

Obige Übersicht zeigt die zwölf Kriterien, welchen von der jeweiligen Gruppe von Schulleitern bei der Bewerberauswahl Priorität eingeräumt wurde. Insgesamt fragten EDER und REINHART 27 Kriterien mit Ratingitems ab. Neben bereits oben genannten und für beide Gruppen relevanten ersten vier Kriterien sind folgende Aspekte von Bedeutung. Das Kriterium einer eigenen Berufsausbildung wird von den FOS/BOS-Schulleitern nicht so wichtig eingeschätzt, wie von den Schulleitern einer BS. Dennoch zählt es zu den top-twelf aus 27 betrachteten Kriterien. Bei Schulleitern, die selbst eine Berufausbildung durchlaufen haben erfährt die Berufsausbildung eines Bewerbers auffällig mehr Beachtung. Im Gegenzug erachten die Schuleiter einer FOS/BOS die Noten aus 1. Staatsexamen und Lehrproben[27] häufiger entscheidungsrelevant, als die Schulleiter einer Berufsschule. Unter `Erlernter Beruf´ ist die Art der Berufsausbildung zu verstehen, was für die Tätigkeit an einer Berufsschule höhere Relevanz hat. Hinter der Kurzform `Reguläres Studium´ verbirgt sich ein grundständiges Lehramtsstudium. Die angebotenen Alternativen dazu waren die berufsbiografischen Modelle `Seiteneinsteiger´, was ein Ingenieursstudium plus Zweitfach und Erziehungswissenschaften als Aufbaustudium bedeutet, und `Sondermaßnahme Quereinsteiger´, worunter der Direkteinstieg ins Referendariat für Ingenieure ohne ein erziehungswissenschaftliches Studium und

---

[27] Der Zeitpunkt des Direktbewerbungsverfahrens liegt im April bis Juni und hat den Nachteil, dass die Noten aus dem 2. Staatsexamen für Bewerber, die noch im Vorbereitungsdienst sind, noch nicht zur Entscheidung herangezogen werden können. Die Bewerber erhalten die Zeugnisse zum 2. Staatsexamen erst im September. Lediglich die Noten der Lehrproben sind bereits bekannt.

ohne Zweitfach zu verstehen ist. Diese Modelle werden von den Schulleitern tendenziell eher abgelehnt. Insbesondere die Leiter von Berufsschulen lehnen das Modell `Sondermaßnahme Quereinsteiger' ab. Geringen Einfluss auf die Personalentscheidung haben Geschlecht, Alter und Familienstand. Die Persönlichkeit des Bewerbers wurde am Auftreten und dem Erscheinungsbild festgemacht. Beides ist für die Schulleiter relevant. Die Noten aus Staatsexamen und Lehrproben werden als vergleichsweise wichtig eingeschätzt, wobei zu beachten ist, dass ministerielle Vorgaben in Form von Einstellungsgrenznoten einzuhalten sind, was die Schulen in gewisser Weise zur Beachtung der Noten zwingt und damit näher zu prüfen wäre, inwieweit hier ein Artefakt vorliegt.

Zum Zeitpunkt der Erhebung hatten die befragten Schulleiter bis dahin 737 Planstellen über das Direktbewerbungsverfahren besetzt und dazu 2060 Bewerber zu Vorstellungsgesprächen eingeladen. Der Großteil der Schulleiter wendet für ein Bewerbungsgespräch 30-60 Minuten auf, wobei 38% aller Schulleiter bis zu 60 Minuten benötigen. 9% unterhalten sich länger als zwei Stunden mit einem Bewerber. Nur ein Viertel aller Schulleiter verwendet für das Bewerbungsgespräch einen Leitfaden oder Fragenkatalog. Die Inhalte des Gesprächs konzentrieren sich im Wesentlichen auf drei Themenfelder: Erstens die Person des Bewerbers (persönliche Situation, sozialer Hintergrund, bisherige Unterrichtserfahrung, Einstellung zum Wohnortwechsel, allgemeine Fähigkeiten), zweitens Unterricht (Unterrichtskonzeptionen, Fächerübergreifender Unterricht, Erfahrungen mit Unterrichtsformen, Experimentierfreude) und drittens die Schule bzw. das Schulleben (Interesse an Schulentwicklung, Bereitschaft zu Teamarbeit und Engagement für die Schule, Kollegialität, Schwerpunktsetzung der Schule und Möglichkeiten des Unterrichtseinsatzes). Die Zusammensetzung der Auswahlgremien ist sehr unterschiedlich, meist ist jedoch neben dem Schulleiter der Fachbetreuer beteiligt.

Mit offener Fragestellung wurden die Schulleiter zu besonders positiven bzw. negativen Aspekten des Direktbewerbungsverfahrens befragt. Grundsätzlich wurden von den Schulleitern die mit der Einführung des Direktbewerbungsverfahrens intendierten Ziele (Erhöhung der Gestaltungsfreiheit der Schule und Stärkung des Schulprofils durch Verlagerung von Kompetenzen an die Schule; Erhöhung der Zufriedenheit auf Seiten der Schule und des Bewerbers) als größtenteils erreicht bestätigt. Sie schätzen die Möglichkeiten der personellen Mitgestaltung und bezeichnen den nun entstehenden Wettbewerb zwischen den Schulen als motivierend. Die Schulleiter beobachten auch auf Seiten der Bewerber eine höhere Motivation, die sie auf die Besetzung mit dem Wunschkandidaten zurückführen. Für beide Seiten wirkt die Möglichkeit des gegenseitigen Kennenlernens und sich letztlich für einander Entscheidens motivierend.

Ein Viertel der Schulleiter stellt als negativen Aspekt am Direktbewerbungsverfahren den Bewerbermangel an manchen Standorten fest. Daraus entstehe für ländliche und kleine Standorte die Gefahr der Unterversorgung. In einigen wenigen Fällen wird die dennoch bestehende Mitsprache der Bezirksregierungen und des Ministerium als Einschränkung kritisiert. Zu Bedenken geben Schulleiter den hohen Zeit- und Arbeitsaufwand im Fall von sehr vielen Bewerbungen, Blind- und Mehrfachbewerbungen und unzuverlässigen Bewerbern.

Zusammenfassend stellen EDER und REINHART (2004) fest, dass die Schulleiter das Direktbewerbungsverfahren grundsätzlich positiv beurteilen. Bei der Auswahl spielt das Gespräch mit dem Bewerber eine zentrale Rolle. Der Kandidat soll zum Kollegium passen und muss in Auftreten und Erscheinungsbild überzeugen. Die Schulleiter sind daran interessiert, aus welchem Grund sich der Kandidat an dieser Schule bewirbt. Besonders für Berufsschulen ist eine Berufsausbildung interessant. Für weiterführende berufliche Schulen steht das Zweitfach im Vordergrund. Den Noten aus Examen und Lehrproben schenken die Schulleiter zwar in unterschiedlicher Weise aber dennoch Beachtung und sie präferieren ein grundständiges Lehramtsstudium.

In einer Gesamtschau über die beiden hier dargestellten Untersuchungen in NRW und Bayern zeichnen sich zwei zentrale Tendenzen ab. Zum einen sind für die in einem offenen Ausschreibungsverfahren einstellende Schule die Person des Bewerbers und deren Passung zum Kollegium von zentralem Interesse. Zum anderen büßen formale Kriterien, allen voran die Examensnoten, die in bisherigen Listenverfahren ausschlaggebend über eine Stellenzuweisung waren, Bedeutung ein.

4 Fragestellung der Untersuchung

Ausgangspunkt

Die folgenden Ausführungen zeigen auf, welche grundsätzlichen Annahmen zur Fragestellung der vorliegenden Arbeit führen und legen dar, mit welchem gedanklichen Ansatz sich die Arbeit diesen offenen und erstmalig behandelten Fragen nähert.

Das vorangegangene Kapitel 3 hat die Praxis und den Forschungsstand schulischer Personalauswahl beleuchtet. Die empirische Befundlage zu Verfahren der Personalauswahl an Schulen stellt sich bescheiden dar. Zum einen ist dieses Feld als vergleichsweise jung zu bezeichnen, zum anderen ist es durch eine gewisse Unübersichtlichkeit hinsichtlich der administrativen Regelungen gekennzeichnet. Die der föderalen Struktur der Bundesrepublik Deutschland geschuldete Heterogenität der Einstellungspraxis für den Lehrerberuf baut zudem auf divergierenden Ausgestaltungen der Lehrerbildung auf. Gemeinsam ist der Lehrerbildung in den Ländern zwar eine Zweiphasigkeit, also eine erste Phase des universitären Studiums und eine zweite Phase des staatlichen Vorbereitungsdienstes. Bezieht man die anschließende Phase der Lehrerfortbildung mit ein, so ist von einer Dreiphasigkeit zu sprechen. Die Divergenzen liegen jedoch in der unterschiedlichen Ausgestaltung der Phasen hinsichtlich des zeitlichen Umfangs – vor allem die Länge des Vorbereitungsdienstes steht hier zur Disposition –, der inhaltlichen Festlegungen, der personellen Ausstattung, der räumlichen Verortung und schließlich der Durchführung und Gewichtung der Prüfungsbestandteile. Dabei hebt sich das berufliche Schulwesen mit den dort vertretenen Lehrkräften nochmals durch einen besonderen Variantenreichtum ab. Zwar versucht die Bildungsadministrative mit so genannten Lehramtsprüfungsordnungen eine Nivellierung der Lehrerbildung und des Zugangs zum Lehrerberuf zumindest innerhalb eines Landes und innerhalb einer Schulart zu erreichen. Bei genauerer Betrachtung ist die Realität der Einstellungspraxis jedoch von einem Angebot-Nachfrage-Modell gesteuert. In Zeiten des Lehrkräftemangels werden die formalen Kriterien aufgeweicht, in Zeiten hohen Personalangebots verschärft. Zudem muss sich ein zentralistisches Zulassungssystem in herkömmlicher Sicht naturgemäß auf eine formale Prüfung der Eignung aufgrund der Papierlage zurückziehen.

Eine Betrachtung der Verordnungen für die Lehrerbildung und deren Prüfungswesen muss weiter zu der Ansicht gelangen, dass die Lehrerbildung bisher dem Paradigma der Inputsteuerung unterliegt. Die Inhalte der Lehrerbildung werden qua administrativer Verordnung festgelegt, in der Annahme, damit dem Bedarf der zukünftigen beruflichen Tätigkeit gerecht zu werden. Einen ersten Ansatz eines Paradigmenwandels hin zu einer Outcome-Orientierung macht hier der von der Kultusministerkonferenz (KMK) im Dezember 2004 vorgelegte Beschluss zu den Standards in der Lehrerbildung für die Bildungswissenschaften (KMK 2004). Dort werden in Form von Standards angestrebte Kompetenzen einer Lehrkraft beschrieben.

Wie lange es dauern wird, bis diese Standards tatsächlich Eingang in die länderspezifischen Ausbildungsordnungen finden, bleibt jedoch offen[31].

Zusammenfassend lässt sich die Situation für eine schulische Personalauswahl in drei Aspekten zusammenfassen: Erstens liegt eine in Zeiten des Lehrkräftemangels stark variierende Praxis formaler Richtlinienumsetzung vor. Zweitens zeichnet sich eine Entwicklung hin zu einer Aufgaben- und Verantwortungsverlagerung Richtung Einzelschule ab. Und drittens deutet sich ein Paradigmenwechsel in der Lehrerbildung an. Vor diesem Hintergrund drängt sich die Frage auf, welche Kompetenzen und Merkmale einer Lehrkraft von Seiten des Beschäftigungssystems und genauer von Seiten der einstellenden Schulleiter gefordert werden.

Kapitel 2.1 hat bereits skizziert, wie Ansätze einer schulischen Personalentwicklung aussehen könnten. Dort ist TERHART (2000) zitiert, der darauf hinweist, dass Innovationsprozesse an einzelnen Punkten in den Phasen der Lehrerbildung ansetzen müssen. Ein möglicher solcher Ansatzpunkt könnte die natürliche Zäsur am Übergang von der ersten zur zweiten Phase der Lehrerbildung sein. Behält man die Überlegung im Auge, Lehrerbildung als übergreifende berufsbiografische Aufgabe zu verstehen und bringt sie mit der Idee der Personalentwicklung an der Schule zusammen, so wirft sich die Frage auf, nach welchen Kriterien Person und Institution zueinander finden. Nach Abschluss der ersten Phase der Lehrerbildung stehen bereits zahlreiche Kriterien (z. B. Studienleistungen, berufsbiografische Aspekte, persönliches Auftreten, Fächerkombination, außerberufliches Engagement usw.) für eine Personalauswahl durch die Schule zur Verfügung, zugleich ist eine zielgerichtete Fortführung dieses Bildungsprozesses im Hinblick auf ein zukünftiges Tätigkeitsfeld möglich.

Bei genauerer Betrachtung birgt eine Personalauswahl an dieser Übergangsstelle zwischen den ersten beiden Phasen der Lehrerbildung, also nicht nach Abschluss einer in sich zusammengehörenden Einheit von erster und zweiter Phase einer Lehrerbildung[32], sowohl Chancen als auch Risiken. Die größte Chance dürfte darin bestehen, geeignetes Lehrpersonal anhand selbst gestellter und der Situation der Schule gerechter Kriterien auszuwählen und im weiteren Prozess der Lehrerbildung stellenbezogen auszubilden. Dabei kann naturgemäß nur auf bis dato evidente Kriterien mittels statusdiagnostischer Methoden zurückgegriffen werden. Eine tatsächliche z. B. unterrrichtliche Fähigkeit bleibt zu diesem Zeitpunkt immer im Bereich der prognostischen Kriterien und unterliegt den Schwierigkeiten der Potentialbeurteilung (vgl. dazu Kapitel 2.3 Methoden der Personalauswahl). Damit ist das wohl größte Risiko einer Personalauswahl an dieser Stelle benannt. Der Schulleiter hat nicht mehr die Möglichkeit, auf eine bereits erfolgte Prüfung solcher Kriterien zurückzugreifen.

---

[31] Exemplarische Anmerkung zum Diskussions- und Entwicklungsstand: In Bayern steht derzeit eine neue Lehramtprüfungsordnung für das erste Staatsexamen (LPO I) für alle Lehrämter zur Verabschiedung an. Die Standards für die Lehrerbildung der KMK finden dort noch keine Berücksichtigung, zumindest ist eine solche nicht evident.

[32] Gelegentlich ist auch der Begriff der Lehrer*aus*bildung zu finden, wenn es darum geht, die erste und zweite Phase der Lehrerbildung zu beschreiben. Damit wird eine Abgrenzung zur darauf folgenden dritten Phase der Lehrerbildung, der Lehrer*fort*bildung, vorgenommen. Der Verfasser der vorliegenden Arbeit verwendet den Begriff der *Aus*bildung im Zusammenhang mit der Lehrerbildung nicht, weil der Bildungsgedanke für Lehrkräfte weiter greift, als es der Begriff der Ausbildung vermag.

Fragestellung

Aus diesen Überlegungen entwickelt sich die zentrale Fragestellung für die vorliegende Arbeit und damit der Untersuchungsschwerpunkt.

Nach welchen Kriterien treffen Schulleiter Entscheidungen zum Eingehen eines langfristigen Personalverhältnisses in der zweiten Phase der Lehrerbildung für berufliche Schulen?

Überhaupt in die Situation zu kommen, als Schulleiter an der Schnittstelle von erster und zweiter Phase der Lehrerbildung Personalentscheidungen treffen zu können bzw. zu müssen, wurde erst durch die Teilnahme am Modellversuch AQUA in Bayern möglich. Die Beweggründe der Schulleiter für die Teilnahme am Modellversuch werden an anderer Stelle untersucht, im Rahmen der vorliegenden Arbeit zusammenfassend dargestellt (vgl. Kapitel 8.1) und können bei SCHELTEN, MÜLLER, RIEDL (2004) in vertiefter Form nachgelesen werden. Die Teilnahme am Modellversuch versetzt die Schulleiter in die bis dahin unbekannte und einmalige Gelegenheit, Personalentscheidungen zu treffen, die nicht bzw. kaum von administrativen Vorgaben determiniert sind und trotzdem einen hohen Grad an Verbindlichkeit aufweisen. Die Konzeption des Modellversuchs, der das Forschungsfeld der vorliegenden Arbeit darstellt, wird im nachfolgenden Kapitel 5 ausführlich beschrieben.

Für die Schulleiter ist diese gesamte Situation neu. Sie müssen Personalrekrutierung betreiben. Dazu zählt auch, in einer Stellenausschreibung für Referendare die Attraktivität der eigenen Schule herauszustellen, um aus einer möglichst großen Zahl an Bewerbern auswählen zu können. Sie müssen dem potentiellen Bewerber Perspektiven an der Schule aufzeigen können. Sie stehen im Wettbewerb um Lehrkräfte in Fächern mit Bewerbermangel. Daraus ergeben sich weitere Nebenfragen, welche sowohl die Phase vor der eigentlichen Personalauswahl betreffen als auch Zukunftsperspektiven betrachten. Deren Beantwortung soll dazu beitragen, die o. g. zentrale Hauptfragestellung weiter aufzuhellen und kausale Zusammenhänge offen zu legen. Im Einzelnen sollen folgende Nebenfragen geklärt werden:

Wie sehen Schulleiter die Attraktivität der eigenen Schule?

Inwieweit verstehen sich die Schulleiter darauf, die Schule attraktiv darzustellen?

Wie und wonach beurteilt der Schulleiter das Potential eines Bewerbers?

Mit welchem Grad an Professionalität gehen Schulleiter die Aufgabe der Personalauswahl an?

Welche langfristige Verbleibsquote ergibt sich als Erfolgsindikator für die Personalauswahl?

Welche Empfehlungen für die Personalauswahl an beruflichen Schulen lassen sich aus den Erkenntnissen ableiten?

Letztendlich lässt die Gesamtschau der drei oben skizzierten Themenbereiche (Begründung für die Teilnahme am Modellversuch, Kriterien für die Bewerberauswahl, Sichtweise zur Attraktivität der eigenen Schule) Interpretationen hinsichtlich des Standes und der Entwicklung schulischer Personalrekrutierungs- und Personalentscheidungsprozesse zu.

Das aufgesuchte Forschungsfeld bietet durch seinen innovativen Charakter eine neue, bislang nicht bekannte Situation und damit einen originären Zugang zu Fragestellungen, die bisher kaum bzw. keine Beachtung gefunden haben.

Um diese Fragen zu beantworten, wählt die vorliegende Untersuchung einen qualitativen Zugang. Neben verschiedenen flankierenden Erhebungen im Feld im Rahmen des Modellversuchs AQUA (vgl. Kapitel 5.4), stellen themenzentrierte Interviews mit den Schulleitern vor Ort den zentralen methodischen Zugang der Erhebung für diese Untersuchung dar (vgl. Kapitel 6 und 7). Die Überlegungen der Schulleiter beschreibt Kapitel 8 in Form von 23 Einzelfalldarstellungen vor dem Hintergrund der spezifischen Situation vor Ort. Diese Darstellungen bilden die Grundlage für ausgewählte themenbezogene Quantifizierungen. Eine Beurteilung und Interpretation der Untersuchungsergebnisse erfolgt in Kapitel 9, bevor Kapitel 10 die wesentlichen Schritte und Ergebnisse der vorliegenden Arbeit zusammen.

5 Modellversuch AQUA

Adressatenbezogene Qualifizierung: Attraktivitätssteigerung und Qualitätssicherung des Lehrerberufs an beruflichen Schulen (AQUA)

Die vorliegende Forschungsarbeit gewinnt ihre Daten im Feld des Modellversuchs Adressatenbezogene Qualifizierung: Attraktivitätssteigerung und Qualitätssicherung des Lehrerberufs an beruflichen Schulen (AQUA). Der Einzelmodellversuch AQUA des Freistaats Bayern läuft im Modellversuchsprogramm Innovative Konzepte der Lehrerbildung (2. und 3. Phase) für berufsbildende Schulen (innovelle-bs) der Bund-Länder-Kommission für Bildungsplanung und Forschungsförderung (BLK) mit einer Laufzeit vom 1. Oktober 2001 bis 30. September 2004. Modellversuchsträger ist das bayrische Staatsinstitut für Schulqualität und Bildungsforschung (ISB), Abteilung Berufliche Schulen, die wissenschaftliche Begleitung liegt bei Prof. Dr. Andreas Schelten, Lehrstuhl für Pädagogik, Technische Universität München (TUM). Modellversuche verfolgen das Ziel, Konzeptionen für bestimmte Problembereiche an einzelnen Schulen unter Realbedingungen zu erproben. Im Modellversuch AQUA wird ein modernes Konzept der zweiten Phase der Lehrerbildung (Referendariat) für berufliche Schulen entwickelt, durchgeführt und evaluiert.

5.1 Ausgangslage

Betrachtet man die Personalsituation an beruflichen Schulen, und insbesondere an Berufsschulen, so stehen die Personalverantwortlichen heute vor zwei Herausforderungen: Die erste Herausforderung ist die Erhaltung bzw. Schaffung eines hohen Qualitätsstandards des Personals, die zweite, quantitative Herausforderung ist, die Deckung des Lehrerbedarfs durch ein attraktives Rekrutierungs- und Qualifizierungssystem sicherzustellen.

Anspruchsvolle und oft hoch innovative Organisations- und Personalentwicklungsprozesse sind nur mit einem quantitativ ausreichenden, qualitativ hochwertigen und motivierten Personalstamm zu verwirklichen. Die quantitative Bedarfsdeckung ist derzeit und wohl auch mittelfristig stark defizitär. Die Sicherung der Qualität ist insbesondere in den Berufsfeldern mit hoher Innovationsgeschwindigkeit sehr problematisch.

An das berufliche Schulwesen und an das dort arbeitende Personal werden zunehmend höhere Qualitätsansprüche gestellt. Dies drückt sich beispielhaft in folgenden Punkten aus:

- Schule und Lehrkräfte müssen unter fachlichen Gesichtspunkten schnell und flexibel auf neue Inhalte bzw. neue Berufe reagieren.

- Lehrkräfte müssen ihre Unterrichtskonzepte vor dem Hintergrund veränderter Qualifikationsanforderungen aus der Arbeitswelt (technisch-produktiver Wandel), veränderter curricularer Vorgaben (z. B. Lernfeldthematik) sowie vor dem Hintergrund gesellschaftlicher Veränderungen (z. B. Medien, Gewaltproblematik) kontinuierlich weiterentwickeln und anpassen.

- Schulen sind aufgefordert, sich unter organisatorischen wie personellen Aspekten zu regionalen Kompetenzzentren zu entwickeln.

- Schulen sind aufgefordert, ein schulspezifisches und regionalspezifisches Profil (Stichwort Innere Schulentwicklung) zu entwickeln.

- Schulen sind aufgefordert, die schulinternen Arbeitsformen (Teambildung, schulinterne Fortbildungen) weiterzuentwickeln.

- Die strukturelle Weiterentwicklung der beruflichen Schulen in den Weiterbildungsbereich hinein soll nicht länger ein Tabuthema bleiben.

Der Modellversuch AQUA greift die beiden großen Herauforderungen der Attraktivitätssteigerung und der Qualitätssicherung auf und untersucht innovative Ansätze der Lehrerbildung im Feld der Berufsschulen in Bayern.

5.2 Untersuchungsfeld

Die vorliegende Untersuchung nimmt ihre Erhebungen im Rahmen des Modellversuchs AQUA vor. Der Modellversuch AQUA bewegt sich im Feld der beruflichen Schulen. Die beruflichen Schulen gliedern sich in Bayern in Berufsschulen und Berufsfachschulen, Wirtschaftsschulen, Fachschulen und Fachakademien, Fachoberschulen und Berufsoberschulen. Die Auswahl der Modellversuchsschulen konzentriert sich ausschließlich auf Berufsschulen. Dabei stehen die Modellversuchsschulen jedoch in engem Kontakt mit weiterführenden beruflichen Schulen, wie Fachoberschulen und Berufsoberschulen oder Fachschulen und Fachakademien. An die Modellversuchsschulen angegliedert sind in einigen Fällen auch Berufsfachschulen.

In Bayern existieren zu Beginn des Modellversuchs 185 staatliche und private Berufsschulen, an denen 285 460 Schüler in 12 496 Klassen von 7 257 Lehrkräften (Anzahl der Lehrkräfte hochgerechnet auf volle Stellen)[35] unterrichtet werden. Die Anzahl der Lehrkräfte an allen beruflichen Schulen liegt bei über 14000. Die Altersstruktur der Kollegien lässt in den ersten beiden Jahrzehnten des neuen Jahrtausends eine massive Personalfluktuation vorhersehen. Die nachwachsende Lehrerschaft rekrutiert sich zu über 90 % aus den universitären Ausbildungsstätten in Bayern, an denen die Studiengänge Lehramt an beruflichen Schulen / Berufspädagogik bzw. Wirtschaftspädagogik angeboten werden. Für den gewerblichen Bereich kommen nahezu alle Studierenden von der Technischen Universität München (TUM), wo die Fachrichtungen Metalltechnik, Elektro- und Informationstechnik, Bautechnik, Ernährung und Hauswirtschaft, Gesundheit und Pflege sowie Agrarwirtschaft angeboten werden. Daneben existieren die Studienangebote für Metalltechnik an der Universität Bayreuth und Elektrotechnik an der Friedrich-Alexander-Universität Nürnberg (FAU) mit geringer Studentenzahl. Den Studiengang Wirtschaftpädagogik bieten die Ludwig-Maximilians-Universität München (LMU), die Friedrich-Alexander-Universität Nürnberg und die Otto-Friedrich-Universität Bamberg (OFU) an. Die Fachrichtung Sozialpädagogik für das Lehramt an beruflichen Schulen kann an der OFU Bamberg studiert werden. Der Modellversuch bezieht sich auf die ge-

---

[35] Entnommen aus http://www.stmuk.bayern.de/km/schule/statistik/bildung/uebersicht/bs.shtml am 25.07.2005

werblichen und kaufmännischen Berufsfelder. Zum Zeitpunkt des Beginns des Modellversuchs stehen Absolventen von den Standorten München und Nürnberg für den Einstieg ins Referendariat zur Verfügung. An den anderen Standorten sind die Studiengänge noch nicht lange genug eingerichtet, als dass schon Absolventen für den Modellversuch zu Verfügung stehen. Einen Überblick über die Anzahl der Absolventen in den verschiedenen Fachrichtungen aus den für den Modellversuch maßgeblichen Prüfungsjahrgängen gibt Übersicht 5-1.

Berufsfeld	Prüflinge bestanden Staatsexamen/Diplom (von angemeldet)		Σ dieser Prüfungs-	Ausbildungs- plätze nur AQUA		Referendare SJ 2002/03 (incl. AQUA)
	Herbst 2001	Frühjahr 2002	jahrgänge	be- setzt	ange- boten	angetreten (angemeldet)
MT	13 (14)	17 (19)	30	9	12	28 (37)
ET/IT	9 (12)	10 (13)	19	5	8	14 (19)
BT	16 (17)	10 (11)	26	2	2	24 (30)
EH	11 (11)	12 (14)	23	1	2	25 (28)
Σ gewerbl.	49 (56)	49 (57)	98	17	24	91 (114)
WV FAU	50	52	102	17	18	(115)
LMU	75 (in2001)	~ 30	~ 105			(56)
Andere						(10)
Σ kaufm.		~ 207	17	18		147 (181)
Σ gewerbl. + kaufm.			34	42		238 (295)
SP						31 (38)
AW	1 (1)	4 (5)				4 (6)
Σ alle Berufsfelder						273 (339)
Sondermaßnahme:	Quereinsteiger angetreten (angemeldet)		Trainee			Zusammen
MT	14 (16)		6 (7)			20 (23)
ET	7 (17)		4 (8)			11 (25)
WV	123 (143)		24 (51)			147 (194)
Σ Sondermaßnahmen						178 (242)

Übersicht 5-1: Absolventen und Eintritte ins Referendariat in den verschiedenen Berufsfeldern zum Schuljahr 2002/03. Stand 19. 09. 2002 (MT: Metalltechnik; ET/IT: Elektro- und Informationstechnik; BT: Bautechnik; EH: Ernährung und Hauswirtschaft; WV: Wirtschaft und Verwaltung; SP: Sozialpädagogik; AW: Agrarwirtschaft)[36]

---

[36] Angaben des bayrischen Staatsministerium für Unterricht und Kultus

Die Übersicht 5-1 zeigt im oberen Teil die Anzahl der grundständig studierten Absolventen und der Referendare für ein Lehramt an beruflichen Schulen in den Fachrichtungen. Der untere Teil bezieht sich auf Sondermaßnahmen außerhalb des regulären Ausbildungsgangs. Sondermaßnahmen werden vom bayrischen Staatsministerium für Unterricht und Kultus aufgelegt und eröffnen den Zugang zum Lehramt an beruflichen Schulen für Diplom-Ingenieure bzw. Diplomkaufleute in diesen Fachrichtungen ohne ein erziehungswissenschaftliches Studium und ohne Zweitfachstudium. Quereinsteiger durchlaufen das Referendariat mit Anwärterbezügen, Trainees werden direkt ohne vorbereitende Kurse im Unterricht mit verminderter Stundenzahl eingesetzt und im vollen Angestelltentarif vergütet. Trainees erhalten berufsbegleitende seminaristische Einführungsveranstaltungen in Pädagogik und Didaktik.

Die hier gezeigten Zahlen sind in Relation zur Personalbedarfslage an den Schulen zu sehen. Die Dauer des Referendariats beträgt zwei Jahre. Damit ist für die Beurteilung des Personalbedarfs an beruflichen Schulen im Hinblick auf den Modellversuch die Situation zum Schuljahr 2004/05 relevant. Staatliche berufliche Schulen in Bayern können seit dem Schuljahr 2000/01 Planstellen für Lehrkräfte in einem Direktbewerbungsverfahren im Internet ausschreiben. Die Anzahl der dort gelisteten Stellen gibt einen Überblick über den Personalbedarf in den unterschiedlichen Berufsfeldern. Der tatsächliche Bedarf kann an einzelnen Standorten noch höher liegen, die Gesamtzahl der Stellen wird jedoch vom Staatsministerium für Unterricht und Kultus aus finanziellen Gründen gedeckt. Der Personalbedarf an kommunalen und privaten Schulen ist dabei noch nicht berücksichtigt. Ebenso ist der Bedarf an Fach- und Berufsoberschulen noch nicht berücksichtigt, da für den Modellversuch nur Berufsschulen einbezogen werden.

Berufsfeld	MT	ET/IT	BT	EH	WV	SP	AW	GP	Σ
Anzahl	69	22	17	27	103	13	3	2	257

Übersicht 5-2: Anzahl der ausgeschriebenen Stellen im Direktbewerbungsverfahren auf Planstellen an beruflichen Schulen in Bayern in den Berufsfeldern. Stand: 17.05.2005. (MT: Metalltechnik; ET/IT: Elektro- und Informationstechnik; BT: Bautechnik; EH: Ernährung und Hauswirtschaft; WV: Wirtschaft und Verwaltung; SP: Sozialpädagogik; AW: Agrarwirtschaft; GP: Gesundheit und Pflege)

Betrachtet man die Übersichten 5-1 und 5-2 zusammen, so wird ersichtlich, dass es vor allem in den Bereichen Metalltechnik sowie Elektro- und Informationstechnik zu erheblichen Defiziten in der Personalbedarfsdeckung kommen wird. In der Bautechnik ist ein Personalüberhang zu erwarten, für den Bereich Ernährung und Hauswirtschaft gleichen sich Angebot und Nachfrage aus. Für Wirtschaft und Verwaltung ist mit einem Personalüberhang zu rechnen, der vor allem durch die Sondermaßnahme hervorgerufen wird. Die Sondermaßnahme für die Bereiche MT und ET/IT führt nicht zum erhofften Erfolg. Gewünscht waren 30 Personen für Metalltechnik und 20 Personen für Elektro/Informationstechnik.

In der Gesamtschau bewegt sich der Modellversuch AQUA in einem Feld, das von sehr heterogenen Personalbedarfslagen und sehr individuellen Anforderungen an die Personalentwicklung vor Ort und damit an die Schulleiter gekennzeichnet ist.

5.3 Grundkonzeption

Die Grundkonzeption des Modellversuchs AQUA geht von einer adressatenorientierten Form der Lehrerbildung für berufliche Schulen aus. Damit vollzieht dieser Modellversuch den Paradigmenwechsel von einer Idee der kollektiven Form der Lehrerbildung hin zu einer individuellen Form. Maßgeblich für die Ausgestaltung dieser Lehrerbildung sind damit sowohl die Interessen und Kompetenzen der angehenden Lehrkraft als auch der Bedarf der jeweiligen Schule. Das Konzept der innovativen Lehrerbildung im Modellversuch AQUA stützt sich im Wesentlichen auf fünf tragende Säulen.

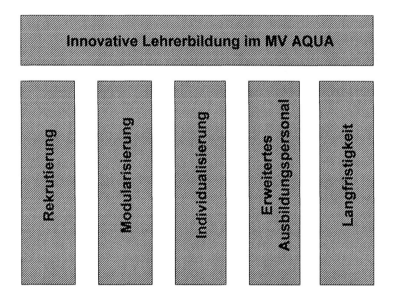

Übersicht 5-3: Die fünf tragenden Säulen der innovativen Lehrerbildung im Modellversuch AQUA

Rekrutierung

Das Rekrutierungsverfahren im Modellversuch AQUA wird als wesentlicher Faktor zur Attraktivitätssteigerung des Referendariats und damit des Lehrerberufs gesehen. In diesem Prozess schreiben Schulen Stellen für Referendare aus und besetzen diese in eigener Verantwortung. Dabei formuliert die Schule in der Stellenausschreibung ein Anforderungsprofil und beschreibt die Einsatzfelder und Entwicklungsmöglichkeiten für die zukünftige Lehrkraft. Studienabsolventen als potentielle Bewerber haben im Umkehrschluss die Möglichkeit, sich ihre Ausbildungsschule selbst auszuwählen. Diese konzeptionelle Grundüberlegung geht davon aus, dass die freie Entscheidung bei der Schul- und damit Ortswahl seitens der Referendare einen entscheidenden Beitrag zur Motivationssteigerung und einer Erhöhung der Leistungsbereitschaft bewirkt. Die intensivere Identifikation mit der Schule unterstützt diesen Prozess. Aus Sicht der Schulen eröffnet sich die Möglichkeit, Personalentwicklung auch in Form von Personalauswahl und Ausbildung am Bedarf der Schule orientiert zu betreiben.

Modularisierung

Ausbildungsinhalte werden modularisiert. Dies betrifft sowohl die inhaltliche als auch die zeitliche, räumliche und personelle Dimension von Ausbildung. Die Aufteilung in Pflichtmodule und Wahlmodule sichert eine Grundbildung entsprechend den Erfordernissen der bayrischen Ordnung der Zweiten Staatsprüfung für ein Lehramt an öffentlichen Schulen – Lehramtsprüfungsordnung II (LPO II) – wie auch der Zulassungs- und Ausbildungsordnung für das Lehramt an beruflichen Schulen (ZALB) ab und bietet zugleich die Chance auf individuelle bzw. schulspezifische Bedürfnisse einzugehen. Ausbildungsinhalte können zeitnah an den Bedarf angepasst werden. Die zeitliche und räumliche Flexibilität der Ausbildung erhöht sich. Daneben erleichtert diese Form der Ausbildung, externe Referenten/Experten einzubeziehen, die als Modulanbieter fungieren. Im Bereich der Wahlmodule wird weiter unterschieden, ob es sich um verpflichtende Inhalte handelt, bei denen lediglich Ort, Zeit und/oder Person der Vermittlung gewählt werden können oder ob es sich um freigestellte Inhalte handelt, d.h. alle vier Dimensionen von Ausbildung (Ort, Zeit, Person, Inhalt) zur Wahl stehen. Über diese Konstellation wird das Konzept von AQUA dem Gedanken einer möglichst weitgehenden Individualisierung gerecht.

Individualisierung

Die Individualisierung der Ausbildung berücksichtigt sowohl die Person des Referendars als auch den Bedarf der Schule. Mit Blick auf die Personen zeigt sich, dass sich gerade im beruflichen Schulwesen die Berufsbiografien der Lehrkräfte wesentlich unterscheiden können und damit sehr individuell ausgeprägte Kompetenzprofile auch bei Referendaren vorliegen. Auf die Schule bezogen bedeutet Individualisierung, die Ausbildung vor allem am fachlichen Bedarf auszurichten und die Möglichkeit zur fachlichen Einarbeitung und Fortbildung bereits im Referendariat zu geben. Eine Individualisierung der Ausbildung kann dabei sowohl auf schulinterner wie auch auf schulexterner Ebene von statten gehen. Das bedeutet auf schulinterner Ebene eine sehr individuell abgestimmte Betreuung durch Personalentwickler und Mentoren an der Ausbildungsschule, die sich sowohl am Ausbildungsstand und Entwicklungsverlauf der jungen Lehrkraft über die zwei Jahre der Ausbildung hinweg orientiert, als auch die schulund situationsspezifischen Gegebenheiten und Rahmenbedingungen reflektiert. Auf schulexterner Ebene resultiert ein solches Potential zur Individualisierung aus den Wahlmöglichkeiten hinsichtlich der Ausbildungsmodule.

Erweitertes Ausbildungspersonal

Eine Modularisierung und Individualisierung der Ausbildung führen (fast) zwingend zu einer Erweiterung des Ausbildungspersonals. Zum einen ist es notwendig, Module von einschlägig kompetenten Personen anbieten zu lassen, zum anderen wird gerade im Zuge auch einer fachlichen Ausbildung und Spezialisierung ein Hinzuziehen von schulexternen Experten unumgänglich.

Kernbereiche schulischer Professionalität und damit auch der Ausbildung werden von erfahrenen Lehrkräften dieser Schulart bedient, entweder als externe Modulanbieter oder als Personalentwickler/Mentoren an den Schulen. Der Bereich der Didaktik und Methodik der jeweiligen Fachrichtung bzw. des Berufsfelds wird von Spezialisten dieser Domäne (z.B. Seminarlehrkräften) abgedeckt. Dem Bereich Recht und Verwaltung widmen sich Mitarbeiter von Regierungen, Schulleiter und andere administrativ Tätige. Zur Weiterentwicklung der Lehrerpersönlichkeit können Experten aus anderen Schularten oder gänzlich anderen Tätigkeitsfeldern hinzugezogen werden (z.b. Referenten für Themenzentrierte Interaktion oder Psychotherapeuten). Für streng fachliche Module bietet es sich an, Kräfte aus Wirtschaft und Industrie einzubeziehen.

Die schulinterne Ausbildung obliegt den Personalentwicklern/Mentoren. Neben einer didaktisch-methodischen Ausbildung der Referendare führen sie u. a. in organisationsinterne bzw. schulspezifische Verwaltungs- und Organisationsabläufe ein und begleiten den Referendar auf dem Weg der frühzeitigen Integration in das Lehrerkollegium an ihrer Schule.

Durch die Differenzierung der Ausbildung in schulinterne und schulexterne Einheiten kann einer zentralen Forderung moderner Ansätze der Lehrerbildung Folge geleistet werden, die in einer Trennung von Berater- und Beurteilerfunktion des Ausbildungspersonals besteht. Die schulexternen Modulanbieter übernehmen dabei die Funktion eines Beraters der angehenden Lehrkraft, ohne jedoch beurteilende Aufgaben inne zu haben. Die Beurteilung der Leistungen hingegen erfolgt durch interne (Personalentwickler/Mentoren, Schulleiter) wie auch externe Prüfer (Seminarvorstand, Seminarlehrer, Vertreter der Schulaufsichtsbehörde).

Durch die Erhöhung der Möglichkeit zur Mitbestimmung wird die Ausbildungsverantwortung stärker an die Schule verlagert.

Langfristigkeit

Die Schule schreibt eine Stelle für einen Referendar für die zwei Jahre umfassende Zeit der Ausbildung aus und besetzt diese mit einem geeigneten Bewerber. Dies ist mit der langfristigen Perspektive verbunden, die angehende Lehrkraft nach dem Vorbereitungsdienst an dieser Schule zu übernehmen. Die Schule hat ihren Bedarf an einer Lehrkraft in einem bestimmten Bereich definiert und bildet diese Lehrkraft im Hinblick auf ihr zukünftiges Einsatzfeld aus.

Aus Sicht des Referendars bedeutet das, sich in den zwei Jahren an dieser Schule bereits gezielt auf die spätere Tätigkeit an dieser Schule vorzubereiten. Die frühzeitige Integration in das Kollegium an dieser Schule unterstützt diesen Prozess.

Aus dieser langfristigen Perspektive und der daraus resultierenden relativen Planungssicherheit für den Referendar kann sich eine Erhöhung von Motivationslage und Leistungsbereitschaft ergeben.

Die Besetzung einer Planstelle an dieser Schule nach dem Referendariat muss jedoch von beiden Seiten, Schule und Referendar, gegen Ende der Ausbildung noch zugesagt werden. Damit haben beide Partner die Möglichkeit, sich wieder zu trennen.

5.4 Wissenschaftliche Begleitung

Die wissenschaftliche Begleitung zum Modellversuch Adressatenbezogene Qualifizierung: Attraktivitätssteigerung und Qualitätssicherung des Lehrerberufs an beruflichen Schulen (AQUA) liegt in der Verantwortung von Prof. Dr. Andreas Schelten, Lehrstuhl für Pädagogik, Technische Universität München (TUM). Auf operativer Ebene obliegt die Durchführung der Evaluationen dem Verfasser der vorliegenden Arbeit unter Beratung von Dr. Alfred Riedl, beide Lehrstuhl für Pädagogik, TUM.

5.4.1 Grundannahmen und Ziele

In einem integrativen Forschungs- und Entwicklungsansatz arbeitet die wissenschaftliche Begleitung des Modellversuchs AQUA eng mit dem Modellversuchsträger zusammen. Dabei hat sie eine impulsgebende und reflektierende Funktion für einen gemeinsamen Entwicklungsprozess. Die Evaluation ist responsiv angelegt und in erster Linie auf die im Modellversuch ablaufenden Prozesse und Entwicklungsverläufe gerichtet. Die wissenschaftliche Begleitung arbeitet mit einer empirischen Orientierung und wendet sowohl Methoden der qualitativen wie auch quantitativen Sozialforschung an.

Dabei sind für die wissenschaftliche Begleitung folgende Aspekte leitend:

- Formative Evaluation der Entwicklungsverläufe
- Summative Gesamtevaluation der am Modellversuch Beteiligten aus unterschiedlichen Blickwinkeln
- Präzise Interpretation der Ergebnisse der Gesamtevaluation
- Höchstmögliche Güte der durchzuführenden Evaluation
- Rückspeisung von Erkenntnissen in den Modellversuchsprozess an geeigneter Stelle
- Gewinnung von Hinweisen zur Klärung des Fragenkomplexes der Qualifizierung von Spezialisten vs. einer Generalistenausbildung
- Ermittlung der Attraktivität und der Effektivität, die dem erprobten Qualifizierungskonzept aus Sicht der Betroffenen beigemessen werden
- Offenlegung weiterer Phänomene und Opportunitätsleistungen, die sich aus dem Qualifizierungskonzept ergeben
- Diskussion möglicher Transferkonzepte vor dem spezifischen Hintergrund bayrischer Erfordernisse und Rahmenbedingungen
- Offenheit für weitere, a priori nicht formulierte Aufgaben, die sich aus der Entwicklungsdynamik des Modellversuchs ergeben

Um zu den aufgeworfenen Fragen in geeigneter Weise klärende Hinweise zu gewinnen hat sich die wissenschaftliche Begleitung für eine differenzierte methodische Herangehensweise entschieden. Im Folgenden wird in einer Gesamtübersicht das Evaluationsdesign vorgestellt.

5.4.2 Evaluationsdesign

Die wissenschaftliche Begleitung des Modellversuchs verfolgt über den gesamten zeitlichen Verlauf von AQUA eine Reihe von empirischen Untersuchungen.

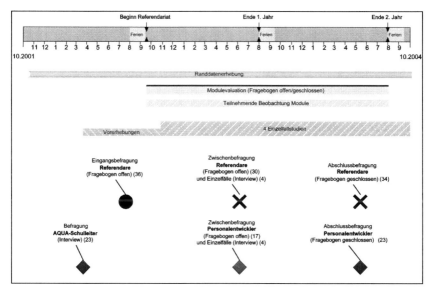

Übersicht 5-4: Evaluationsdesign der wissenschaftlichen Begleitung zum Modellversuch AQUA

Die wissenschaftliche Begleitung erfasst über die gesamte Laufzeit des Modellversuchs und darüber hinaus Daten zur Rekrutierungs- und Qualifizierungsphase des Modellversuchs. Die externen zentralen Ausbildungsmodule werden mittels Fragebogen evaluiert und streckenweise ergänzend teilnehmend beobachtet. Detaillierte Einzelfallstudien betrachten und analysieren exemplarisch den Ausbildungsverlauf von vier Referendaren. Im Rahmen der Rekrutierungsphase finden Leitfadeninterviews mit allen teilnehmenden Schulleitern statt. Diese Interviews erheben die für die vorliegende Forschungsarbeit grundlegenden Daten. Die teilnehmenden Referendare werden nach Abschluss der Rekrutierungsphase und vor Beginn der Ausbildung mittels offenem Fragebogen befragt. Vor den Pfingstferien des ersten Ausbildungsjahres findet die Zwischenbefragung der Personalentwickler und Referendare mit einem offenen elektronischen Fragebogen statt. Mit den Referendaren und Personalentwicklern der Einzelfallstudien werden Leitfadeninterviews geführt. In der Zeit zwischen den Pfingstferien und den Sommerferien des zweiten Ausbildungsjahres wird die Abschlussbefragung der Personalentwickler und Referendare durchgeführt. Daneben ergänzen Dokumentenanalysen zum Modulwahlverhalten und zum schulischen Ausbildungsprozess die Erhebungen. Teilnehmende Beobachtungen bei Unterrichtsversuchen und Prüfungen sowie bei Tagungen und Arbeitssitzungen runden die Erkenntnisgewinnung ab. Eine eingehende Beschreibung der Erhebungen im Einzelnen sowie die zugehörigen Instrumente finden sich bei SCHELTEN, MÜLLER, RIEDL (2004a und 2004b).

Darüber hinausgehend hat die wissenschaftliche Begleitung Aufgaben übernommen, die sich aus dem Entwicklungsprozess des Modellversuchs ergeben. Dazu gehören u. a. die Mitarbeit bei der Erstellung eines Instruments zu Beurteilung von Unterricht oder die Gestaltung und Durchführung von Ausbildungsmodulen.

5.5 Verlauf

Der Modellversuch AQUA hat eine Laufzeit vom 1. Oktober 2001 bis 30. September 2004. Erste konzeptionelle Vorüberlegungen wurden bereits im Jahr 2000 angestellt. Im Oktober 2001 nehmen die verschiedenen Arbeitsgremien ihre Tätigkeit auf. Von Modellversuchsträger und wissenschaftlicher Begleitung wird eine Lenkungsgruppe einberufen, in der alle für die Lehrerbildung für berufliche Schulen in Bayern maßgeblichen Institutionen vertreten sind. Dazu gehören neben dem Modellversuchsträger und der wissenschaftlichen Begleitung Vertreter des bayrischen Staatsministeriums für Unterricht und Kultus, der Bezirksregierungen, der Staatlichen Studienseminare, der Akademie für Lehrerfortbildung und Personalführung und des Verbandes der Lehrer an beruflichen Schulen in Bayern. In diesem Gremium werden alle wichtigen Entscheidungen diskutiert und beschlossen. In einem ersten Schritt werden alle 186 Berufsschulen in Bayern aufgefordert, ihr Interesse an einer Beteiligung an dem Modellversuch AQUA mitzuteilen. 76 Schulen bewerben sich für die Teilnahme. Von diesen Schulen werden von Modellversuchsträger und wissenschaftlicher Begleitung nach Rücksprache mit den zuständigen Bezirksregierungen und im Einvernehmen mit der Lenkungsgruppe 23 Schulen für die Teilnahme am Modellversuch ausgewählt. Im Januar und Februar 2002 finden Informationsveranstaltungen zum Modellversuch und den teilnehmenden Schulen an den bayrischen Universitäten statt, die Studierende für das Lehramt an beruflichen Schulen bzw. Diplomhandelslehrer ausbilden. Die Stellenausschreibungen für die Ausbildungsstellen an den Schulen sind im Internet einzusehen. Die Schulen treffen ihre Personalauswahl vor den Osterferien 2002. 21 Schulen können Stellen für Referendare besetzen und sind damit weiter am Modellversuch beteiligt. Die wissenschaftliche Begleitung betrachtet sowohl diese erste Phase der Personalrekrutierung als auch die zweite Phase der zweijährigen Personalqualifizierung in Form einer formativen wie auch einer summativen Evaluation. Die Untersuchungen zur Phase der Personalrekrutierung im März/April 2002 sind Gegenstand der vorliegenden Arbeit. Ab dem Schuljahr 2002/2003 werden 34 Referendare nach dem Konzept des Modellversuchs AQUA an 21 Modellversuchsschulen ausgebildet. Diese Qualifizierungsphase endet mit dem Schuljahr 2003/2004. Der größte Teil der Referendare wird nach Abschluss des Modellversuchs im Schuljahr 2004/2005 an den Modellversuchsschulen auf Planstellen übernommen.

5.6 Schulen und Referendare

Am Modellversuch AQUA nehmen 34 Referendare an 21 Modellversuchsschulen teil. Damit treten alle Bewerber, welche die formalen Eingangsvoraussetzungen (bestandenes Staatsexamen/Diplom) erfüllt haben, die ihnen angebotene Stelle an. Die Standorte der Modellversuchsschulen sind über alle sieben Regierungsbezirke in Bayern verteilt. An den Schulen sind je mindestens ein verantwortlicher Personalentwickler und häufig zusätzlich weitere Mentoren mit der Ausbildung der Referendare befasst. Übersicht 5-3 zeigt die Standorte der Modellversuchsschulen.

Oberbayern
Staatl. Berufsschule **Altötting**
Dr.-Herbert-Weinberger-Schule **Erding**
Staatl. Berufsschule **Freising**
Städt. Berufsschule für Fertigungstechnik **München**
Staatl. Berufsschule **Pfaffenhofen a. d. Ilm**
Staatl. Berufsschule I **Rosenheim**
Staatl. Berufsschule II **Rosenheim**
Staatl. Berufsschule **Schongau**
Staatl. Berufsschule **Starnberg**
Staatl. Berufsschule II **Traunstein**
Schwaben
Städt. Berufsschule VII **Augsburg**
Johann-Bierwirth-Schule Staatl. Berufsschule I **Memmingen**
Staatl. Berufsschule **Neu-Ulm**
Niederbayern
Mathias-von-Flurl-Schule Staatl. Berufsschule II **Straubing-Bogen**
Staatl. Berufsschule **Waldkirchen**
Oberpfalz
Staatl. Berufsschule **Amberg**
Werner-von-Siemens-Schule **Cham**
Oberfranken
Staatl. Berufsschule **Forchheim**
Mittelfranken
Städt. Berufsschule 2 **Nürnberg**
Staatl. Berufsschule **Rothenburg o.d. Tauber-Dinkelsbühl**
Unterfranken
Franz-Oberthür-Schule Städt. Berufsschule I **Würzburg**

Übersicht 5-5: Modellversuchsschulen in AQUA

Im Folgenden wird die Verteilung der beruflichen Fachrichtungen und der Zweitfächer der AQUA-Referendare gezeigt.

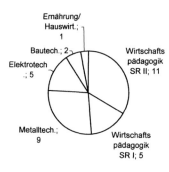

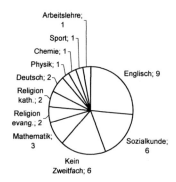

Übersicht 5-6: Anzahl AQUA-Referendare nach beruflichen Fachrichtungen (SR: Studienrichtung)

Übersicht 5-7: Anzahl AQUA-Referendare nach Zweitfächern

Die Verteilung der beruflichen Fachrichtungen gibt Übersicht 5-6 wieder. Übersicht 5-7 gibt Aufschluss über die Zweitfächerverteilung bei den Referendaren in AQUA. Bezüglich der Zweitfächerverteilung zeigt sich ein weitgehend ähnliches Bild wie im regulären Referendariat. Der prozentuale Anteil an Englisch ist jedoch etwa doppelt so hoch wie in der Referenzgruppe. Der relativ hohe Teil an Sozialkunde sowie die Heterogenität bei den übrigen Fächern entspricht der üblichen Verteilung bei diesem Lehramt. Der Anteil an Referendaren mit Zweitfach (Studienrichtung 2 der Wirtschaftspädagogen) ist im Vergleich zum Repräsentativwert dieses Jahrgangs doppelt so groß.

Der weitaus größte Teil der AQUA-Referendare hat vor dem Studium eine Berufsausbildung durchlaufen (80%). Dieses berufsbiografische Bild ist charakteristisch für Referendare im beruflichen Schulwesen, sowohl im kaufmännischen als auch im gewerblich-technischen Bereich (Referenzgruppe der regulären Referendare: 75%). Übersicht 5-8 gibt die Berufe der Referendare in AQUA wieder.

Berufsausbildung der AQUA-Referendare			Mit gewerblicher Ausbildung	
			Industriemechaniker	2
Keine Berufsausbildung	6		Kommunikationselektroniker	2
			Augenoptiker	1
			Energieelektroniker	1
Mit kaufmännischer Ausbildung			Holzbildhauer	1
Bankkaufmann	7		Industrieelektroniker	1
Angestellter	1		Maschinenbautechniker	1
Einzelhandelskaufmann	1		Maurer/Stahlbetonbauer	1
Reiseverkehrskaufmann	1		Modelltischler	1
Speditionskaufmann	1		Offsetdrucker	1
Verwaltungsfachangestellter	1		Tiefdrucker	1
			Werkzeugmacher/-mechaniker	1

Übersicht 5-8: Anzahl der AQUA-Referendare nach Berufsausbildung nach eigenen Angaben. (Verwendung der maskulinen Berufsbezeichnungen)

In der Gesamtschau spiegelt die Beschreibung der Merkmale der Referendare im Modellversuch AQUA das Bild der Heterogenität von Adressaten einer Lehrerbildung für berufliche Schulen wieder. Charakteristisch sind ein hoher Altersdurchschnitt und eine variantenreiche Berufsbiographie, die in den meisten Fällen auf einer Berufsausbildung aufbaut. Weiter zeichnet sich eine hohe Heimatverbundenheit ab (vgl. SCHELTEN, MÜLLER, RIEDL (2004a). Die Gruppe der Teilnehmer am Modellversuch AQUA ist als repräsentative Stichprobe zur Gesamtheit der Referendare an beruflichen Schulen in Bayern hinsichtlich der oben beschriebenen Merkmale zu bezeichnen.

5.7 Ergebnisse des Modellversuchs

Die Ergebnisse der vorliegenden Forschungsarbeit korrespondieren mit den Ergebnissen des Modellversuchs AQUA und vertiefen ausgewählte Fragestellungen (vgl. Kapitel 4 Fragestellung). Kapitel 5.7 stellt nun die Ergebnisse des Modellversuchs überblicksartig dar. Für eine vertiefende Beschäftigung wird auf SCHELTEN, MÜLLER, RIEDL (2004a und 2004b) verwiesen.

Qualitätssicherung

Zur Beurteilung der Qualität eines Konzepts und des damit verbundenen Ergebnisses sind differenzierte Kriterien heranzuziehen. Im Einzelnen sind hier zu betrachten: Die Zielgerichtetheit des Ausbildungsprozesses, die Einschätzungen der Beteiligten über den Ausbildungsprozess, die Qualität der Ausbildungseinheiten und die formale Ergebnislage in Form von Prüfungsergebnissen.

Die Analyse des unterrichtlichen Einsatzes der Referendare ergibt, dass dieser in 28 von 34 Fällen zielgerichtet auf das Betätigungsfeld nach der Ausbildung gestaltet war. In den verschiedenen Befragungen drückt sich wiederkehrend die hohe Zufriedenheit der Beteiligten mit dem Ausbildungsprozess aus. Die Qualität der Ausbildungseinheiten wurde von den Teilnehmern nahezu durchgängig positiv bewertet. Die Leistungen der Referendare liegen auf hohem Niveau und unterscheiden sich im Mittelwert der Gesamtnoten um 0,3 zum Besseren im Vergleich zum regulären Referendariat in diesem Jahrgang[37].

In der Gesamtschau der vier relevanten Kriterien ist die Qualität der Ausbildung als sicherge-stellt zu bezeichnen. Im Sinne einer langfristigen Umsetzung empfiehlt sich vor allem eine Modulevaluation durch die Teilnehmer fortwährend sicherzustellen.

Attraktivitätssteigerung

Eine Bewertung der Attraktivität des Ausbildungskonzepts AQUA wurde von den beteiligten Personengruppen zu verschiedenen Zeitpunkten im Ausbildungsverlauf vorgenommen. Dabei zeigen sich durchgängig hohe bis sehr hohe Werte der Zustimmung zu diesem Ausbildungs-konzept. Fast alle Referendare würden sich wieder für AQUA entscheiden. Die an das Kon-zept gestellten Erwartungen wurden in weit reichendem Maß erfüllt.

Als wesentliche Attraktivitätspunkte für die Referendare stellten sich vor allem Folgende her-aus:

- Sicherheit, zumindest zwei Jahre an einem Standort bleiben zu können
- Möglichkeit, die Schule selbst auszuwählen
- Inhalte der Ausbildung über die Wahlmöglichkeiten bei den Modulen mitbestimmen zu können
- Über die Vielzahl an Referenten eine vielschichtige Ausbildung zu erfahren
- Frühzeitige Integration in das zukünftige Kollegium
- Voraussichtlich an der Schule übernommen zu werden

Für die Schulleiter stehen folgende Aspekte im Vordergrund:

- Gewinnung von passenden Nachwuchskräften
- Fachliche und administrative Spezialisierung der Referendare für die Schule
- Langfristige Planungssicherheit
- Möglichkeit Innovationen im Schulsystem voranzutreiben

Die Personalentwickler setzen folgende Prioritäten:

- Frühzeitig den neuen Kollegen kennen zu lernen und in das Kollegium zu integrieren
- Inhaltliche Mitbestimmung durch Modulwahlmöglichkeit
- Den Referendar zielgerichtet für den Einsatz an der Schule auszubilden
- Vielschichtigkeit der Ausbildung durch eine Vielzahl an Referenten

Aus den genannten Attraktivitätspunkten, die für die drei Personengruppen im Vordergrund stehen ergeben sich Überschneidungsfelder. Dabei kristallisieren sich zwei wesentliche Ele-mente heraus, welche die Attraktivität dieses Ausbildungskonzepts determinieren:

- Kontinuität der Ausbildung an einem Ort über zwei Jahre hinweg (incl. Selbstbestim-mung bei der Ortswahl, langfristiger Planungssicherheit und frühzeitiger Integration ins Kollegium)
- Mitbestimmungsmöglichkeit zu Inhalten der Ausbildung über Wahlmodule

---

[37] Berechnet auf Basis der Noten zum regulären Referendariat nach Auskunft des StMUK vom 13.12.2004

In einer zusammenfassenden Beurteilung zur Attraktivität des Ausbildungskonzepts von AQUA stellen sich zum einen die Kontinuität der Ausbildung an einer Ausbildungsschule über den gesamten Zeitraum von zwei Jahren bei selbstbestimmter Ortswahl und zum anderen die Mitbestimmungsmöglichkeit über die Inhalte der Ausbildung durch die Modularisierung als die beiden wesentlichen Faktoren für eine Attraktivitätssteigerung der Lehrerbildung in der 2. Phase heraus. An die beiden genannten Elemente des Ausbildungskonzepts gekoppelt sind motivationale Prozesse zu beobachten, die einen Ausbildungserfolg wesentlich befördern.

Rekrutierungsverfahren

Das Rekrutierungsverfahren stellt in Kombination mit der Kontinuität der Ausbildung an einem Ort ein wesentliches Element der Attraktivität des Modells AQUA dar. Dabei spielt die Chance zur selbstbestimmten Ortswahl zu Beginn der Ausbildung eine entscheidende Rolle. Das hier erprobte Rekrutierungsverfahren gibt beiden beteiligten Partnern, Schule und Referendar, die Möglichkeit, sich frei für einander zu entscheiden. Diese Selbstbestimmtheit bewirkt weit reichende motivationale Effekte auf beiden Seiten.

Die Effektivität eines Rekrutierungsverfahrens bemisst sich an zwei wesentlichen Kriterien, dem Grad der Stellenbesetzung und der Zuverlässigkeit der Personalauswahl. Beide Indikatoren fallen positiv aus. Es werden 80% der Stellen besetzt und die Zuverlässigkeit wird anhand der langfristigen Verbleibsquote und einer hypothetisch abgefragten Erneuerung der getroffenen Entscheidung als hoch eingestuft.

Modularisierung

Die mit der Modularisierung einhergehende Wahlfreiheit in ausgedehnten Bereichen des Modulangebots wird von den Teilnehmern des Modellversuchs als wesentlicher Faktor der Attraktivität eines Lehrerbildungskonzepts bestätigt. Diese Wahlmöglichkeiten wurden von den Referendaren ausgedehnt genutzt, um die Inhalte ihrer Ausbildung adressatenbezogen zu gestalten. Die Qualität der Ausbildungsmodule wurde über die fortwährende Modulevaluation in Form von Teilnehmerbefragungen und teilnehmenden Beobachtungen durch die wissenschaftliche Begleitung bewertet. Die Ergebnisse fallen gut bis sehr gut aus.

Das Modulangebot wird von den Beteiligten als umfassend und in der Zuweisung der Ausbildungsinhalte an Schule vs. Modul als angemessen bewertet. Die Qualität der Module bewegt sich auf hohem Niveau, ist maßgeblich von der Auswahl der Modulanbieter abhängig und sollte durch eine fortwährende Evaluation sichergestellt werden. Gruppendynamische Effekte in der Referendarausbildung werden vor allem durch mehrtägige geblockte Veranstaltungen gewinnbringend gefördert. Mehrtägige Module führen zur Erhöhung der nutzbaren Ausbildungszeit durch Minimierung der Reisezeiten. Die Kosten für Übernachtungen werden durch Einsparungen bei den Reisekosten ausgeglichen. Ein modulares Ausbildungsangebot beinhaltet die Möglichkeit der flexiblen Adaption neuer relevanter Ausbildungsinhalte. Durch die Modularisierung wird eine Trennung von Berater- und Beurteilerfunktion der Ausbildenden ermöglicht (vgl. dazu den Punkt Erweitertes Ausbildungspersonal weiter unten). Die Selbstbestimmung bei der Auswahl der Module führt zu beobachtbaren positiven motivationalen und volitionalen Effekten. Die Einbindung schulsystemexterner Experten als Modulanbieter bereichert die Ausbildung in wertvoller Weise. Die Modularisierung eröffnet die Möglichkeit der fachlichen Fortbildung in der 2. Phase der Lehrerbildung. Einschränkend ist festzustellen, dass sich aus der Notwendigkeit der Rekrutierung geeigneter Modulanbieter ein neuer organisatorischer Aufwand ergibt. Dieser lässt sich jedoch reduzieren, indem das bestehende Seminarpersonal stärker als Modulanbieter eingebunden wird. Für schulsystemexterne Modulanbieter ist ein gesondertes Budget bereitzustellen.

Individualisierung

Der Schwerpunkt der Individualisierung liegt im ersten Jahr der Ausbildung auf der Ebene der Schule durch die frühzeitige Integration ins Kollegium mit einer individuellen, sehr persönlichen Betreuung durch den Personalentwickler. Dabei ist ein kleines Verhältnis von Anzahl der Referendare zu Personalentwickler förderlich. Diese Beobachtung setzt sich im zweiten Jahr fort, wird da aber maßgeblich durch die differenzierte Modulwahrnehmung ergänzt. Dies ist von daher plausibel, als im ersten Ausbildungsjahr der Anteil von verpflichtenden Modulen höher ist, im zweiten Jahr die Anzahl der freien Wahlmodule zunimmt. Die Module zur fachlichen Fortbildung sind von dieser Beobachtung ausgenommen, da deren Organisation der Schule obliegt und eine zeitliche Lage flexibel gestaltet wird.

Erweitertes Ausbildungspersonal

Durch den Einsatz der beiden Personengruppen der Modulanbieter und der Personalentwickler konnte der Forderung nach einer Trennung der Berater- und Beurteilerfunktion von Ausbildungspersonal in angemessener Weise Folge geleistet werden. Modulanbieter waren zum überwiegenden Teil nicht als Prüfer tätig. Personalentwickler werden durch Modulanbieter hinsichtlich der Beratungstätigkeit, u. a. in sensiblen Bereichen der Entwicklung der Lehrerpersönlichkeit, entlastet. Referendare können sich Beratung bei Personen einholen, die nicht im Prüfungsgeschäft involviert sind. Dadurch kann ein latent vorhandener Konformitätsdruck reduziert werden.

Gekoppelt an eine fortwährende Evaluation der Module ist eine Qualitätssicherung der Ausbildung auch über die Auswahl der Referenten möglich. Entsprechen die Evaluationsergebnisse nicht den Anforderungen, kann sich der Organisator des Modulangebots für andere Modulanbieter entscheiden. Der Einsatz von schulsystemexternen Experten in speziellen Themenbereichen erhöht die Flexibilität und die Qualität der Ausbildung. Für schul- und unterrichtsnahe Themenfelder, wie z. B. die Didaktik und Methodik des beruflichen Unterrichts, empfiehlt sich der Einsatz von Seminarlehrern als Modulanbieter. Die oben genannten Vorteile bleiben dabei erhalten, wobei die Kosten reduziert werden können, da auf vorhandene Strukturen und Kompetenzen zurückgegriffen wird.

Die Erweiterung des Ausbildungspersonals um die Gruppe der Personalentwickler erweist sich aus mehrerlei Hinsicht als sinnvoll. Einerseits ist ein ausgeprägtes Maß an Engagement für die Ausbildung der Referendare zu beobachten, das unter anderem aus der langfristigen Perspektive die sich aus dieser Investition ergibt resultiert. Zum anderen können die Personalentwickler auf schulspezifisches Wissen zurückgreifen, das die Zielgerichtetheit der Ausbildung unterstützt. Dies betrifft die Spezifika der zu unterrichtenden Berufe, und damit die fachliche Ausbildung der Referendare, wie auch die organisatorischen Besonderheiten vor

Ort. Als opportunen Nebeneffekt berichten die Personalentwickler über eine Notwendigkeit, den eigenen Unterricht vertieft zu reflektieren und damit neu zu überdenken.

Langfristigkeit

Bei genauerer Betrachtung ist die Säule der Langfristigkeit im Modell AQUA in einen mittelfristigen und einen langfristigen Anteil zu unterscheiden. Der mittelfristige Anteil betrifft die Ausbildungsdauer über zwei Jahre an einer Schule, der langfristige Anteil die Perspektive auf den Verbleib an der Schule nach der Ausbildung. Beide Anteile wurden sowohl von Referendaren als auch Schulen als wesentliche Elemente der Attraktivität des Konzepts von AQUA bezeichnet. Die langfristige Verbleibsquote der Referendare an ihren Ausbildungsschulen liegt bei 80%.

Der unterrichtliche Einsatz während und nach der Ausbildung gestaltet sich zielgerichtet, ohne ausschließlich auf einen Einsatz an der Ausbildungsschule vorzubereiten (vgl. dazu ausführlich im Absatz Spezialisierung weiter unten).

Damit erscheint die Instanz der Einzelschule in überzeugendem Maße in der Lage, den Bedarf an Lehrkräften in einem Berufsfeld zu einem Zeitpunkt des Beginns der Ausbildung angemessen einzuschätzen. Es wurden in sehr geringem Ausmaß Ausbildungsstellen für Referendare über einem später tatsächlich vorhandenem Bedarf angeboten. Andererseits ist von Seiten der Referendare ein sehr hohes Maß an Verlässlichkeit zu beobachten. Wer sich für einen Standort zu Beginn der Ausbildung entschieden hat, möchte dort auch nach der Ausbildung bleiben.

Als opportunen Nebeneffekt erzielt dieses Konzept eine Reduzierung der Transaktionskosten von Lehrerpersonal. Zum einen entfallen die Zahlungen von Trennungsgeldern während der Ausbildungszeit, die sonst durch Versetzungen im zweiten Ausbildungsjahr entstehen, zum anderen wird die Zahl von Versetzungsanträgen reduziert, die im Fall von Zuweisungen auf Planstellen nach der Ausbildung auftreten.

Spezialisierung

Das Konzept des Ausbildungsmodells AQUA sieht eine Spezialisierung des Referendars auf den Einsatz an seiner Ausbildungsschule nach der Ausbildung vor. Dabei ist eine so genannte Passgenauigkeit von Ausbildung nicht mit einer singulären Vorbereitung auf einen unterrichtlichen Einsatz ausschließlich in einem einzigen Ausbildungsberuf zu verwechseln. Vielmehr hat sich über den Verlauf des Modellversuchs in der überwiegenden Mehrheit der Fälle gezeigt, dass eine solche Spezialisierung als eine zielgerichtete Ausbildung für die Bandbreite der zu unterrichtenden Berufe an dieser Schule in einem Berufsfeld zu verstehen ist. Zudem werden spezielle organisatorische Rahmenbedingungen berücksichtigt, die sich beispielsweise aus der Sprengelschneidung oder der Kompetenzzentrenbildung ergeben. Daneben entstehen Überschneidungsfelder, die einen Einsatz an anderen Schulen ebenso zulassen, wie sich bei den Referendaren zeigt, welche die Schule nach der Ausbildung gewechselt haben. Die Vorteile eines zweijährigen Verbleibs werden also ergänzt durch eine breite Einsatzfähigkeit. In den Fällen einer stärker ausgeprägten Spezialisierung auf eine geringere Anzahl an zu unterrichtenden Berufen korreliert diese mit einem gesicherten Bedarf an dieser Lehrkraft an der

Ausbildungsschule. Die Schulen gehen mit der Möglichkeit zu einer bedarfsgerechten Ausbildung verantwortungsbewusst um. Durch die Anlage des Ausbildungskonzepts, besonders in Form von Pflicht- und Wahlpflichtmodulen, wird einer übermäßigen Spezialisierung konzeptionell entgegengewirkt.

Zweitfachausbildung

Die Zweitfachausbildung konnte von den Referendaren im Modell AQUA wahlweise bei einem Seminarlehrer für das Zweitfach (SL II) oder bei einem Personalentwickler für das Zweitfach (PE II) durchlaufen werden. Ein SL II ist im konventionellen Ausbildungssystem an einer Schule fest installiert und betreut bis zu acht Referendare, die an anderen Erstfach-Seminarschulen verteilt sind, zentral von seiner Schule aus. Ein PE II wird an einer an die Modellversuchsschule angegliederten weiterführenden beruflichen Schule mit diesem Ausbildungsauftrag betraut und betreut individuell einen oder mehrere AQUA-Referendare an diesem Standort. Der Betreuungszeitraum war in beiden Varianten auf das erste Jahr der Ausbildung angelegt. Beide Varianten haben die Referendare erfolgreich zum Ausbildungsziel geführt. Die Entscheidung über die präferierte Variante der Zweitfachausbildung lag maßgeblich bei der Schule. In den allgemeinbildenden Unterrichtsfächern ist eine Spezialisierung, wie sie für den beruflichen Unterricht nötig ist, nicht zwingend erforderlich. Für den beruflichen Unterricht ergibt sich die Notwendigkeit zur Spezialisierung aus der Heterogenität der zu unterrichtenden Berufe und den entsprechenden Lehrplänen. Diese Voraussetzung trifft für die allgemeinbildenden Fächer auch im beruflichen Schulwesen nur sehr begrenzt zu. Für einen erheblichen Teil der kaufmännischen Referendare ergibt sich die Fragestellung zur Zweitfachausbildung nicht, da etwa die Hälfte dieser Gruppe kein Doppelwahlpflichtfach (zweites Unterrichtsfach) im Studium belegt hat.

Opportunitätsleistungen

Neben den grundlegenden Zielen, die maßgebend für die konzeptionelle Gestaltung waren, und den danach zu beurteilenden Ergebnissen des Modells AQUA, haben sich im Verlauf des Versuchs weitere Effekte gezeigt, die von der wissenschaftlichen Begleitung als Opportunitätsleistungen bezeichnet werden. Einige dieser Leistungen des Modells AQUA wurden bereits implizit angesprochen. Eine explizite Darstellung soll an dieser Stelle erfolgen.

Unterrichtsentwicklung

Das Modell AQUA gibt neben der primär intendierten schulischen Personalentwicklung Anstöße für die Unterrichtsentwicklung als Teil innerer Schulentwicklung. Die Personalentwickler berichten, durch die neue Herausforderung in Form von Ausbildungstätigkeit aufgefordert zu sein, ihren eigenen Unterricht systematisch zu reflektieren. Die Referendare bringen aktuelle pädagogische und didaktische Entwicklungen und Erkenntnisse aus der 1. Phase der Lehrerbildung in die Schule ein. Die Personalentwickler werden für die Ausbildungstätigkeit qualifiziert, was zu einer Lehrerfortbildung in einer Breite führt, die ohne diesen Impuls der gestreuten Ausbildung nicht eintritt.

Übernahme spezifischer Aufgaben

Aufgrund der Kontinuität der Ausbildung und der längerfristigen Planungssicherheit für Schule und Referendar war die Bereitschaft zur Übernahme bzw. Übergabe von spezifischen Aufgaben an der Schule oder darüber hinaus zu beobachten. Dazu zählen etwa die Pflege der Schulhomepage, die Betreuung von Klassenfahrten in den Ferien oder die Mitarbeit in einer Lehrplankommission. Der Referendar wird von Beginn an als langfristiger Kollege wahrgenommen und es wird entsprechendes Vertrauen entgegengebracht.

Erprobung neuer Prüfungsformen

Im Vorfeld der Novellierung der Lehramtsprüfungsordnung (LPO II) in Bayern konnten im Rahmen des Modellversuchs AQUA Erfahrungen zur Durchführung der 3. Lehrprobe in Form einer mehrstündigen Unterrichtseinheit gewonnen werden. Weiter wurde die inhaltliche Kombination der 3. Lehrprobe mit der schriftlichen Hausarbeit erprobt. Beide Neuerungen wurden erfolgreich umgesetzt und eine Durchführungsempfehlung erstellt.

Planungssicherheit/Einsatzschule

Durch den Verbleib des Referendars an der Schule im zweiten Jahr erhöht sich die Planungssicherheit für die Schule hinsichtlich des unterrichtlichen Einsatzes. Die Schule muss nicht mit der Unsicherheit einer Zuteilung eines Referendars für das zweite Ausbildungsjahr kurz vor Beginn des Schuljahres kalkulieren, sondern hat frühzeitig die sichere Zusage des Verbleibs im zweiten Jahr und kennt bereits das Profil der Person die an der Schule sein wird.

Verwaltungsaufwand/Kosten

Der zweijährige Verbleib des Referendars an einer Schule führt zu einer Verringerung des Verwaltungsaufwands beim Staatsministerium für Unterricht und Kultus, den Bezirksregierungen, den Studienseminaren und den Schulen durch den Wegfall der Versetzungen im zweiten Ausbildungsjahr. Hinzu kommen die Einsparungen durch nicht anfallende Trennungsgelder im zweiten Jahr. Der Verbleib an der Schule nach der Ausbildung bringt eine verringerte Verwaltungstätigkeit bei Bezirksregierungen und Bezirksfinanzdirektionen mit sich.

Qualifizierung der Personalentwickler

Für die Qualifizierung der Personalentwickler ergeben sich vier Dimensionen von Ausbildung zur Betrachtung: Inhalte, Personal, Umfang (Zeit) und Raum (einschließlich Kosten).

Inhaltlich haben sich drei zentrale Themenbereiche herauskristallisiert: Aspekte der organisatorischen Abwicklung der Ausbildung, Didaktik und Methodik der Unterrichtsgestaltung, Beratung und Prüfung. Daneben können Inhalte der inneren Schulentwicklung oder der Bildung der Lehrerpersönlichkeit relevant sein. Für alle Themenfelder bietet sich eine personelle Besetzung dieses Qualifizierungsangebots für Personalentwickler durch Seminarlehrer und Seminarvorstände als Multiplikatoren an, die durch spezialisierte Anbieter ergänzt werden kann. Das Angebot sollte ebenfalls in modularisierter Form gestaltet sein. Ein wesentlicher Teil dieses Angebots konnte bereits im Modellversuch erprobt werden und umfasste einen zeitlichen Rahmen von 15 Tagen auf zwei Jahre bezogen, wovon 7 Tage als Wahlangebot angelegt waren. Dieses Angebot sollte weiter ausgebaut werden und weitere Wahlmöglichkeiten beinhalten. Auf den ersten Blick entsteht hier ein neuer Kostenfaktor. Kompensatorisch

wirkt im Hinblick auf die Kostenentwicklung jedoch die Anrechnung solcher Qualifizie-
rungseinheiten auf die Verpflichtung zur Fortbildung, die für jede Lehrkraft besteht. Für die
räumliche Gestaltung des Qualifizierungsangebots empfiehlt sich eine dezentrale Organisati-
onsform, um die Fahrwege und damit die Kosten gering zu halten.

Lehrerbedarfsdeckung in strukturschwachen Gebieten

Auf Seiten der Referendare ist das Schulwahlverhalten maßgeblich vom Standort der Schule
bestimmt. Im Modellversuch war für die Hälfte der Referendare die Nähe zum Heimatort
bzw. derzeitigem Wohnort ausschlaggebend. Durch die breite Streuung der Herkunftsorte der
Studierenden für ein Lehramt an beruflichen Schulen ergeben sich auch Stellenbesetzungen
an Standorten, die auf den ersten Blick regional weniger attraktiv erscheinen. Hingegen blie-
ben Stellen an Schulen in größeren Städten oder im Einzugsbereich von München offen. Die
Stellenwahl der Referendare wird unter anderem durch die an der Schule zu unterrichtenden
Berufe, die Wahrnehmung vom Klima an der Schule und die Gestaltung der Stellenausschreibung beeinflusst. Aufgrund dieser Attraktivitätspunkte (Berufe, Klima, Außendarstellung der
Schule) waren einige Referendare bereit, an Schulen zu gehen, über die sie vorher nicht nachgedacht hatten.

Daneben erscheint das Ausbildungskonzept von AQUA an sich attraktiv genug für einen Referendar, um sich für eine Schule aus dem Angebot zu entscheiden. Eine Garantie für die Besetzung von Stellen in strukturschwachen Gebieten kann daraus jedoch nicht abgeleitet werden. Die Chancen sind jahrgangsabhängig. Hat sich jedoch ein Bewerber einmal für einen
Standort selbstbestimmt entschieden, bleibt er auch dort. Eine hohe Personalfluktuation in den
betroffenen Gebieten wird durch bewusste Entscheidungen zu Beginn der Ausbildung verringert. Zudem ist erwartungsgemäß eine Stellenbesetzung in Fachbereichen mit Bewerberüberhang auch in strukturschwachen Gebieten wahrscheinlicher.

Szenario Bewerberüberhang

Das Ausbildungsmodell AQUA baut in quantitativer Hinsicht auf das Nachfrageverhalten der
Ausbildungsschulen auf. Es können im Modell AQUA nur so viele Ausbildungsstellen angeboten werden, wie von den ausbildenden Schulen zur Verfügung gestellt werden. Dieses Angebot ist abhängig vom Lehrerbedarf der jeweiligen Schule. Solange der Freistaat Bayern die
Rechtsauffassung vertritt, dass jedem Hochschulabsolventen, der die Zugangsvoraussetzungen zum Vorbereitungsdienst für ein Lehramt an beruflichen Schulen erfüllt, auch eine Refe-
rendarstelle angeboten werden muss, ist über eine Parallelstruktur von herkömmlicher Ausbildung und AQUA eine Pufferfunktion sicherzustellen. Eine alleinige Existenz eines Sys-
tems AQUA ist vor dem Hintergrund der skizzierten Rechtsauffassung nicht denkbar. Diese
notwendige Pufferfunktion hat das herkömmliche Ausbildungssystem seit jeher wahrgenommen und erfolgreich erfüllt. Insofern besteht hier kein besonderer Regelungsbedarf. Das Modell AQUA muss dem bisherigen System beigestellt werden, darf dieses jedoch nicht vollständig ersetzen.

Zusammenfassung

Der Modellversuch Adressatenbezogene Qualifizierung: Attraktivitätssteigerung und Qualitätssicherung des Lehrerberufs an beruflichen Schulen hat vielfältige Ergebnisse geliefert. Es besteht großes Interesse von Seiten der Schulen, Verantwortung im Prozess der Ausbildung von Lehrpersonal zu übernehmen. Die Schulen erbringen mit dem Modellversuch den Nachweis, dazu in der Lage zu sein. Weiter besteht sehr großes Interesse von Seiten der Referendare in einem individualisierten Ausbildungskonzept auf die Tätigkeit als Lehrkraft vorbereitet zu werden. Der Modellversuch AQUA zeigt, dass eine solche dezentrale Form der Lehrerbildung unter Berücksichtigung der individuellen Interessen der Partner Schule und Referendar funktionieren kann, wenn beide Beteiligten bereit sind sich darauf einzulassen und sich einzubringen. Durch die hohen Grade an Freiwilligkeit und Selbstbestimmtheit der Entscheidungen auf beiden Seiten in diesem System sind deutlich positive Effekte hinsichtlich der Motivation, der Leistungsbereitschaft und der Zufriedenheit der Beteiligten zu beobachten. Zugleich ist eine Qualitätssicherung oder -steigerung der Lehrerbildung gewährleistet.

6 Forschungsmethodischer Ansatz

Das folgende Kapitel stellt den forschungsmethodischen Ansatz der vorliegenden Untersuchung dar. Ausgehend von methodologischen Grundüberlegungen in Kapitel 6.1 wird die Datenerhebung in Kapitel 6.2 ausführlich begründet und beschrieben. Kapitel 6.3 beleuchtet die Datenauswertung und Kapitel 6.4 geht auf Gütekriterien qualitativer Forschung ein.

6.1 Methodologische Grundüberlegungen

Die vorliegende Untersuchung bewegt sich in einem Feld, aus dem bisher nahezu keine Daten vorliegen und für das standardisierte Instrumente nicht entwickelt sind: Die Personlauswahl an Schulen. Sie will Einblicke geben in einen Teilbereich sozialer Wirklichkeit, die durch das subjektive Denken und Handeln von Personen bestimmt ist. Es sind hier die Schulleiter, die ein neues Feld schulischer Tätigkeit beschreiten. Sie sind der Gegenstand der hier betriebenen humanwissenschaftlichen Forschung. Nach MAYRING (2002, S. 20) müssen sie „Ausgangspunkt und Ziel der Untersuchungen sein" (Postulat 1). Die vorliegende Untersuchung will offen legen, nach welchen Kriterien Schulleiter Entscheidungen zum Eingehen eines langfristigen Personalverhältnisses treffen (vgl. Kapitel 4). Dem liegt die Annahme zugrunde, dass der Schulleiter die zentrale Figur im schulischen Prozess der Personalentwicklung und damit auch der Personalauswahl ist (vgl. Kapitel 2), was sich im Übrigen – soviel sei als Ausblick auf die Kapitel 8 und 9 vorweggenommen – als zutreffende Annahme bestätigt. Aufgrund der mit diesem Forschungsfeld aufgesuchten Situation bieten sich auch die weiteren Postulate MAYRINGS als Orientierung an. Dort wird weiter gefordert, dass „Am Anfang einer Analyse (...) eine genaue und umfassende Beschreibung (Deskription) des Gegenstandsbereiches stehen" muss (ebd., S. 21, Postulat 2). Der Gegenstandsbereich wird im Rahmen der Untersuchung durch drei wesentliche Größen charakterisiert: Die Situation der Schule, die Situation der Bewerber und den spezifischen Ordnungsrahmen, der durch die Konstruktion des Modellversuchs AQUA determiniert ist. Damit gilt es, ein quasiexperimentelles Feld zu beschreiben, das hohen Realitätscharakter hat. Postulat 3 trifft die vorliegende Untersuchung sehr genau: „Der Untersuchungsgegenstand der Humanwissenschaften liegt nie völlig offen, er muss immer auch durch Interpretationen erschlossen werden" (ebd., S. 22). Und Postulat 4 erfährt aus Sicht des Verfassers der vorliegenden Arbeit besonders starke Zustimmung: „Humanwissenschaftliche Gegenstände müssen immer möglichst in ihrem natürlichen, alltäglichen Umfeld untersucht werden" (ebd., S. 22). Dafür sind im Rahmen des Modellversuchs besonders günstige Voraussetzungen gegeben. Die Untersuchung nimmt ihre Erhebungen ausschließlich im Feld und unter alltäglichen und natürlichen Umständen vor.

Das im Rahmen dieser Arbeit aufgesuchte Feld sowie der Stand der Forschung zur hier untersuchten schulischen Personalauswahl legen eine Orientierung an den soeben vorgestellten Postulaten, die durchaus als Plädoyer für eine qualitative methodische Herangehensweise verstanden werden können und sollten, nicht nur nahe, sondern sie fordern sie geradezu. Die vorliegende Untersuchung hat explorativen Charakter. Im Sinne möglicher evolutionärer Ent-

wicklungen methodischer Herangehensweisen in jungen Forschungsfeldern schreibt LAM-
NEK (1995a, S.104): „Eine besondere Bedeutung und Eigenständigkeit gestehen *Barton* und
Lazarsfeld qualitativer Sozialforschung nur in den Bereichen zu, die quantitativen Methoden
aus den verschiedensten Gründen nicht zugänglich sind, oder die sozialwissenschaftliches
Neuland umfassen" (Hervorhebungen im Original). Auf die methodologischen Grabenkämpfe
der quantitativen und qualitativen Forschungsrichtungen soll an dieser Stelle nicht eingegan-
gen werden. Vielmehr gilt es, die Feststellung zu machen, dass auch aus einem quantitativen
Paradigma heraus, der Zugang zu einem neuen Forschungsfeld offenbar auf dem qualitativen
Weg zielführend sein kann.

Das hier aufgesuchte Forschungsfeld legt also aus verschiednen Gründen eine qualitative methodische Orientierung nahe. Ein zentraler Vorzug einer solchen Herangehensweise soll aber
abschließend noch hervorgehoben werden. Im Gegensatz zu quantitativen Methoden ist ein
qualitatives Design nicht darauf ausgelegt, Differenzen z. B. zwischen Kohorten nachzuwei-
sen, sondern vielmehr darauf, bisher unbekannte Gemeinsamkeiten von Gruppen zu erkennen.
Eine zugrunde liegende Strategie der Offenheit qualitativer Methoden ermöglicht das (LAM-
NEK, 1995a, S. 241).

Das führt zu der Frage, welche qualitativen Methoden für die Datenerhebung und Datenauswertung zur Anwendung kommen sollen. Kapitel 6.2 geht auf die Methoden der Datenerhebung ein, bevor Kapitel 6.3 die Methodik der Datenauswertung beleuchtet.

6.2 Methoden der Datenerhebung

Das folgende Kapitel 6.2 widmet sich den Methoden der Datenerhebung. In einem ersten
Schritt begründet Kapitel 6.2.1 ausführlich die Auswahl der Methoden zur Datenerhebung.
Die Wahl fällt auf das problemzentrierte Experteninterview, dessen Leitfaden Kapitel 6.2.2
beschreibt. Die Kapitel 6.2.3 und 6.2.4 beleuchten die Datenerhebung und die Transkription.

6.2.1 Methodenauswahl

Die hier beschriebene Untersuchung findet im Rahmen des Modellversuchs AQUA statt. Für
den Modellversuch wurde ein eigenes Untersuchungsdesign entwickelt (vgl. Kapitel 5.4).
Insofern ist diese Arbeit erhebungsmethodisch eingebettet in das Untersuchungsdesign des
Modellversuchs zu verstehen. Der vorliegenden Arbeit liegt dennoch ein spezifisches metho-
disches Herangehen zugrunde. Sie greift darüber hinausgehend in einzelnen Aspekten auf
Erkenntnisse aus Erhebungen aus dem Modellversuch zurück, sofern diese im Sinne einer
umfassenden Deskription des Gegenstandsbereiches gewinnbringend erscheinen. Im Folgenden werden die Methoden der Datenerhebung beschrieben, die den Kern der Untersuchung
betreffen und die Basis der Ergebnisdarstellung sind. Sofern zur Ergänzung auf weitere Daten
additional zugegriffen wird, erfolgt an geeigneter Stelle der Hinweis auf die jeweilige Quelle.

Um eine geeignete Methode zur Datenerhebung entwickeln zu können, erscheint es sinnvoll,
an dieser Stelle noch einmal in knapper Form die Eckpunkte der Untersuchung zusammenzu-
tragen. (1) Die Untersuchung findet in einem jungen Feld statt, zu dem bisher kaum, und auf

den spezifischen Gegenstand bezogen keine Daten vorliegen. (2) Der Untersuchungsgegenstand, die schulische Personalauswahl durch Schulleiter, ist insofern als neu – im Sinne von „unbeforscht" – zu bezeichnen, als die Aufgabe der Personalauswahl für den Schulleiter eine neue ist. Bisherige Personalauswahl für Schulen fand an anderer administrativer Stelle statt, hatte vergleichsweise wenige Kriterien zu beachten und damit sehr eingeschränkten Spielraum. Um den Grad der notwendigen Offenheit des Untersuchungsinstruments zu bestimmen, ist es daher relevant, den Untersuchungsgegenstand auf mögliche oder notwendige Kategorisierungen an priori zu untersuchen. (3) Die Stichprobe ist modellversuchsbedingt begrenzt und umfasst eine Anzahl von 23 Schulleitern. (4) Schulleiter dürfen unter den gegebenen Umständen als auskunfts- und bereitwillige Untersuchungspersonen bezeichnet werden. Mit der freiwilligen Teilnahme am Modellversuch kommt bereits ein intrinsisches Interesse an der Gesamtthematik zum Ausdruck. (5) Die materielle, zeitliche und personelle Ausstattung der Untersuchung erlaubt eine individuelle Befragung vor Ort im Feld.

Unter den gegebenen Rahmenbedingungen zeichnen sich zu priorisierende qualitative methodische Zugänge ab. Die Neuigkeit und Exklusivität des Forschungsgegenstandes zwingen zu einer grundlegend neu zu konzipierenden Datenerhebung. Nach LAMNEK (1995b) sind in einem gröberen Raster folgende Methoden und Techniken der qualitativen Sozialforschung zu unterscheiden: Die Inhaltsanalyse, die biographische Methode, das qualitative Experiment, die Gruppendiskussion, die teilnehmende Beobachtung, die Einzelfallstudie und das qualitative Interview. MAYRING (2002) unterscheidet die qualitativen Verfahren weiter in Erhebungs-, Aufbereitungs- und Auswertungsverfahren. Betrachtet man nun die hier gezeigten methodischen Möglichkeiten im Ausschlussverfahren, so schränken sich die Optionen ein.

Eine Inhaltanalyse legt sprachliches Material zugrunde, aus dem Rückschlüsse auf individuelle oder gesellschaftliche Phänomene gezogen werden können. Die „Inhaltanalyse verschränkt sich ... mit anderen Forschungstechniken, geht in sie ein; am sinnfälligsten wohl bei der Auswertung offener Fragen im Interview" (Ritsert 1975, S. 16 zitiert nach LAMNEK 1995b, S. 173). Dementsprechend zählt die Inhaltsanalyse im hier behandelten Kontext zu den Auswertungsverfahren. Im Folgenden soll es jedoch zunächst um die Erhebungsverfahren gehen.

Die biographische Methode entspricht offensichtlich nicht einem adäquaten Herangehen an den Untersuchungsgegenstand und wird daher auch nicht näher in Betracht gezogen.

Das qualitative Experiment erscheint zunächst von der Bezeichnung her im Rahmen eines Modellversuchs diskutabel. Bei genauerer Betrachtung vor allem der Techniken dieser methodischen Grundform, scheidet diese aber auch aus. Dort wird von der Möglichkeit der Variabilität der Setttings ausgegangen, z. B. in Form von Separationen oder Kombinationen für die Gliederung des Gegenstandes. Diese Möglichkeiten gibt der hier untersuchte Gegenstand nicht her.

Weiter scheidet die Großform der Gruppendiskussion aus, aufgrund der räumlichen Distanzen der zu untersuchenden Personen und der zu vermutenden unübersichtlichen Gesprächsstrukturen bei der dann gegebenen Teilnehmerzahl.

Grundsätzlich diskutabel wäre eine teilnehmende Beobachtung am Verfahren der Personal-auswahl. Aus zeitlichen Gründen ist diese jedoch nicht durchführbar, da das Verfahren an allen Schulen nahezu zeitgleich und räumlich getrennt stattfindet und somit nur exemplarische Einblicke möglich wären. Zudem wäre eine teilnehmende Beobachtung alleine nicht hinrei-chend aussagekräftig, da sie die gedanklichen Prozesse des Schulleiters nicht in der notwen-digen Tiefe erfassen kann.

In Einzellfallstudien werden nach LAMNEK „(...) besonders interessante Fälle hinsichtlich möglichst vieler Dimensionen und zumeist über einen längeren Zeitraum hinweg beobachtet (...)" (1995b, S. 5). Zwar besteht im Rahmen des Modellversuchs die Möglichkeit, die Schul-leiter über einen längeren Zeitraum hinweg zu beobachten, jedoch ist der hier untersuchte Gegenstand zeitlich als befristet zu bezeichnen. Von Interesse kann allerdings die langfristige Wirkung der Personalentscheidung sein. Der berufliche Erfolg bzw. der Ausbildungserfolg der ausgewählten Bewerber und die Langfristigkeit des Personalverhältnisses können aber im Rahmen des Modellversuchs mit anderen Methoden einfacher erhoben werden und bedürfen nicht der Einzelfallstudien der Schulleiter.

Damit zeichnet sich in methodischer Hinsicht eine Präferenz für die Datenerhebung im Inter-view ab. LAMNEK bezeichnet das Interview im quantitativen Paradigma als den Königsweg der Datengewinnung und geht davon aus, dass es im qualitativen Paradigma auf dem besten Weg ist, dazu zu werden, wenn es nicht gar schon der Königsweg ist (ebd. S. 35).

Weiter unterscheidet LAMMNEK verschiedene idealtypische Formen qualitativer Interviews: Das narrative, das problemzentrierte, das fokussierte, das Tiefen- oder Intensivinterview und das rezeptive Interview. Die Interviewformen können grundsätzlich hinsichtlich ihrer metho-dologischen Prämissen unterschieden werden. Die zunächst wichtigste Determinante ist der Grad der Offenheit des Interviews. Besinnt man sich auf die in Kapitel 4 vorgestellten Frage-stellungen, zeigt sich ein relativ konkretes Erkenntnisinteresse, das eine im weitesten Sinne zielorientierte Gestaltung des Interviews nahe legt. Im Rahmen der theoretischen Grundan-nahmen (Kapitel 2) konnte gezeigt werden, dass Instrumente und Verfahren der schulischen Personalauswahl wohl erst rudimentär entwickelt sein dürften. Dementsprechend sind diesbe-züglich zwar erste konzeptionelle Überlegungen oder Erwartungen formulierbar, eine Ablei-tung von Hypothesen a priori aber nicht ernsthaft sinnvoll. Vielmehr geht es in der vorliegen-den Untersuchung darum, erste Hypothesen zu generieren. Daran orientiert sich die Gestal-tung des Erhebungsinstruments. Ferner soll dem Befragten die Möglichkeit offen stehen, sich innerhalb der zu betrachtenden Themenfelder des Interviews auch frei zu explorieren. Das erfordert eine relative hohe Flexibilität des Interviewers und des Instruments. Aufgrund der Neuigkeit des Forschungsfeldes sind ggf. unerwartete Antworten zu integrieren.

Den hier gezeigten Anforderungen wird in einer ersten Betrachtung das problemzentrierte Interview (MAYRING 2002, S. 67 ff; LAMNEK 1995, S. 74 ff) am ehesten gerecht. Das problemzentrierte Interview setzt an einer gesellschaftlichen Problemstellung an, zu der im Vorfeld bereits wesentliche Aspekte erarbeitet werden konnten. Es orientierte sich als Metho-de aber am spezifischen Gegenstand, im Gegensatz zur Übernahme fertiger Instrumente. Und das problemzentrierte Interview lässt durch seine Prozessorientierung und die damit verbundenen Freiheitsgrade eine flexible Analyse des Problemfeldes zu. Es besitzt also die in der vorliegenden Untersuchung geforderte Offenheit. ATTESLANDER (2003) bezeichnet ein Leitfadengespräch in einem solchen Zusammenhang sogar als das einzige sinnvolle Forschungsinstrument.

FLICK (2004) verweist zum problemzentrierten Interview auf den Vorschlag, die Erhebung demografischer Daten mittels eines Kurzfragebogens zu Beginn oder am Ende des Interviews vorzunehmen. Demografische Daten in der eigentlichen Bedeutung und bezogen auf die interviewte Person stehen im Rahmen der vorliegenden Untersuchung nicht im Fokus des Interesses, wohl aber strukturelle Daten zur Schule. Auf den genannten Vorschlag wird hier in der Form eingegangen, dass die Schulstrukturdaten am Ende des Interviews mittels Kurzfragebogen erhoben werden. Das hat zugleich den Charme, einen abklingenden Ausstieg aus dem Interview zu finden, und nicht ein abruptes oder künstliches Ende setzen zu müssen.

Für den hier zu konstruierenden Interviewleitfaden wird auf Frageformen zurückgegriffen, die FLICK (2004a) zwar im Zusammenhang mit dem fokussierten Interview thematisiert, die aber für weitere leitfadengestützte Interviews zuträglich sein können. So empfiehlt es sich, die Frageformen von wenig strukturiert hin zu immer stärker strukturiert zu gestalten, um dem Befragten die Möglichkeit zu bieten, seine Sichtweise zunächst möglichst unbeeinflusst berichten zu können.

Nähert man sich der Art und der Form des Interviews hinsichtlich der zu Befragenden, so ist im Zusammenhang mit dem im Rahmen der vorliegenden Untersuchung zu führenden Interview von einem Experteninterview zu sprechen (FLICK 2004a; GLÄSER, LAUDEL 2004). In einem weiteren Sinn sind alle die Personen Experten, die sich in einem bestimmten Themenfeld besonderes Wissen angeeignet haben. In einem engeren Sinn sind unter Experten Personen zu verstehen, die aufgrund ihrer Stellung oder Position als Repräsentant einer Gruppe auftreten. Dabei interessiert den Forscher weniger die ganze Person, als vielmehr deren Eigenschaft als Experte für ein bestimmtes Handlungsfeld. ATTESLANDER (2003) bezweifelt, dass es von vornherein feststellbar ist, wer für das eigene Untersuchungsziel als Experte gelten kann, und empfiehlt daher die wenige strukturierte Befragung. Das kann im vorliegenden Fall von daher hilfreich sein, als dass die Schulleiter zwar qua ihrer Position als Experten gelten dürfen, hinsichtlich des hier zu betrachtenden spezifischen Gegenstandes, nämlich der Personalauswahl zu Beginn des Vorbereitungsdienstes, aber durchaus auch als Novizen zu sehen sind.

Hinsichtlich der Kriterien Offenheit und Strukturierung bewegt sich die Methode nach den gängigen Einteilungen zwischen dem problemzentrierten und dem Experteninterview (vgl. FLICK 2004a, S. 191; BORTZ, DÖRING 2002, S. 314). Die vorliegende Untersuchung fokussiert recht zielsicher auf spezifische Themen, das zeichnet das Experteninterview aus. Daneben bringt der Begriff der Problemzentrierung den hier ebenso gewünschten Aspekt der Offenheit stärker zum Ausdruck. Diesen Betrachtungen folgend bietet sich für die in der vorliegenden Untersuchung verwendete Methode der Begriff des *problemzentrierten Experteninterviews* an.

Zur Dokumentation des Interviews kann der Tonbandmitschnitt als Standard gesehen werden (FLICK 2004a; GLÄSER, LAUDEL 2004; MAYRING 2002). LAMNEK (1995b) schlägt zwar zur Erfassung den audiovisuellen Mitschnitt vor, von dieser Möglichkeit soll aber im Rahmen dieser Untersuchung kein Gebrauch gemacht werden. Da es wie oben beschrieben nicht um die ganze Person des Befragten gehen soll, sondern nur um die Aussagen der Experten zum spezifischen Gegenstand, fällt die Entscheidung für den Tonbandmitschnitt, der im Vergleich zum audiovisuellen Mitschnitt ein günstigeres Aufwand-Nutzen-Verhältnis zeigt.

Zusammenfassend kann für die Auswahl der Methoden der Datenerhebung folgendes festgehalten werden. Der Untersuchungsgegenstand und das Feld legen eine qualitative Herangehensweise nahe. Von den bekannten qualitativen Methoden kommt das Interview als die Methode der Wahl in Frage. Die gewählte Interviewform kann als problemzentriertes Experteninterview bezeichnet werden. Das Interview wird durch einen Leitfaden gestützt. Die Frageform gestaltet sich themenabhängig streckenweise von weniger strukturiert hin zu stärker strukturiert. Zur Entlastung des eigentlichen Interviews wird am Ende ein Kurzfragebogen angehängt.

Ausgehend von dieser Entscheidung, das problemzentrierte Experteninterview anhand eines Leitfadens zur Datenerhebung zu nutzen, wird im folgenden Kapitel der Aufbau des Leitfadens beschrieben.

6.2.2 Leitfaden zum problemzentrierten Experteninterview

Die methodische Entscheidung für die Erhebung der Daten im Rahmen der vorliegenden Untersuchung fiel auf das problemzentrierte Experteninterview mit Leitfaden. Im Folgenden wird der Aufbau des Leitfadens beschrieben. Der gesamte Leitfaden im verwendeten Layout ist im Anhang der Arbeit zu finden.

Der Interviewleitfaden zur Datenerhebung in der Schulleiterbefragung sieht drei Gesprächsphasen vor. Zu Beginn gibt der Interviewer dem Befragten in einer Aufwärmphase Informationen zum Ablauf der Befragung. Er informiert ihn darüber, dass das Interview anhand eines Leitfadens geführt wird, die Fragereihenfolge aber variiert werden kann. Die Anonymität der Daten in Auswertung und Veröffentlichung bleibt gewahrt. Zur Dokumentation wird ein Tonbandmitschnitt gefertigt. Als zeitlicher Umfang wird eine halbe Stunde anvisiert. In dieser Aufwärmphase positioniert der Interviewer auch das Aufnahmegerät und schaltet es vor Beginn des thematischen Teils des Interviews an. Es folgen das eigentliche Interview und zum Schluss eine Abschlussphase.

Der zweite, inhaltliche Teil des Leitfadens gliedert sich in drei Themenbereiche. Themenbereich 1 behandelt den Entscheidungsprozess der Schule zur Teilnahme am Modellversuch AQUA. Damit greift die Befragung auf die chronologische Abfolge der Entscheidungen in der Schule zurück. Der Schulleiter und das Kollegium mussten sich schließlich zuerst für eine Teilnahme am Modellversuch entscheiden. Dieser Themenbereich umfasst zehn Fragen zu den Informationen über den Modellversuch und deren Relevanz, zu den Gründen für die Teilnahme an AQUA, zu Art und Umfang der Einbindung des Kollegiums in die Entscheidung, zu Einschränkungen hinsichtlich des geplanten Ausbildungskonzeptes und abschließend zu möglichen weiteren relevanten Punkten bezüglich der Entscheidung über die Teilnahme am Modellversuch.

Dieser chronologischen Struktur folgend geht Themenbereich 2 auf den Entscheidungsprozess der Schule für einen Referendar ein. Dieser Teil betrifft den eigentlichen Kern der Erhebung und fällt deshalb mit 14 Hauptfragen auch am umfangreichsten aus. Er beginnt mit Fragen zur Anzahl der Bewerber und geht dann ausführlich auf die Kriterien der Bewerberauswahl ein. Zunächst wird der Befragte in gering strukturierter Form aufgefordert, allgemein die Kriterien zu nennen, die für ihn wichtig waren. Diese Frage zielt auf das Anforderungsprofil, das die Schule für die ausgeschriebene Stelle entworfen hat. In einem zweiten Schritt geht der Interviewer dann in stärker strukturierter Form auf einzelne mögliche Kriterien ein, die theoretisch a priori als relevant erarbeitet wurden. Mit den nächsten vier Fragen soll erhoben werden, inwieweit der ausgewählte Bewerber die gewünschten Eigenschaften tatsächlich vorweist, welche Kriterien als Ausschlussgründe galten bzw. welche Kriterien eine eher untergeordnete Rolle spielten und schließlich welche Defizite der ausgewählte Bewerber hat. In der Folge werden die Beteiligung weiterer Personen neben dem Schulleiter an der Personalauswahl erhoben und der Verfahrensablauf bei der Stellenzusage beleuchtet. Abschließend zu Themenbereich 2 erhält der Befragte wieder die Möglichkeit, weitere bisher nicht gefragte Aspekte der Entscheidungsfindung zu nennen.

Die Themenbereiche 1 und 3 sind in gewisser Weise als thematische Erweiterungen zum Kernthema in Bereich 2 zu sehen. Diese Herangehensweise bietet die Möglichkeit, auch Aspekte zu erfassen, die für die Fragestellung der Untersuchung relevant sein können, bei einer ausschließlichen Fokussierung auf das Kernthema aber nicht zur Sprache kommen würden. Themenbereich 3 betrifft die Attraktivität der Schule hinsichtlich des Bewerberzulaufs aus der Sicht des Schulleiters. Der Leitfaden sieht dazu neun Fragen vor. Der Befragte soll seine ursprünglichen Erwartungen zur Anzahl der Bewerber und seine vermuteten Gründe für den tatsächlichen Bewerberzulauf offen legen. Im Folgenden interessieren die Aspekte, von denen der Schulleiter glaubt, sie tragen die Attraktivität seiner Schule, sowie seine Sichtweise zur Relevanz des Auftritts in der Stellenbeschreibung im Internet. Daneben kommen Fragen, die das Attraktivitätspotential der Schule und mögliche Perspektiven für den Bewerber behandeln. Zum Abschluss dieses Themengebiets hat der Schulleiter wie immer die Möglichkeit, Punkte anzusprechen, die bisher nicht gefragt wurden.

Den Abschluss des Interviews bildet als so genannte Calm-down-Phase eine zusammenfassende Frage, in der der Befragte noch einmal aufgefordert wird, als Resümee die für ihn wichtigsten Punkte am Modellversuch AQUA zu benennen. Dem eigentlichen Interview angehängt ist der Kurzfragebogen zu statistischen Daten über die Struktur der Schule.

Zusammenfassend bleibt festzuhalten, dass sich der Leitfaden für das problemzentrierte Experteninterview an drei Phasen orientiert, der Aufwärmphase, dem eigentlichen Interview und einer Calm-down-Phase. Das eigentliche Interview ist in drei Bereiche gegliedert, welche die Themen Entscheidungsprozess der Schule zur Teilnahme am Modellversuch, Entscheidungsprozess und Entscheidungskriterien der Schule für einen Referendar sowie Attraktivität der Schule behandeln.

Um das Instrument hinsichtlich der Validität der Fragestellungen abzusichern, durchläuft der Leitfaden eine Reihe von Erprobungssituationen. Im ersten Schritt wird das Interview mit Mitarbeitern des Lehrstuhls für Pädagogik, TUM, welche das Untersuchungsfeld nicht explizit kennen simuliert. Ziel ist hier, die Verständlichkeit der Fragen zu prüfen und damit die Validität zu erhöhen. Einzelne Fragestellungen werden optimiert. Es folgt die simulierte Befragungssituation mit einem Mitarbeiter, der den Modellversuch AQUA und die Hintergründe der Erhebung kennt. Dieser soll realitätsnahe hypothetische Antworten geben. Nach dieser internen Erprobung mit kleineren Optimierungen geht das Instrument in den externen Test mit einem Schulleiter einer Berufsschule, die nicht im Modellversuch involviert ist. Hintergrund ist der Wunsch, mit den Schulleitern der Modellversuchsschulen eine Vollerhebung durchführen zu können. Daher soll nach Möglichkeit kein relevanter Schulleiter in einer Pilotbefragung mit einem möglicherweise nicht hinreichend geprüften Instrument konfrontiert werden. Der Test mit dem externen Schulleiter verläuft erfolgreich, sodass der Interviewleitfaden in eine Pilotbefragung in Realsituation gehen kann. Die ersten beiden Interviews der Datenerhebung dienen zugleich als Pilotbefragung (vgl. Kapitel 7.1.2).

6.2.3 Interviewer, Interviewte und Datenerhebung

Für eine Datenerhebung im Interview kann es im Sinne der Güte der Erhebung als sinnvoll gelten, die Anzahl der Interviewer gering zu halten, um interpersonelle Abweichungen im Interviewverhalten zu minimieren. Für die vorliegende Untersuchung kann die Anzahl der Interviewer auf zwei Personen beschränkt werden. Die Befragungen werden durchgeführt vom Verfasser dieser Arbeit und von PD Dr. Alfred Riedl, Mitarbeiter am Lehrstuhl für Pädagogik, Technische Universität München. Der zweite Interviewer wird vom Verfasser dieser Arbeit ausführlich in die Durchführung der Befragung eingewiesen und ist in die oben beschriebenen Erprobungsschritte involviert. Beide Forscher sind im Modellversuch AQUA konzeptionell eingebunden und begleiten diesen von Beginn an. Freilich lassen sich Beeinträchtigungen der Erhebungssituation aufgrund interpersoneller Differenzen nicht vollständig ausschließen. Durch die Anwendung eines Interviewleitfadens in Verbindung mit einer eingehenden Interviewerschulung und der grundsätzlichen Vertrautheit mit der Thematik wird jedoch eine bestmögliche Vergleichbarkeit der Erhebungssituationen angestrebt.

Die Teilnehmerzahl von Schulen ist durch die Anlage des Modellversuchs auf 23 beschränkt. Daraus ergibt sich eine mögliche Befragtenzahl von 23 Schulleitern für eine Vollerhebung. Die personellen, finanziellen und zeitlichen Rahmenbedingungen lassen eine solche Vollerhebung zu.

Die Anzahl der Interviews teilt sich nahezu hälftig auf die beiden oben genannten Interviewer auf. Die Interviews finden nach Terminvereinbarung vor Ort an den Schulen statt, um künstliche Situationen und damit Artefakte zu vermeiden (LAMNEK 1995b). Es sind jeweils lediglich der Interviewer und der Befragte anwesend, um mögliche Hemmfaktoren zu minimieren. Nach Möglichkeit finden alle Befragungen innerhalb eines engen Zeitfensters von zwei Wochen am Ende der Personalauswahlphase statt, um annähernd ähnliche Bedingungen vorzufinden, was den Fortgang der Rekrutierungsphase innerhalb des Modellversuchs anbelangt.

Angestrebt sind daher ein oder zwei Befragungen pro Tag und Interviewer trotz der zum Teil erheblichen Fahrstrecken zwischen den Intervieworten. Vom Interview wird ein Tonbandmitschnitt gefertigt.

6.2.4 Transkription

Von allen 23 Interviews werden Tonbandmitschnitte gefertigt. Um das Material der Datenanalyse zuführen zu können, ist eine Transkription unerlässlich. FLICK (2004a) weist auf mögliche Problembereiche beim Transkribieren hin. Zum einen sieht er die Gefahr, dass die Formulierung von Regeln zu einem nicht vertretbarem Aufwand im Verhältnis zum Ertrag der Forschung steht, und „(...) sich über die Hintertür Ideale naturwissenschaftlicher Messgenauigkeit in die interpretative Sozialwissenschaft einschleichen". Zum anderen „(..) werden Aussage und Sinn des Transkribierten in der Differenziertheit der Transkription und der resultierenden Unübersichtlichkeit der erstellten Protokolle gelegentlich eher verstellt als zugänglich" (FLICK 2004a, S. 253). Daher und aufgrund des zu erwartenden erheblichen Umfangs der Daten, wird nach Möglichkeiten gesucht, den Transkriptionsaufwand in vertretbaren Grenzen zu halten. Nachdem bei den hier geführten Experteninterviews nicht die Person des Interviewten mit ihren Emotionen, sondern seine Aussagen als Experte zum spezifischen Gegenstand im Fokus des Interesses stehen, wird für die Transkription ein tendenziell höherer Grad an Glättung angestrebt und so weit als möglich auf die Belastung des Protokolls durch Transkriptionszeichen verzichtet. Dennoch wird aber wörtlich transkribiert.

In Anlehnung an LAMNEK (1995b) erfolgt die Transkription in folgenden Schritten. Die Aufnahmen werden von einer Schreibkraft in eine lesbare Form gebracht, indem sie die Bänder abtippt. Neben den gesprochenen Sätzen werden wie oben begründet in angemessenem Umfang nonverbale Aspekte protokolliert. Dazu zählen z. B. Pausen, Unterbrechungen oder Lachen. Für die Transkription durch die Schreibkraft dient der Interviewleitfaden als Dateivorlage, um eine erste Strukturierung zu geben. Abweichungen von der Reihenfolge der Fragen oder alternierende Formulierungen werden entsprechend als Änderungen dokumentiert. Anschließend erfolgt der Vergleich der Transkripte mit den Bandaufnahmen und Tipp- und Hörfehler werden verbessert. Im letzten Schritt werden die Transkripte nochmals gelesen, um Unstimmigkeiten, Widersprüchlichkeiten und Unklarheiten zu entdecken und soweit möglich zu beheben (Vgl. ebd. S. 108). Damit stehen Transkriptionsprotokolle zur Verfügung, die einer Datenauswertung zugeführt werden können.

6.3 Methoden der Datenauswertung

Mit den Transkriptionsprotokollen liegen Texte vor, in denen die Daten zur Klärung der Fragestellungen enthalten sind. Um relevante Daten aus umfangreichen Texten herausarbeiten zu können, hat MAYRING in den 1980er Jahren die Methode der qualitativen Inhaltsanalyse entwickelt. Diese zeichnet sich vor allem durch ein systematisches, regelgeleitetes Vorgehen aus, das dennoch die Offenheit besitzt, an den jeweils konkreten Gegenstand angepasst werden zu können (MAYRING 2002, 2003; MAYRING, GLÄSER-ZIKUDA 2005; GLÄSER,

LAUDEL 2004, FLICK 2004a; BORTZ, DÖRING 2002; LAMNEK 1995). Mayring geht mit seinem Entwurf davon aus, dass er die Stärken einer quantitativen Inhaltsanalyse beibehalten und „(...) auf ihrem Hintergrund Verfahren systematischer qualitativ orientierter Textanalyse entwickeln" kann (MAYRING 2003, S. 42.). Die qualitative Inhaltsanalyse ist durch mehrere Aspekte gekennzeichnet.

Ein besonderer Vorteil ist in der Verankerung des Materials im Kommunikationszusammenhang zu sehen. Der Interpret muss immer angeben, auf welchen Teil des Kommunikationsprozesses er sich bezieht. So wird der Text immer in seinem Kontext interpretiert und das Material kann auf seine Entstehung und Wirkung hin untersucht werden. Dieser Aspekt zeichnet die Methode im Rahmen der vorliegenden Untersuchung als wertvoll aus, da der untersuchte Gegenstand immer im Kontext des gesamten Modellversuches zu sehen ist.

Daneben stellt das systematische Vorgehen ein Hauptanliegen dieses methodischen Entwurfs dar. In Abgrenzung zur freien Interpretation folgt die Analyse hier festgelegten Regeln. Es wird also im Vorhinein entschieden, wie und in welcher Reihenfolge das Material analysiert wird und welche Bedingungen erfüllt sein müssen, um zu einer Kodierung zu kommen. Auch in der qualitativen Inhaltsanalyse sollen Elemente eines quantitativen Ansatzes bestehen bleiben, wie die Definition von inhaltsanalytischen Einheiten (Kodiereinheit, Kontexteinheit, Auswertungseinheit).

„Das Kategoriensystem stellt das zentrale Instrument der Analyse dar" (MAYRING 2003, S. 43). Das Kategoriensystem ist zwar ein zentraler Punkt in einer quantitativen Inhaltsanalyse, hilft aber auch in der qualitativen Analyse, diese zu konkretisieren und vor allem, die Nachvollziehbarkeit für andere zu erhöhen. Kategoriensysteme können induktiv oder deduktiv entstehen. Für die vorliegende Untersuchung zeichnet sich ein kombiniertes Verfahren ab. Bereits in der Beschreibung der Leitfadenkonstruktion weiter oben wurde darauf hingewiesen, dass in einigen Themenbereichen zunächst eher gering strukturierte Fragen gestellt werden und erst bei unbefriedigenden Antworten strukturiert nachgehakt wird. Im Falle einer unstrukturierten Antwort könnte eine induktive Kategorienbildung hilfreich sein, im Falle der strukturunterstützenden Nachfragen wird schon eine deduktive Kategorienbildung impliziert. Insofern wird im Rahmen der Beschreibung der Durchführung der Datenauswertung zu beleuchten sein, inwieweit sich aus dem Leitfaden bereits deduktive Elemente der Kategorienbildung ergeben.

GLÄSER & LAUDEL (2004) weisen darauf hin, dass alle ihnen bekannten Anwendungen der qualitativen Inhaltsanalyse die Arbeit mit geschlossenen, ex ante feststehenden Kategoriensystemen aus der quantitativen Analyse übernehmen (ebd. S. 193). Sie schlagen eine modifizierte Variante vor, in der ein Kategoriensystem zwar ex ante existiert, dieses aber über den gesamten Verlauf der Auswertung angepasst werden kann. In der herkömmlichen Variante nach MAYRING wurde ein Teil des Materials probeweise kodiert, um zu sehen, ob die Kategorien passen. In der modifizierten Variante nach GLÄSER & LAUDEL ist das nicht vorgesehen. Allerdings schalten sie einen Schritt der Extraktion zwischen den originalen Text und die Analyse. So verringert sich das Volumen des auszuwertenden Materials, allerdings mit der Einschränkung, dass auch diese Extraktion individuell geprägt ist.

Für die hier vorliegende Arbeit soll von GLÄSER & LAUDEL die Methode des `mitwach-senden Kategoriensystems´ (Begriff des Verfassers der vorliegenden Arbeit), aufbauend auf einem vorher theoretisch erarbeiteten Grundsystem übernommen werden. Aus der tradierten Variante der qualitativen Inhaltsanalyse soll die Auswertung des gesamten Datenmaterials beibehalten werden, ohne einen Schritt der Extraktion einzuführen.

Eine Begründung für diese Herangehensweise liegt darin, dass das Material durch die Erhe-bung anhand des Interviewleitfadens bereits hinreichend vorstrukturiert vorliegt und sich der Anteil an unwichtigen Aussagen in Grenzen halten dürfte. Zudem wird der MAYRINGsche Aspekt der Einbettung des Materials in den Kommunikationszusammenhang dadurch akzen-tuiert. Eine zweite Begründung ergibt sich aus der Verwendung eines elektronischen Auswer-tungsprogramms, das eine größere Datenmenge leichter handhaben lässt. Das hier verwendete Programm MAXqda, dessen Möglichkeiten und der Einsatz werden in Kapitel 7.3 beschrie-ben.

Schließlich muss sich auch die Methode der qualitativen Inhaltsanalyse an Gütekriterien ori-entieren. Auf mögliche Gütekriterien für die qualitative Forschung geht das folgende Kapitel 6.4 näher ein.

6.4 Gütekriterien

In der vorliegenden Untersuchung kommen spezifische Instrumente und Methoden zum Ein-satz. Im Folgenden werden mögliche Gütekriterien für die hier angewendeten Untersu-chungsmethoden vorgestellt. Ausgehend von den klassischen Gütekriterien des quantitativen Forschungsparadigmas erfolgt der Blick auf die Formulierung eigener Gütekriterien der quali-tativen Forschung und schließlich auf einen aktuellen Ansatz, der sich Anstöße aus dem Qua-litätsmanagement holt. Die vorgestellten Kriterien sollen Grundlage für eine Reflexion in Ka-pitel 7.4 sein.

Die Qualität wissenschaftlicher Erkenntnisgewinnung bemisst sich daran, in wieweit definier-te Kriterien erfüllt werden. Die Kriterien gelten als Zielvorgaben oder Prüfsteine für die an-gewendeten Forschungsmethoden, an denen letztlich der Grad der Wissenschaftlichkeit einer Methode gemessen werden kann. Die quantitative Forschungsrichtung investiert daher erheb-liche Energie in die Erstellung und Absicherung der Erhebungsinstrumente. Die dabei zur Anwendung kommenden Gütekriterien Objektivität, Validität und Reliabilität sind hinläng-lich bekannt und sollen hier nicht mehr vertieft werden. Quantitative Erhebungsmethoden werden so lange Optimierungsprozessen unterzogen, bis vor allem hinreichende Validitäts- und Reliabilitätswerte errechnet werden können. Bemessen sich die Güte einer Methode und damit die der mit ihrer Hilfe gewonnenen Erkenntnisse an bestimmten Kriterien, so hängt diese Güte auch von der Wahl der Kriterien an sich ab. Die Zielvorgaben bzw. Prüfsteine müssen mit der Methode und deren Intention in Einklang stehen bzw. sich aus dieser heraus entwickeln.

Qualitative Methoden finden spätestens seit den 1980er Jahren zunehmend Anwendung und werfen in der Folge Diskussionen um die Anwendbarkeit der klassischen Gütekriterien auf. LAMNEK verweist darauf, dass „(...) die basalen theoretischen Grundlagen qualitativer und quantitativer Sozialforschung von ihrem Ansatz her derart verschieden (sind), dass sich nur bedingt Schnittstellen für einen Dialog auf der Grundlage gleichen Vorverständnisses finden lassen" (1995a, S. 152). Weiter würde das Problem einer Güteabschätzung zusätzlich durch den streckenweise identischen Wortgebrauch, jedoch aus unterschiedlichen wissenschaftstheoretischen und methodologischen Bezugspunkten heraus, erschwert. Für beide Forschungsparadigmen konsensfähig dürfte jedoch sein, dass die jeweiligen Gütekriterien angemessen sein müssen. Dementsprechend wirft sich die Frage nach angemessenen Gütekriterien für qualitative Methoden im Allgemeinen und die hier angewendete Inhaltsanalyse im Speziellen auf.

Die Diskussion zum Thema Geltungsbegründung in der qualitativen Forschung hat im Wesentlichen drei verschiedene Grundpositionen hervorgebracht (vgl. FLICK 2004b). Der erste Ansatz der Verwendung der klassischen Kriterien stößt schnell an seine Grenzen und soll hier nicht weiter vertieft werden. Der Ansatz der Reformulierung der klassischen Kriterien versucht die Kriterien der Reliabilität und der Validität zu adaptieren. Im Kern soll es dabei für die Reliabilität um eine exakte Dokumentation des Forschungsprozesses gehen, für die Validität steht der Ansatz der kommunikativen Validierung im Zentrum. Somit stellt die Grundposition der Reformulierung der klassischen Kriterien in gewisser Weise eine Vorstufe zur Formulierung eigenständiger Kriterien der qualitativen Forschung dar, denn die Verfahrensdokumentation und die kommunikative Validierung finden sich auch im folgenden Ansatz wieder, welcher der dritten Grundposition der Formulierung alternativer, methodenangemessener Kriterien zuzurechnen ist. Diese Position findet nun breiteren Raum, da sie im Einklang mit der hier gewählten Methode der qualitativen Inhaltsanalyse zu sehen ist.

Die Frage, ob Gütekriterien an sich überhaupt noch die Dimension darstellen, in der qualitative Forschung vermessen werden soll, wird schließlich weiter unten unter Bezugnahme auf aktuelle Entwicklungen skizziert.

MAYRING stellt die klassischen Gütekriterien der quantitativen Forschung für ein qualitatives Vorgehen gänzlich in Frage und trägt sechs allgemeine Gütekriterien für die qualitative Forschung zusammen: (1) Verfahrensdokumentation, (2) Argumentative Interpretationsabsicherung, (3) Regelgeleitetheit, (4) Nähe zum Gegenstand, (5) Kommunikative Validierung und (6) Triangulation (vgl. MAYRING 2002, S. 144 ff; LAMNEK 1995a, S. 156 f).

Ad (1): Im Gegensatz zur quantitativen Forschung, die in der Regel auf standardisierte Instrumente und Techniken zurückgreift, muss ein qualitatives Herangehen spezifische und differenzierte Methoden entwickeln und deren Entstehung und Anwendung exakt beschreiben. Von der Dokumentation des Verfahrens hängt der Wert der wissenschaftlichen Ergebnisse ab. Gerade wenn neue Wege beschritten werden, muss der Forschungsprozess für andere nachvollziehbar werden. Die detaillierte Verfahrensdokumentation ist dabei in allen Phasen, von der Darstellung des Vorverständnisses über die Erstellung der Instrumente und ihrer Anwendung bis zur Datenauswertung, notwendig.

Ad (2): Die Interpretation spielt in der qualitativen Forschung im Allgemeinen und in der qualitativen Inhaltsanalyse im Besonderen eine entscheidende Rolle. Da Interpretationen subjektiv gefärbt sein können muss eine qualitative Forschung dem möglichen Vorwurf der Willkür oder Beliebigkeit mit einer argumentativen Begründung der Interpretationen vorbeugen bzw. begegnen. Die intersubjektive Nachprüfbarkeit muss gegeben sein. Gegebenenfalls sind Alternativdeutungen zu suchen und zu prüfen.

Ad (3): Qualitative Forschung muss den Spagat vollziehen zwischen Offenheit und Regelhaftigkeit. Analyseschritte müssen vorgeplant sein, sie müssen aber auch modifizierbar sein, wenn es der Gegenstand erfordert. Bezogen auf ein Kategoriensystem bei der qualitativen Inhaltsanalyse kann das bedeuten, die deduktiven und induktiven Anteile der Kategorienentstehung maßvoll zu gewichten. Die Analyse muss jedoch grundsätzlich systematisch und regelgeleitet vorgehen.

Ad (4): Die Nähe zum Gegenstand stellt ein entscheidendes Merkmal der qualitativen Forschung dar. Es wird versucht, möglichst nahe an die natürliche Lebensumwelt der beforschten Subjekte anzuknüpfen. Je mehr dies gelingt, desto höher ist die Güte der Forschungsmethode einzustufen. Der Forscher begibt sich zum Beforschten und vollzieht eine Interessensannäherung bzw. versucht eine Interessensübereinstimmung mit dem Beforschten zu erreichen.

Ad (5): Über die kommunikative Validierung kann der Forscher die Rekonstruktion der subjektiven Bedeutung absichern, indem er diese mit den Befragten diskutiert. Kritische Stimmen sehen die Gefahr des Verharrens in subjektiven Bedeutungsstrukturen. Protagonisten der kommunikativen Validierung sehen die Chance auf die Gewinnung wichtiger Argumente zur Relevanz der Ergebnisse.

Ad (6): In der Triangulation besteht die Möglichkeit, sich der Fragestellung von verschiedenen Seiten zu nähern. Das können verschiedene Datensätze, unterschiedliche Interpreten, alternierende Theorieansätze oder Methoden sein. Im Vordergrund steht dabei, die Ergebnisse zu vergleichen, ohne zwingend eine völlige Übereinstimmung zu erreichen.

Einen weiteren Ansatz innerhalb der Grundposition der Formulierung alternativer Kriterien stellt nach FLICK (2004b) die Triangulation dar. Es werden folgende Formen der Triangulation unterschieden (Denzin 1989 zitiert nach FLICK 2004b): Daten-Triangulation, Forscher-Triangulation, Theorien-Triangulation und Methodische Triangulation mit den Unterformen within-method und between-methods. Vor allem der Aspekt der methodischen Triangulation kann für die vorliegende Forschungsarbeit interessant sein, da im Rahmen des Modellversuchs eine Reihe unterschiedlicher methodischer Zugänge gewählt wurde, mithilfe derer Daten gewonnen wurden, welche diese Untersuchung flankieren (vgl. Kapitel 5.4.2).

Schließlich stellt FLICK (2004a) aktuell eine Akzentverschiebung in der Beurteilung qualitativer Forschungsmethoden fest. Er versteht darunter eine Entwicklung von der reinen Anwendungsevaluation hin zur Prozessevaluation was die Methoden und deren Verwendung betrifft. Zentraler Ansatzpunkt ist die Stimmigkeit des Forschungsprozesses, d.h. ob die getroffene Auswahl der Methoden für die konkrete Fragestellung und das konkrete Vorgehen geeignet ist. Anstöße für diese neue Orientierung zur Gütebeurteilung von qualitativer Forschung sieht er aus der allgemeinen Diskussion zum Thema Qualitätsmanagement vor allem in der industriellen Produktion, aber auch für Dienstleistungen kommen. Trotz einiger Einschränkungen ist eine Übertragung auf die qualitative Forschung diskutabel. Die Annahme ist, „(...) dass nicht nur die Anwendung von Methoden, sondern auch die Haltung, mit der die Forschung durchgeführt wird, wesentlich ihre Qualität bestimmt (ebd. S. 406). Es werden für den qualitativen Forschungsprozess Prinzipien des Qualitätsmanagements formuliert (ebd. S. 407 und FLICK 2004b, S. 62):

- „Eine möglichst klare Festlegung der zu erreichenden Ziele und einzuhaltenden Standards des Projekts. Daran müssen alle Forscher und Mitarbeiter beteiligt werden;

- eine Festlegung, wie diese Ziele und Standards und allgemeiner die angestrebte Qualität zu erreichen sind; damit sind eine Einigung über die Weise der Anwendung bestimmter Methoden und ihre Umsetzung, etwa durch gemeinsame Interviewtrainings und deren Auswertung, Voraussetzungen für Qualität im Forschungsprozess;

- die klare Festlegung der Verantwortlichkeiten für die Herstellung von Qualität im Forschungsprozess und

- die Transparenz der Beurteilung und Sicherstellung der Qualität im Prozess.“

Zusammenfassend zeichnet sich für die vorliegende Untersuchung eine Relevanz sowohl des Kriterienkatalogs für die qualitative Forschung nach MAYRING als auch der Prinzipen des Qualitätsmanagements nach FLICK ab. Die diskursive Bewertung dieser Forschungsarbeit wird sich in Kapitel 7.3 mit der Methodenreflexion an diesen Zielvorgaben orientieren.

7 Durchführung der Untersuchung

Kapitel 7 beschreibt die Durchführung der Untersuchung zur Personalauswahl an Schulen. Die Untersuchung findet im Feld statt, das durch den Modellversuch AQUA determiniert ist (vgl. Kapitel 5). Kapitel 7.1 zeichnet die Datenerhebung im Interview mit den Schulleitern der Modellversuchsschulen vor Ort nach. In Kapitel 7.2 erfolgt die Beschreibung der Datentransformation. Kapitel 7.3 zeigt die Auswertung des gewonnenen Datenmaterials zunächst in ihrer formalen Struktur und dann in Form der verwendeten Kategoriensysteme. In Kapitel 7.4 schließt eine reflexive Kritik zu den Methoden der Datenerhebung, -transformation und -auswertung die Darstellung ab.

7.1 Datenerhebung

Die Datenerhebung im Interview mit den Schulleitern wird entsprechend der Überlegungen in Kapitel 6.2.3 von zwei Mitarbeitern des Lehrstuhls für Pädagogik, Technische Universität München durchgeführt. Die folgenden Ausführungen schildern zunächst die Erhebungssituation und anschließend den Verlauf der Datengewinnung.

7.1.1 Erhebungssituation

Die Schulen im Modellversuch AQUA hatten die Möglichkeit, Stellen für Referendare für die Zeit des Vorbereitungsdienstes (Schuljahre 2002/03 und 2003/04) mit anschließender langfristiger Perspektive auszuschreiben und in eigener Entscheidung zu besetzten. Die Stellenausschreibungen wurden von den Schulen im Januar 2002 erstellt und durch das Staatsinstitut für Schulqualität und Bildungsforschung (ISB) im Internet veröffentlicht. Die relevanten Studienabsolventen wurden in Informationsveranstaltungen an den Universitäten über den Modellversuch AQUA und das Bewerbungsverfahren informiert (Technische Universität München: 29.01.2002; Ludwig-Maximilians-Universität München: 31.01.2002; Friedrich-Alexander-Universität Nürnberg-Erlangen: 06.02.2002). Die potentiellen Bewerber waren aufgefordert, sich bis zum 8. März 2002 direkt an den Schulen zu bewerben und Termine für Bewerbungsgespräche mit den Schulleitern zu vereinbaren. Die Schulen sollten nach erfolgreichen Bewerbungsgesprächen ihre Entscheidungen bis zum 22. März 2002 an den Modellversuchsträger melden. Damit sollte das Bewerbungsverfahren vor den Osterferien abgeschlossen sein. Es war davon auszugehen, dass die Schulen ihre Entscheidungen zügig treffen und die Bewerber informieren. Für die Befragung der Schulleiter bot sich folglich der Zeitraum von Bewerbungsschluss (8. März 2002) bis Beginn der Osterferien (23. März 2002) an.

Für die Interviews ist die Aufzeichnung mit einem Tonbandgerät vom Typ Sony TCM465V vorgesehen. Dieses Gerät zeichnet sich durch ein Aufklappmikrofon aus, das eine optimierte Aufnahmequalität verspricht. Zum Einsatz kommen Tonbandkassetten vom Typ Sony HF mit einer Aufnahmedauer von 90 Minuten. Diese handelsüblichen Bänder sind einfach zu handhaben und können beliebig oft abgespielt werden.

7.1.2 Datengewinnung

Für die Schulleiterinterviews werden Termine mit allen Schulleitern der Modellversuchsschulen im Zeitraum von 11. bis 22. März 2002 vereinbart. Die Interviews werden vom Verfasser der vorliegenden Arbeit und von PD Dr. Alfred Riedl, Akademischer Oberrat am Lehrstuhl für Pädagogik, Technische Universität München durchgeführt. Ein Interviewer führt ein Interview alleine mit einem Schulleiter durch. An einem Tag werden maximal drei Interviewtermine für einen Interviewer vereinbart. Die Erhebungen finden vor Ort an den Schulen statt. Den Terminplan[43] für die Interviews gibt die folgende Übersicht wieder.

Datum/Uhrzeit	Ort	Schule
12.03.02 10:00	Neu-Ulm	Staatl. Berufsschule Neu-Ulm
12.03.02 14:00	Memmingen	Johann-Bierwirth-Schule Memmingen Staatl. Berufsschule I
13.03.02 14:00	Altötting	Staatl. Berufsschule Altötting
14.03.02 10:00	Amberg	Staatl. Berufsschule Amberg
14.03.02 10:00	Waldkirchen	Staatl. Berufsschule Waldkirchen
14.03.02 14:00	Cham	Werner-von-Siemens-Schule Cham Staatl. Berufsschule
15.03.02 09:00	Forchheim	Staatl. Berufsschule Forchheim
15.03.02 09:00	Straubing	Mathias-von-Flurl-Schule Staatl. Berufsschule II
15.03.02 11:30	Landshut	Staatl. Berufsschule I Landshut
15.03.02 14:00	Bad Neustadt	Jakob-Preh-Schule Staatl. Berufsschule Bad Neustadt / Saale
18.03.02 09:00	Würzburg	Franz-Oberthür-Schule Würzburg Städt. Berufsschule I
18.03.02 10:30	Pfaffenhofen	Staatl. Berufsschule Pfaffenhofen a. d. Ilm
18.03.02 14:00	Rothenburg	Staatl. Berufsschule Rothenburg ob der Tauber-Dinkelsbühl
20.03.02 08:45	Traunstein	Staatl. Berufsschule II Traunstein
20.03.02 09:00	Augsburg	Städt. Berufsschule VII Augsburg
20.03.02 11:00	Rosenheim II	Staatl. Berufsschule II Rosenheim
20.03.02 14:00	Rosenheim I	Staatl. Berufsschule I Rosenheim
20.03.02 14:00	München	Städt. Berufsschule für Fertigungstechnik München
21.03.02 10:00	Erding	Dr.-Herb.-Weinberger-Schule Erding Staatl. Berufsschule
21.03.02 13:00	Freising	Staatl. Berufsschule Freising
22.03.02 08:00	Starnberg	Staatl. Berufsschule Starnberg
22.03.02 10:00	Nürnberg	Städt. Berufsschule 2 Nürnberg (Metallberufe)
22.03.02 12:00	Schongau	Staatl. Berufsschule Schongau

Übersicht 7-1: Termine der Datenerhebung im Schulleiterinterview

Alle Termine können im Verlauf der Datengewinnung sowohl von Seite der Interviewer als auch von Seite der Schulleiter eingehalten werden. Damit summieren sich 14 Arbeitstage zuzüglich vier Übernachtungen für die Datengewinnung an 23 verschiedenen Schulstandorten regional verteilt über ganz Bayern.

Die Termine mit den ersten beiden Schulleitern am 12. März 2002 dienen zugleich der Pilotbefragung. Neben der in Kapitel 6.2.2 geschilderten Überprüfung des Instrumentes Interviewleitfaden in der Simulation[44] dienen diese ersten beiden Interviews der Absicherung des In-

---

[43] Die Reihenfolge der Interviewtermine ist _nicht_ mit der Reihenfolge der Einzelbeschreibungen in der Ergebnisdarstellung in Kapitel 8 identisch.
[44] Der Interviewleitfaden wurde in gestellten Situationen mit wissenschaftlichen Mitarbeitern am Lehrstuhl für Pädagogik, TUM in mehreren Schritten optimiert und schließlich mit einem nicht am Modellversuch beteiligten Schulleiter einer Berufsschule in einer Vor-Pilot-Befragung erprobt.

strumentes mit real betroffenen Schulleitern. Für den Fall, dass Komplikationen auftreten, ist eine Optimierung des Instruments für die folgenden Interviews vorgesehen. Die beiden Pilotbefragungen verlaufen jedoch erfolgreich und eine Veränderung des Instruments ist nicht notwendig. Die Schulleiter der Pilotbefragungen bestätigen, alle Fragen eindeutig verstanden zu haben und geben Antworten im erwarteten Umfang und der erwarteten Qualität. Die Interviews dieser Pilotbefragung gehen in vollem Umfang in die Datenauswertung ein.

Zu den einzelnen Interviewterminen reist der Interviewer mit einem zeitlichen Vorlauf von mindestens 30 Minuten an, um sich auf die Interviewsituation vorbereiten zu können. Der Interviewer meldet sich im Sekretariat der Schule an und wird zum Schulleiter gebeten. Die Interviews finden im Arbeitszimmer des Schulleiters statt. Nach einer Begrüßung und gegenseitigen Vorstellung nehmen die Interviewpartner an einem Besprechungstisch Platz und der Interviewer führt in der Aufwärmphase in die Interviewsituation ein. Das Aufnahmegerät wird auf dem Besprechungstisch platziert und eingeschaltet.

Die einzelnen Interviews dauern zwischen 30 und 90 Minuten. Die Befragungen finden ohne Unterbrechung statt. Der Interviewer führt das Interview entlang des Leitfadens[45] durch. Falls der Befragte zu einem Thema bereits Aussagen trifft, bevor die zutreffende Frage gestellt wird, fragt der Interviewer an der gegebnen Stelle nur kurz nach, ob bereits alles zu diesem Thema genannt wurde und überspringt ggf. diese Frage.

Zum Abschluss des Interviews bedankt sich der Interviewer für das Interview und bietet dem Befragten die Übersendung des Transkriptes zur Information an.

7.2 Datentransformation

Nach der Erhebung der Daten werden die Tondokumente zur Datentransformation der Transkription zugeführt. Die Transkription wird am Lehrstuhl für Pädagogik, Technische Universität München, von zwei Schreibkräften am PC durchgeführt. Die Schreibkräfte erhalten vom Verfasser der vorliegenden Arbeit eine eingehende Einweisung in das Transkriptionsverfahren. Für die Transkription gelten folgende Regeln:

- Die Aufnahmen werden vollständig und wörtlich („wörtliche Rede") transkribiert.

- Der Inhalt steht im Vordergrund. Dehnungs- oder Füllsilben wie „Äh" und Ähnliches werden weggelassen. Dialektfärbungen werden eingedeutscht, echte Dialektausdrücke bleiben und werden nach Gehör geschrieben.

- Grammatikalisch unsaubere Formulierungen können geglättet werden, wenn dies der Verständlichkeit und Lesbarkeit des Textes dient.

- Akustische und sinngemäße Unklarheiten werden deutlich markiert mit Verweis auf die Tonbandstelle.

- Größere Pausen, Stockungen, Lachen o. ä. werden vermerkt.

---

[45] Der gesamte Leitfaden ist im Anhang der vorliegenden Arbeit zu finden.

Als strukturierende Dateivorlage dient der Interviewleitfaden. Die gestellten Fragen werden mit dem Leitfaden verglichen und durch den tatsächlichen Wortlaut ersetzt. Der Leitfaden ist in tabellarischer Form dargestellt, sodass auch die Transkripte in einer tabellarischen Form entstehen. Fragen und zugehörige Antworten sind so übersichtlich dargestellt und leicht einzusehen. Zudem wird schnell ersichtlich, ob zusätzliche Nachfragen erforderlich waren. Die Texte werden vom Verfasser dieser Arbeit gelesen und parallel vom Tonband abgehört. Bei Lücken im Transkriptionstext durch schwer verständliche Passagen oder undeutlich artikulierte Fachbegriffe erfolgt eine Ergänzung soweit möglich. Als Ergebnis liegen 23 Transkripte im Umfang von je 13 bis 36 Seiten DIN A4 in Schriftgröße 12 bei 1,5-fachem Zeilenabstand im Dateiformat WORD-Doc vor. Insgesamt ergeben sich 433 Seiten Transkriptionstext in Printform im Format DIN A4. Die vorliegenden Dateien werden in das RTF-Format konvertiert, um die Datenauswertung mit Unterstützung der Software MAXqda zu ermöglichen. Das Vorgehen bei der Datenauswertung beschreibt das folgende Kapitel.

7.3 Datenauswertung

Zur inhaltanalytischen qualitativen Datenauswertung im Rahmen der vorliegenden Untersuchung liegen 23 transkribierte Interviewprotokolle sowohl in Printversion (433 Seiten) als auch in elektronischer Form vor (vgl. Kapitel 7.2). Für die weitere Vorgehensweise bei der Auswertung gilt der folgende idealtypische Ablauf als leitend. Die einzelnen Schritte werden im Anschluss zunächst in formaler Hinsicht ausführlich beschrieben. Daran anschließend erfolgt auf der inhaltlichen Ebene die Vorstellung der Kategoriensysteme.

(1) Zusammenstellung des Kategoriensystems (Deduktive Zusammenstellung)

(2) Formulierung von Kodierregeln und Ankerbeispielen

(3) Inhaltlicher Materialdurchlauf (Inhaltliche Strukturierung)

(4) Überprüfung des Kategoriensystems (Induktive Erweiterung)

(5) Inhaltlicher und identifizierender Materialdurchlauf (Typisierende Strukturierung)

(6) Materialeinschätzung (Skalierende Strukturierung)

(7) Ergebnisaufbereitung (Einzelfallbeschreibungen und quantifizierende Darstellungen)

Ad *(1) Zusammenstellung des Kategoriensystems (deduktiv)*: Für die Datenauswertung liegen 23 Interviewtranskripte in Dateiform im RTF-Format vor. Die einzelnen Dateien werden in die Software MAXqda eingelesen. MAXqda unterstützt die qualitative Datenanalyse. Eine zentrale Funktion dieses Programms ist die Möglichkeit, Codes (Kategorien) zu einzelnen Textpassagen zuzuordnen. Ein Code ist ein maximal 64 Zeichen langer String, der markierten Abschnitten des gerade geöffneten Textes zugewiesen werden kann. Dazu muss zunächst ein Code bzw. ein Codesystem angelegt werden. Wie in Kapitel 6.3 beschrieben bedient sich die vorliegende Untersuchung eines 'mitwachsenden Kategoriensystems'. Dementsprechend findet für die Auswertung der Daten zunächst ein deduktiv entstandenes Codesystem (Kategoriensystem) Anwendung. Das Codesystem wird in MAXqda eingegeben. Die Zahl der Codes ist im Programm nicht begrenzt und kann jederzeit erweitert werden. Die vorliegende Arbeit analysiert das komplette Datenmaterial, d. h. es findet zu keinem Zeitpunkt eine Stufe der Datenextraktion statt.

Ad *(2) Formulierung von Kodierregeln und Ankerbeispielen*: Die Interviews fanden mit Schulleitern auf einem mittlerem bis höherem Abstraktionsniveau statt. Als Codierregel gilt, die relevanten Aussagen ungekürzt zu codieren und keine Paraphrasierungen vorzunehmen. Ankerbeispiele werden a priori nicht formuliert, sondern entstehen mit den ersten Analysen und werden im Forscherteam besprochen und abgesichert, um im weiteren Auswertungsverlauf als Beispiele gelten zu können.

Ad *(3) Inhaltlicher Materialdurchlauf (Inhaltliche Strukturierung)*: Die systematische Analyse beginnt mit dem ersten Interviewprotokoll und ordnet den relevanten Textpassagen Codes zu. Die Arbeit mit MAXqda gestaltet sich übersichtlich, da am Bildschirm vier Fenster gleichzeitig geöffnet sein können: (1) Die Liste der Texte, die untersucht werden können, (2) der aktuell geöffnete Text, (3) die Liste der angelegten Codes (Codesystem) und (4) die Liste der Codings. Unter einem Coding versteht man die einzelne Verknüpfung einer Textstelle mit einem Code. Die Fenster können bei Bedarf einzeln geöffnet und geschlossen werden. In der Codierphase werden dem aktuellen Text bestehende Codes zugeordnet, d. h. die Codings werden erstellt. Sollte Unklarheit über die Konsistenz der Codings bzw. Textinhalte zu einem Code herrschen, kann jederzeit eine größere Zahl von Interviewtexten markiert werden, um die zugeordneten Codings (und damit die Textpassagen) zu diesem Code anzuzeigen (Textretrieval). So besteht die Möglichkeit, zu prüfen, welche inhaltliche Zuordnung zu einem Code bisher vorgenommen wurde. Treten interessante Argumente auf, die nicht im bestehenden Codesystem zu verorten sind, wird ein neuer Code eingefügt. So erweitert sich das vormals deduktive gesetzte Codesystem sukzessiv induktiv.

Der erste größere Schritt der inhaltsanalytischen Datenauswertung umfasst drei Interviewprotokolle und dient neben der inhaltlichen Strukturierung auch der Überprüfung der Zuweisungsübereinstimmung zwischen den auswertenden Personen. Neben dem Untersuchungsleiter sind studentische Hilfskräfte mit der Auswertung betraut. Diese Hilfskräfte sind Studierende des Lehramts an beruflichen Schulen und wurden vom Untersuchungsleiter ausführlich in die Thematik eingeführt. Zwischen den Einzelpersonen konnte von Beginn an eine Zuweisungsübereinstimmung von über 90% erzielt werden. Anhand der vorgenommenen Codierungen werden die Abweichungen und das Kategoriensystem evaluiert.

MAXqda bietet die Möglichkeit, an den Textpassagen bzw. Codings Memos zu setzen. So wird es vereinfacht, Korrekturvorschläge, Hinweise oder Nachfragen zwischen den Mitgliedern der Forschergruppe auszutauschen.

Ad *(4) Überprüfung des Kategoriensystems (induktive Erweiterung)*: In Verbindung mit Schritt (3) (Inhaltliche Strukturierung) und (5) (Typisierende Strukturierung) wird das Kategoriensystem induktiv erweitert, wenn dies aus dem Material heraus notwenig wird. Eine erneute Analyse zurückliegenden Materials findet an dieser Stelle noch nicht statt. Vielmehr besteht die Möglichkeit, Umcodierungen vorzunehmen, wenn im Schritt (6) eine Skalierung nicht möglich ist oder eine Umcodierung nahe legt.

Ad *(5) Inhaltlicher und identifizierender Materialdurchlauf (Typisierende Strukturierung)*: Eine zweite inhaltliche Sichtung versucht einen identifizierenden Materialdurchlauf. Dieser ist als Vorarbeit gekoppelt mit Schritt (7) (Ergebnisaufbereitung) und nimmt immer wieder Rückbezüge auf Schritt (4).

Ad *(6) Materialeinschätzung (Skalierende Strukturierung)*: Mit der skalierenden Strukturierung geht die Analyse aus der Phase der Codierung in eine Phase der stärker interpretativen Materialeinschätzung über. Hier werden die Codings eines Interviewprotokolls zu einem Thema zusammengefasst und gewichtet. Die Einschätzung findet in den relevanten Aspekten im Kernbereich der vorliegenden Untersuchung, d. h. hinsichtlich der Kriterien der Personalauswahl, auf einer dreistufigen Ordinalskala statt (wichtig / wünschenswert / unwichtig) (vgl. Darstellung in Kapitel 8.2). Der Kernbereich wird im Interviewleitfaden im Themenbereich 2 behandelt (vgl. Kapitel 6.2.2). Zum Themenbereich 1, welcher die Entscheidung der Schule für die Teilnahme am Modellversuch behandelt, erfolgt zu den Gründen für die Teilnahme eine Einschätzung auf einer weiteren dreistufigen Ordinalskala (besonders wichtig / darüber hinaus relevant / nicht erkennbar) (vgl. Darstellung in Kapitel 8.1). Themenbereich 3 betrifft die Attraktivität der Schule und erfährt eine Skalierung auf Nominalniveau, d. h. es wird lediglich unterschieden, ob ein Attraktivitätsargument genannte wurde oder nicht. Besonders anzumerken ist hier, dass auch Argumente, die an der Schule nicht vorhanden sind und mit deren Fehlen die Befragten eine negative Wirkung assoziieren, einbezogen werden. Das bedeutet, dass ein Argument als an der Schule fehlend genannt wurde und der Schulleiter deshalb einen geringeren Bewerberzustrom vermutet. Insofern lautet die Skala: Attraktivitätsargument an der Schule vorhanden / keine Nennung / Attraktivitätsargument an der Schule nicht vorhanden (vgl. Darstellung bei SCHELTEN, MÜLLER, RIEDL 2004a).

Ad *(7) Ergebnisaufbereitung (Einzelfallbeschreibungen und quantifizierende Darstellungen)*: Die systematische Analyse in den gezeigten Schritten bietet Ergebnisse für eine weitere Aufbereitung an. Schritt (7) nimmt zu jedem Schulleiterinterview eine Einzelfallbeschreibung vor, in der die Ergebnisse aus den analytischen Schritten in eine synthetisierende Darstellung überführt werden. Daneben gibt die Aufbereitung zu ausgewählten Fragestellungen quantifizierende Darstellungen wieder.

Dieser idealtypische Ablauf stellt die maßgebliche Orientierung bei der systematischen Analyse dar. Dennoch kann die Auswertung nicht immer streng diesen Schritten folgen. So kommt es vor, dass einzelne Schritte sich überlappen oder die Analyse an einzelnen Stellen noch einmal einen Schritt zurückgehen muss.

Nach dieser Darstellung der Auswertung der vorliegenden Transkripte in formaler Hinsicht sollen im Folgenden auf inhaltlicher Ebene die dabei entwickelten Kategoriensysteme für die drei Themenbereiche des Interviews vorgestellt werden. Diese Beschreibung ist im Zusammenhang mit der Ergebnisdarstellung in Kapitel 8 zu sehen. Die konkrete Füllung der Kategorien erschließt sich weiterführend durch die Ergebnisbetrachtung.

Die Datenauswertung folgt der Struktur des Interviewleitfadens und nimmt die Analyse in den drei Themenbereichen mit verschiedenen Kategoriensystemen vor. Zum Themenbereich 1 Entscheidungsprozess der Schule zur Teilnahme an AQUA entsteht das nachfolgend dargestellte Kategoriensystem. Im ersten Schritt der Datenauswertung wird zunächst deduktiv ein System zusammengestellt, das nur vier Hauptkategorien für die Teilnahmegründe unterscheidet: *(1) Steigerung der Qualität der Ausbildung, (2) Vorteile für das Kollegium, (3) Vorteile für den Referendar und (4) Vorteile für die Schule bzw. die Schulleitung.* Mit dem anschließenden Schritt der inhaltlichen Strukturierung erfolgt gleichzeitig die induktive Erweiterung des Kategoriensystems auf der Ebene untergeordneter Kategorien. Die Hauptkategorien werden bestätigt und beibehalten. Daraus ergeben sich die folgenden Unterkategorien (vgl. Übersicht 8-1 in Kapitel 8 mit zugehöriger Legende zu den Unterkategorien):

Zu *(1) Steigerung der Qualität der Ausbildung*: Neues Konzept / Bessere Ausbildung; Individualisierung; Überarbeitungsbedarf der bisherigen Ausbildung; Handlungsorientierung.

Zu *(2) Vorteile für das Kollegium*: Nachwuchskräfte; Langfristige Planung; Verbesserung des Lehrerteams; Fachliche Eignung; Ideen / Impulse; Auswahl; Bestätigung/Feedback; Herausforderung.

Zu *(3) Vorteile für den Referendar*: Fachliche und organisatorische Spezialisierung; Freiwilligkeit; Kennen lernen; Kein Schulwechsel; Eingewöhnungszeit; Von Anfang an einbringen.

Zu *(4) Vorteile für die Schule bzw. die Schulleitung*: Dabei sein / Neues ausprobieren; Gute Voraussetzung für AQUA; Werbung; Schulentwicklung; Netzwerk.

In der Phase der skalierenden Strukturierung nimmt die Auswertung eine Einschätzung auf der dreistufigen Ordinalskala (besonders wichtig / darüber hinaus relevant / nicht erkennbar) vor, wobei sich die niedrigste Einstufung 'nicht erkennbar' dadurch ergibt, dass kein Coding zu einer Unterkategorie erstellt wurde. Insofern ist lediglich die Einschätzung zwischen 'besonders wichtig' und 'darüber hinaus relevant' vorzunehmen.

Themenbereich 2 behandelt die Entscheidung der Schule für einen Referendar und stellt die Kriterien für die Personalauswahl zentral in den Fokus. Die deduktive Erstellung des Kategoriensystems für diesen Teil der Daten orientiert sich am Interviewleitfaden und stellt die folgenden Haupt- und Unterkategorien für die inhaltliche Strukturierung zur Verfügung:

(1) Keine Einladung zum Vorstellungsgespräch; (2) Auswahlkriterien; (3) Musskriterien; (4) Unwichtige Kriterien; (5) Vermisste Kriterien; (6) Auswahlgremium. Für die Hauptkategorie (2) Auswahlkriterien werden in Anlehnung an den Interviewleitfaden Unterkategorien gebildet: (i) Eindruck von den Bewerbungsunterlagen; (ii) Auftreten im Vorstellungsgespräch; (iii) Lebenslauf; (iv) Herkunft/Heimatort; (v) Soziale Kriterien; (vi) Qualifikationen. Die Unterkategorie Qualifikationen unterteilt sich nochmals in (a) Noten im Staatsexamen / Diplomzeugnis; (b) Berufliche Erstausbildung; (c) Zweitfach; (d) Zusatzqualifikationen; (e) Studienschwerpunkt.

Eine induktive Erweiterung des Kategoriensystems wird im Verlauf der Auswertung zunächst nötig, um alle Codings zutreffend erfassen zu können. Das betrifft die Hauptkategorie (3)

Musskriterien. Ursprünglich war mit der Fragestellung im Interview „Welche Kriterien musste der Kandidat auf jeden Fall erfüllen?" intendiert, eine Gewichtung der zuvor genannten Kriterien vornehmen zu lassen. Dieser Intention werden die Schulleiter nur zum geringen Teil gerecht. Vielmehr bringen Sie hier z. T. neue Argumente, die nicht mehr mit den zuvor genannten Kriterien deckungsgleich sind. Daher werden in einem Zwischenschritt der Codierung folgende Kategorien zusätzlich eingefügt: Harmonieren mit dem Kollegium; Berufung; Identifikation mit der Schule; Soziale und pädagogische Kompetenz; Fachkompetenz; Geschlechterabwechslung. Im weitern Verlauf einer erneuten Überprüfung des Kategoriensystems in Verbindung mit der skalierenden Strukturierung können jedoch die meisten Codings bei den bisherigen Kategorien eingereiht werden. So fallen die Aspekte Harmonieren mit Kollegium, Berufung, Identifikation mit der Schule und soziale Kompetenz in die zuvor mit `Auftreten im Vorstellungsgespräch´ bezeichnete Kategorie, welche nun umbenannt wird in `Persönlichkeit´.

Andere Kategorien erfahren nur eine geringfügige Modifikation, um die Codings jeweils unter treffenden Kategoriebezeichnungen listen zu können. Die Modifikationen betreffen folgende nun neue Kategorienbezeichnungen: (1) Bewerbungsunterlagen; (a) Noten; (b) Berufsausbildung (vgl. Nummerierung oben). Die folgende Abbildung gibt einen Screenshot aus der Arbeit mit MAXqda zur inhaltlichen Strukturierung wieder.

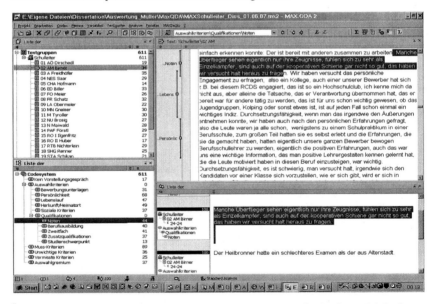

Übersicht 7-2: Screenshot aus der Arbeit mit MAXqda zur inhaltlichen Strukturierung bei der Datenauswertung zum Themenbereich 2 des Interviewleitfadens

Basierend auf diesem Kategoriensystem findet die skalierende Strukturierung statt. Diese setzt den Fokus auf die Kriterien der Personalauswahl, welche in den Unterkategorien der Hauptkategorie (2) Auswahlkriterien abgebildet sind. Die Codings aus den übrigen vier Hauptkategorien (1) Keine Einladung zum Vorstellungsgespräch, (3) Musskriterien, (4) Unwichtige Kriterien und (5) Vermisste Kriterien werden Fallbezogen betrachtet und dienen der argumentativen Stützung für die Skalierung der Personalauswahlkriterien in Kategorie (2). Zur Einschätzung steht eine dreistufige Ordinalskala zur Verfügung in den Ausprägungen wichtig / schön wenn vorhanden / unwichtig (vgl. Übersicht 8-4 in Kapitel 8).

Im Themenbereich 3 des Interviewleitfadens, der die Attraktivität der Schule beleuchtet, sind die Fragen sehr offen gestellt, sodass sich aus dem Instrument heraus kein deduktives Kategoriensystem ergibt. Für die inhaltliche Strukturierung bieten sich daher zunächst nur die zwei nahe liegenden Hauptkategorien `standortbezogene Aspekt´ und `schulbezogene Aspekte´ an. Im Verlauf der Codierung ergibt sich bald der induktive Schritt der Erweiterung des Kategoriensystems. Die Auswertung unterscheidet zwei Themenfelder. Zum einen werden Argumente codiert, welche Gründe für den Bewerberzulauf aus Sicht der Schulleiter darstellen. Es entstehen hier fünf Hauptkategorien: (1) AQUA-bezogen; (2) Stellenmarktbezogen; (3) Standortbezogen; (4) Schulbezogen; (5) Sonstige. Zum anderen werden Gesichtspunkte kategorisiert, die zusätzliche Aspekte der Attraktivität der eigenen Schule aus Sicht der Schulleiter sind. Dies teilen sich in die Hauptkategorien (1) Standortbezogen, (2) Schulbezogen und (3) Referendarbezogen auf.

Das System der jeweiligen Unterkategorien gestaltet sich in beiden Fällen vergleichsweise feingliedrig und wird deshalb hier nicht dargestellt. Zur vertieften Beschäftigung sei auf SCHELTEN, MÜLLER, RIEDL (2004a) verwiesen. Es handelt sich sehr häufig um Einzelnennungen. Aus Gründen der Aufrechterhaltung der Aussagekraft verzichtet die Auswertung trotzdem auf die Bildung von umfassenderen Kategorien. In der Phase der skalierenden Strukturierung kommt streng genommen eine Nominalskala mit zwei Richtungen zum Einsatz. Der Wert 0 besagt, dass zu diesem Argument keine Aussage getroffen wird. Der Wert 1 bedeutet, der Schulleiter führt diesen Aspekt als Grund für günstigen Bewerberzulauf an oder sieht ihn als zusätzlichen Attraktivitätspunkt seiner Schule. Der Wert -1 besagt, dass das Argument als Grund für fehlenden bzw. geringen Bewerberzulauf oder als fehlender Attraktivitätspunkt der Schule genannt wird. In die Phase der Ergebnisaufbereitung geht diese Auswertung in der Form ein, dass die Einzelfalldarstellungen eine Beschreibung der Attraktivität der Schule aus der Sicht des Schulleiters in summarischer Form vorstellen.

7.4 Methodenreflexion

Die folgenden Überlegungen wollen das methodische Vorgehen bei der Datenerhebung, Datentransformation und Datenauswertung der vorliegenden Untersuchung einer kritischen Reflexion unterziehen. Im Fokus stehen dabei Aspekte, die bei der Durchführung der Untersuchung aufgefallen sind und die sowohl konzeptionsbezogen als auch durchführungsbezogen sein können. Ihre Ursachen und möglichen Auswirkungen werden erörtert. Das Kapitel will damit einen Beitrag leisten, die Güte der Untersuchung einschätzen zu können und transparent zu machen. In einem ersten Schritt diskutiert die Darstellung aufgetrete Phänomene und kritische Aspekte, in einem zweiten Schritt versucht sie, die Untersuchung vor dem Hintergrund der in Kapitel 6.4 skizzierten Gütekriterien zu bewerten.

7.4.1 Methodenreflexion zur Datenerhebung

Zeitpunkt der Erhebung

Das Zeitfenster für die Datenerhebung war prozessbedingt relativ eng gesteckt und schloss sich im zeitlichen Verlauf des Modellversuchs AQUA direkt an die Bewerbungsphase an (vgl. Kapitel 7.1.1). Die Intention für diese Terminierung lag in einer zur Entscheidungssituation zeitlich nahen Erhebung, um die Erinnerungen der Schulleiter möglichst vollständig erfassen zu können. Eine Verlegung der Erhebung auf einen späteren Zeitpunkt hätte die intermittierende Phase der Osterferien mit sich gebracht. Im Verlauf der Datenerhebung musste jedoch festgestellt werden, dass noch nicht alle Schulleiter das Rekrutierungsverfahren vollständig abgeschlossen hatten. An vier Schulen standen noch Bewerbungsgespräche mit jeweils einem oder zwei Bewerbern aus. Lediglich einer dieser Schulleiter hatte noch kein Bewerbungsgespräch mit den relevanten Bewerbern geführt. An weiteren zwei Schulen hatten sich keine Bewerber auf die ausgeschriebenen Stellen gemeldet. Damit hatten drei Schulleiter keine Erfahrungen in Bewerbungsgesprächen sammeln können, in denen es um die Besetzung einer Stelle eines Referendars ging. In diesen Fällen konnte das Interview nur auf eine hypothetische Personalauswahl abheben. Die Gründe für diese zeitlichen Überschneidungen von Rekrutierungsphase und Datenerhebung liegen zum einen in der engen Terminierung für die Schritte des Rekrutierungsprozesses im Modellversuch. Zum anderen ergeben sich prozessbedingt Verzögerungen, da sich manche Bewerber zunächst an anderen Schulen beworben hatten, dort nicht zum Zug kamen und dann erst vergleichsweise spät eine Bewerbung an der nächsten Schule einreichten. Für die Qualität der Daten dürften die Auswirkungen gering sein, da zum einen im Kern nach den Präferenzen der Schulleiter gefragt wurde, nicht aber nach dem individuellen Eindruck von den Bewerbern im Gespräch. Zum anderen haben die Schuleiter Erfahrungen aus Bewerbungsgesprächen zur Besetzung von Planstellen für Bewerber mit 2. Staatsexamen nach dem Referendariat, sodass die Situation grundsätzlich nicht unbekannt ist. Alle betroffenen Schulleiter sehen sich in der Lage, ihre Ansichten über eine Personalauswahl von Referendaren in der vorliegenden Situation hypothetisch zu schildern.

Interviewleitfaden

Der Interviewleitfaden hat sich grundsätzlich für die Datengewinnung bewährt. Alle Themenbereiche konnten in der vorgesehenen From behandelt werden. Zum Kernthema der vorliegenden Untersuchung hat sich in der Phase der Datenauswertung jedoch gezeigt, dass die Schulleiter für die Auswahl der Bewerber implizit die „Persönlichkeit" eines Kandidaten für sehr wichtig halten. Der Interviewleitfaden vertieft das Thema Persönlichkeit nicht in differenzierter Form. Die genaueren Vorstellungen der Schulleiter, an welchen Merkmalen sie die Persönlichkeit eines Bewerbers festmachen, wurden nicht explizit erhoben. Freilich steht die Frage im Raum, ob diese Merkmale von den Befragten ad hoc differenziert expliziert werden könnten. Dennoch hätte die Befragung die Chance nutzen können, diese Thematik zu vertiefen. In der Situation des Interviews waren die Interviewer nicht in der Lage, die Relevanz dieser Thematik in seiner Breite zu erfassen und den Fragenkatalog dahin gehend auszuweiten. Die Aufmerksamkeit war dadurch gebunden, die Inhalte der Aussagen der Schulleiter zu den gestellten Fragen mit ggf. später zu stellenden Fragen aus dem Leitfaden abzugleichen.

Ein Interviewleitfaden folgt der gedanklichen Struktur seines Erstellers, nicht in allen Fällen aber auch der Struktur des Befragten. Relativ offen gestellte Fragen können den Befragten verleiten, recht ausufernd zu antworten. Einige wenige Fragen wurden von einzelnen Befragten genutzt, um z. B. die grundsätzliche und allgemeine Situation der Schule zu schildern, auch wenn das nicht die Intention der Frage war. In diesen Fällen wurde streckenweise Datenmaterial produziert, das für die Untersuchung nicht direkt erkenntnisfördernd ist. Die einschlägige Literatur spricht hier von der Gefahr des „rhetorischen Interviews", wenn der Interviewte sein Wissen in einem Vortrag referiert, anstatt sich auf das Frage-Antwort-Spiel einzulassen. Die Herausforderung für den Interviewer bestand dann darin, wieder elegant den Bogen zum Thema der Befragung zu spannen. Grundsätzlich hat sich aber der Interviewleitfaden auch hier als zielführend erwiesen.

Die Befragung ist als problemzentriertes Experteninterview anhand eines Leitfadens angelegt. Der Interviewer geht davon aus, dass er einen Experten befragt und nicht ein individuelles Subjekt (vgl. Kapitel 6.2). Dabei besteht grundsätzlich die Gefahr der Rollendiffusion, d. h. der Befragte wechselt aus seiner Rolle des Experten in die Rolle des Privatmenschen. Im Rahmen der Datenerhebung ist diese Situation nicht explizit aufgetreten.

Konzeptionelle Anlage

Die Interviews wurden von zwei Personen geführt, die maßgeblich mit der wissenschaftlichen Begleitung des Modellversuchs AQUA befasst waren und denen ein hohes Maß an Identifikation mit der Konzeption des Modellversuchs unterstellt werden kann. Diese Situation birgt die Gefahr, im Interview opportune Antworten zu erhalten. Insofern war es eine besondere Herausforderung für die Interviewer, eine vertrauensvolle Gesprächsatmosphäre herzustellen und die eigene Objektivität plausibel zu machen. Mit der Anlage des Interviewleitfadens und speziell der Reihung der Themen scheint es jedoch gut gelungen zu sein, diese Ziele zu erreichen. Das Kernthema der Untersuchung bildet sich im Themenbereich 2 der Befragung ab. In der Befragungssituation konnten sich Interviewer und Befragter in der Aufwärmphase und in Themenbereich 1 zunächst akklimatisieren. Objektiv betrachtet birgt Themenbereich 1 auch noch die größere Gefahr der opportunen Antworten. In den geführten Interviews konnte durchwegs von einer vertrauensvollen Atmosphäre gesprochen werden, insbesondere, was die Phase des Kernthemas angeht. Die Anlage der Befragung im Individualinterview bedingt zwar neben dem hohen zeitlichen Aufwand die Gefahr der wechselseitigen Beeinflussung. Der positive Effekt liegt jedoch darin, dass die Schulleiter in dieser Gesprächskonstellation freier über die Situation der Schule und ihre eigene Einstellung sprechen können als dies beispielsweise in einer Gruppenbefragung der Fall wäre.

Die Datenerhebung erfolgte innerhalb eines engen Zeitfensters durch zwei verschiedene Personen als Interviewer. Diese Situation bedingt grundsätzlich die Möglichkeit intersubjektiver Differenzen in der Form der Fragestellung und der Reaktion auf gegebene Antworten. Die

Notwendigkeit der Durchführung durch zwei Personen wurde in den Kapiteln 6.2.3 und 7.1 erläutert und begründet. Die Betrachtung der Daten kommt jedoch zu dem Schluss, dass die genannten intersubjektiven Differenzen als vernachlässigbar zu sehen sind. Die Auswahl der Interviewer, das Interviewertraining vor den Erhebungen und die Orientierung an einem Leitfaden für das Interview zeigen offenbar die gewünschte Wirkung und tragen dazu bei, näherungsweise identische Erhebungsbedingungen zu schaffen. Dennoch vorhandene kleinere Differenzen sind zugunsten einer zeitnahen und termingerechten Erhebung in Kauf zu nehmen.

Kosten-Nutzen-Relation

Die Datengewinnung in Form von individuellen Interviews vor Ort – und im Weiteren die Datentransformation – erfordert erhebliche zeitliche, finanzielle und personelle Aufwendungen (14 Personenarbeitstage zzgl. vier Übernachtungen mit ca. 3500 km Fahrtenstrecke für die Datengewinnung; etwa 20 Arbeitstage Schreibkrafttätigkeit für die Datentransformation). Noch nicht berücksichtigt ist hierbei der Aufwand für die Konstruktion des Interviewleitfadens. Diese vergleichsweise hohen Aufwendungen, z. B. im Vergleich zu einer möglichen postalischen schriftlichen Befragung, werden einerseits durch methodologische Überlegungen gerechtfertigt (vgl. Kapitel 6). Andererseits ergeben sich aber auch opportune Effekte, die sowohl auf die Qualität der vorliegenden Arbeit als auch auf den Erfolg des gesamten Modellversuchs Auswirkungen haben können. Durch die persönliche Befragung vor Ort wird den Befragten eine Form der Wertschätzung entgegengebracht, die sich auf den weiteren Verlauf der Kooperation im Modellversuch positiv auswirken kann. Daneben gewinnen die Interviewer einen Eindruck von der räumlichen Situation der Schule und dem Standort, was dazu beiträgt die Situation der Schule treffender einzuschätzen. Insofern können die hier getätigten Investitionen als gerechtfertigt angesehen werden.

7.4.2 Methodenreflexion zur Datentransformation

Die Datenerhebung liefert Rohdaten in Form von gesprochenem Text auf Tonbändern, die zur weiteren Auswertung verschriftet werden müssen. Dieser Prozess der Datentransformation ist zwangsläufig mit einem gewissen Datenverlust verbunden, da je nach Transkriptionsregel nonverbale Informationen nicht in die verschriftete Form transferiert werden. Die hier vorgenommene Transkription folgte Regeln mittleren Aufwands (vgl. Kapitel 6.2.4). Der Datenverlust durch die Transkription kann als gering bezeichnet werden, da schon in den Rohdaten nonverbale Informationen nur in für diese Untersuchung zu vernachlässigendem Umfang vorlagen. Die Interviews wurden in vertrauensvoller aber sachlicher Atmosphäre geführt und es lagen kaum relevante Aspekte z.B. emotionaler Art in den Rohdaten vor. Auch das Ausmaß der Glättung in Form von grammatischer Richtigstellung oder Übertragung dialektgefärbter Begriffe konnte erwartungsgemäß gering gehalten werden, sodass auch hier von nicht entscheidendem Datenverlust gesprochen werden kann. Alle Interviews wurden nach der Transkription bei parallelem Mithören des Tonbandes gegengelesen, um die Qualität der Verschriftung sicherzustellen. Transkriptionen sind bei dem hier vorliegenden Umfang von Rohdatenmaterial zwangsläufig zeitaufwändig. Bei einer durchschnittlichen Interviewdauer von 60 Minuten hat sich ein Transkriptionsaufwand im Rahmen von fünf bis sieben Stunden eingestellt. Dieser relative hohe Aufwand ist einerseits unumgänglich, andererseits angesichts der dann vorliegenden Daten in elektronischer Textform und der somit möglichen Unterstützung der Auswertung mittels der Software MAXqda gerechtfertigt.

7.4.3 Methodenreflexion zur Datenauswertung

Auswertende

Bei der Datenauswertung ergaben sich für den Verfasser dieser Arbeit Differenzen in der gedanklichen Rekonstruktion der Interviewsituation. Die Hälfte der Befragungen hatte er selbst erlebt und damit immer auch ein Bild der Situation und der befragten Person vor sich. Bei der anderen Hälfte stützt sich die Auswertung alleine auf das verschriftete Datenmaterial in Verbindung mit der Möglichkeit, die Rohdaten auf Tonband zu hören. Grundsätzlich bietet sich hier zur Qualitätssicherung der Datenauswertung eine kommunikative Validierung mit den Befragten an. Aus Kostengründen sowie aus Gründen der Zumutbarkeit gegenüber Schulleitern schloss sich diese Möglichkeit allerdings aus. Daher wurde der Weg der kommunikativen Validierung zwischen den Auswertenden gewählt, um interindividuelle Codierdifferenzen zu minimieren. Daneben relativiert sich der Aspekt des Bekanntheitsgrades der befragten Personen zum Teil aufgrund des persönlichen Kontaktes des Untersuchungsleiters mit den Schulleitern bei diversen anderen Anlässen im Verlauf des Modellversuchs.

Codierung

Die Datenauswertung folgt einem zuvor festgelegten Ablaufschema und ist regelgeleitet. Sie wurde zu jedem Themenbereich von jeweils mindestens zwei Personen vollzogen bzw. gegenseitig geprüft, um intersubjektive Abweichungen zu minimieren. Das idealtypische Ablaufschema konnte weitgehend eingehalten werden. Einschränkungen ergaben sich bei der Stufe der typisierenden Strukturierung. Tatsächliche Typisierungen sind auf Basis des vorliegenden Datenmaterials nicht sinnvoll vorzunehmen. Dafür lassen sich verschiedene Gründe anführen. Die Stichprobe von 23 Befragten ist offenbar noch zu klein, um Typenbildungen überhaupt vornehmen zu können. Weiterhin besteht die Möglichkeit, dass die Schar der Schulleiter grundsätzlich zu heterogen ist, als dass eine Typisierung sinnvoll wäre. Und schließlich stehen in der vorliegenden Untersuchung weniger personenbezogene Variablen im Fokus, als vielmehr situationsbezogene Determinanten, welche hier einer Deskription unterzogen werden sollen. Insofern bot sich alternativ eine quantifizierende Form der Darstellung für einen Teil der Ergebnisse an.

Bezüglich der Codierungen bestand hohe Zuweisungsübereinstimmung zwischen den Auswertenden. Für die Codierung hilfreich erwies sich die Struktur des Interviewleitfadens, welche die Antworten der Befragten auswertungsfreundlich strukturierte. Weiterhin lagen die Aussagen der Schulleiter auf einem ausreichend hohen Abstraktionsniveau, das nur geringen intersubjektiven Interpretationsspielraum ergab. Das deduktiv angesetzte Kategoriensystem erwies sich als angemessen und erfuhr im weiteren Verlauf eine maßvolle induktive Erweiterung.

7.4.4 Zusammenfassende Reflexion

Entsprechend der Vorstellung von Gütekriterien für die qualitative Forschung (vgl. Kapitel 6.4) nimmt die folgende Darstellung eine reflexive Diskussion unter Bezugnahme auf die dort genannten Kriterien vor. Es folgt zunächst die Reflexion unter Bezugnahme auf MAYRING (2002).

Verfahrensdokumentation

Die vorliegende Untersuchung wählt einen qualitativen Zugang und verwendet spezifische und differenzierte Methoden. Deren Entstehung und Anwendung werden exakt beschrieben. Dabei greift die Verfahrensdokumentation bei der ausführlichen Beschreibung der theoretischen Grundannahmen (Kapitel 2) an, nimmt eine fundierte Schilderung des Forschungsstandes (Kapitel 3) vor um zur Konkretisierung der Fragestellung (Kapitel 4) zu kommen. Eine detaillierte Feldbeschreibung (Kapitel 5) bietet die Basis für die dialektischen Überlegungen zum forschungsmethodischen Ansatz (Kapitel 6). Der präzisen Schilderung der Untersuchungsdurchführung (Kapitel 7) folgt die umfang- und variantenreiche Darstellung der Ergebnisse (Kapitel 8). In allen Phasen ist der Anspruch einer umfassenden Offenlegung aller Prozesse leitend.

Argumentative Interpretationsabsicherung

Die Interpretation des Datenmaterials spielt in qualitativ orientierten Ansätzen eine besondere Rolle. Trotz der fehlenden Beweisbarkeit von Interpretationen stützt sich die Qualitätseinschätzung auch und gerade auf die interpretativen Teile einer Untersuchung. Die vorliegende Arbeit verfolgt das Ziel einer hohen Qualität der Interpretation durch argumentative Absicherung im Dialog mit den eingebundenen Untersuchenden. Die Interpretation ist immer materialgestützt und kann auf die Möglichkeiten des Textretrievals zurückgreifen. Ein adäquates Vorverständnis ist über die tiefe Eingebundenheit des Untersuchungsleiters in den gesamten Prozess des Modellversuchs im Allgemeinen und den Prozess der Personalauswahl im Speziellen gewährleistet.

Regelgeleitetheit

Ein wesentliches Moment für die Qualität einer qualitativen Forschung ist ihr regelgeleitetes Vorgehen. Die vorliegende Untersuchung sieht ein systematisches Vorgehen sowohl in der Datengewinnung als auch in den geplanten Analyseschritten vor, wenngleich die Offenheit für eine flexible Modifikation besteht, sofern das Datenmaterial dies erfordert. Das Datenmaterial lässt sich aufgrund der systematischen Gewinnung mit Hilfe des Interviewleitfadens gut in sinnvolle Einheiten unterteilen. Ein sequentielles Vorgehen, welches die Qualität der Interpretation absichert, wird so unterstützt. Der Anspruch an ein regelgeleitetes Vorgehen kann für diese Untersuchung als im hohen Maße erfüllt betrachtet werden.

Nähe zum Gegenstand

Die Datengewinnung für die Untersuchung zur Personalauswahl durch Schulleiter findet in der Schule in Form von Interviews mit den Schulleitern statt. Die Terminierung der Erhebung stellt die Nähe zum untersuchten Prozess sicher. Diese unmittelbare Anknüpfung an die Alltagswelt der Befragten und im Speziellen die fokussierte Situation gewährleistet einen hohen Grad an Gegenstandsangemessenheit und die größtmögliche Nähe zum Gegenstand der Untersuchung.

Kommunikative Validierung

Zur Absicherung der Ergebnisse wird die Möglichkeit der kommunikativen Validierung vorgeschlagen. Zweifellos erscheint eine solche Maßnahme sinnvoll, wenn aus diesem Dialog wichtige Argumente zur Relevanz der Ergebnisse gewonnen werden können. Für die Durchführung einer kommunikativen Validierung muss jedoch im Vorfeld eine Kosten-Nutzen-Abwägung stattfinden. Im Rahmen der vorliegenden Untersuchung scheint der mögliche Ertrag den Aufwand nicht zu rechtfertigen. Die Schulleiter sind auf 23 Standorte verteilt auf ganz Bayern im Interview befragt worden. Zur kommunikativen Validierung hätte der Untersuchungsleiter diese Standorte wieder aufsuchen müssen, da eine Einbestellung der Befragten zu einem zweiten Gespräch an einen zentralen Ort nicht zumutbar gewesen wäre. Der somit notwendige Personal-, Zeit- und Kostenaufwand steht nicht in angemessener Relation zum Ertrag. Die Untersuchung hebt nicht auf intrapersonelle Merkmale ab, sondern erhebt Aussagen der Befragten als Experten zu Themen ihrer dienstlichen Tätigkeit.

Von dieser Argumentation unbenommen bleibt die Option des Interviewers, direkt in der Interviewsituation Klärungsfragen zu stellen, wenn der Eindruck einsteht, eine Frage wurde vom Befragten missverstanden oder der Interviewer versteht die Antwort nicht eindeutig. Ein solches Herangehen könnte als situationsflexible Validierung oder kommunikative Validierung zweiten Grades bezeichnet werden. Von dieser Möglichkeit wurde stellenweise auch Gebrauch gemacht.

Schließlich und letztlich besteht die Gelegenheit, die Interpretationen im Forscherteam zum Zwecke der Validierung zu kommunizieren. Dies wird in dieser Untersuchung auch praktiziert und könnte als kommunikative Validierung dritten Grades gelten.

Triangulation

Für die Triangulation werden verschiedene Formen unterschieden (vgl. Kapitel 6.4). Für die vorliegende Untersuchung zeichnete sich zunächst eine Präferenz für die methodische Triangulation ab. Aus dem Modellversuch stehen vielfältige Daten aus Erhebungen mit verschiedenen methodischen Zugängen zur Verfügung, welche ausnahmslos vom Verfasser dieser Arbeit durchgeführt wurden. Nähere Ausführungen dazu finden sich bei SCHELTEN, MÜLLER, RIEDL (2004a und 2004b). Die fundierte Kenntnis dieser Daten führt bei der Erstellung dieser Arbeit zu einer immanenten sowohl impliziten als auch expliziten Triangulation. Auch und gerade die teilnehmenden Beobachtungen im Rahmen des Modellversuchs konnten zur Kenntnis von Situationen, Sachverhalten, Personen und Verhaltenweisen beitragen, welche als Folie für die Beurteilung gewonnener Daten im Rahmen dieser Untersuchung dienen können. Insofern kann hier nicht nur von einer methodischen Triangulation gesprochen werden, sondern ergänzend von einer Daten-Triangulation. Der Ansatz der Triangulation wird abgerundet durch den Aspekt der Forscher-Triangulation, da bei der Datenauswertung immer mindestens zwei eingewiesene Personen beteiligt waren.

Neben der Orientierung an den oben genannten Kriterien führt Kapitel 6.4 die Diskussion von Prinzipien des Qualitätsmanagements für den qualitativen Forschungsprozess nach FLICK (2004b) ins Feld. Hat die kriterienorientierte Prüfung der Forschungsarbeit nach MAYRING stärker die tatsächliche konkrete Tätigkeit im Visier, so kann im Falle der FLICKschen Kriterien eher die Organisation und die Transparenz des Forschungsprozesses als im Fokus des Interesses stehend bezeichnet werden. Diese Diskussion wird im Folgenden anhand der oben formulierten vier Aspekte geführt.

Klare Festlegung der Ziele und Standards des Projekts

Die Festlegung der Ziele der vorliegenden Untersuchung manifestiert sich in der Formulierung der Forschungsfragen (vgl. Kapitel 4) und steht im Zusammenhang mit dem Erkenntnisinteresse, das aus dem Forschungsfeld (vgl. Kapitel 5) erwächst. Die Fixierung der Ziele und Standards lag maßgeblich in der Hand des Verfassers dieser Arbeit, stand jedoch immer auch in der Diskussion mit den Mitarbeitern am Lehrstuhl für Pädagogik, Technische Universität München.

Festlegung, wie diese Ziele und Standards erreicht werden sollen

Diese Forderung betrifft in erster Linie die methodischen Überlegungen. Die Art der Methoden und ihre Anwendung und konkrete Umsetzung müssen festgelegt sein. In den Kapiteln 6 und 7 findet eine detaillierte Darstellung zu diesen Überlegungen statt. Die Entwicklung des Instrumentariums und die Einführung in dessen Anwendung, sowie die Reflexion zur Umsetzung nehmen breiten Raum in diesem Forschungsprozess ein.

Klare Festlegung der Verantwortlichkeiten für die Herstellung von Qualität

Die Verantwortlichkeit für die Herstellung von Qualität in der Untersuchung liegt beim Verfasser der vorliegenden Arbeit. Unter seiner Aufsicht steht die Sicherstellung der Qualität zu jedem Zeitpunkt der Planung, Ausführung und Kontrolle der Forschungsschritte.

Transparenz der Beurteilung und Sicherstellung der Qualität im Forschungsprozess

Auf Transparenz legt diese Arbeit Wert. Die Ausgangslage, die Methoden und Instrumente, die Vorgehensweise und Beurteilungskriterien werden bestmöglich offen gelegt. Auch und gerade das vorliegende Kapitel versucht seinen Beitrag dazu zu leisten.

8 Darstellung der Ergebnisse

Das nachfolgende Kapitel stellt die Ergebnisse der vorliegenden Forschungsarbeit vor. Kapitel 8.1 bezieht sich auf die Entscheidungsprozesse in den Schulen für die Teilnahme am Modellversuch AQUA. Die Personalauswahl durch die Schulleiter zeigt Kapitel 8.2. Dabei werden die Selbsteinschätzung der Schulleiter bezüglich der Attraktivität der Schulen und die Auswahlkriterien für einen Referendar dargestellt.

8.1 Teilnahme am Modellversuch AQUA

Im Rahmen der Befragung der Schulleiter der Modellversuchsschulen wurden im Themenbereich 1 verschiedene Aspekte angesprochen, welche die Entscheidung der Schule für die Teilnahme am Modellversuch AQUA betreffen. Mit dieser Entscheidung verbunden waren einerseits der Bedarf an neuem Personal und andererseits die Bereitschaft, sich selbst für die Ausbildung der Referendare zu engagieren. Im Folgenden wird beleuchtet, was die Schulleiter bewogen hat, am Modellversuch teilzunehmen. Weiterführende Darstellungen finden sich bei SCHELTEN, MÜLLER, RIEDL (2004a).

An der Entscheidung für die Teilnahme am Modellversuch waren in 17 von 23 Fällen mehrere Personen beteiligt. D. h. der Schulleiter hat seinen Stellvertreter und/oder andere Kollegen wie z. B. den Fachbetreuer, einen Seminarlehrer oder den designierten Personalentwickler in die Entscheidung mit einbezogen.

Bei der Auswertung der Interviews hat sich gezeigt, dass von den Schulleitern sehr differenziert Gründe für die Teilnahme an AQUA genannt wurden. Im Wesentlichen sind dies Nennungen, die als positive Punkte am Konzept von AQUA gesehen werden, bzw. Vorteile für die Qualität der Ausbildung, die Schule an sich, den Referendar oder das Kollegium mit sich bringen. Diese lassen sich dementsprechend in vier Kategorien einteilen. Die Schulleiter sehen in AQUA Vorteile für die Qualität der Ausbildung, das Kollegium, die Referendare, die Schule und die Schulleitung.

Die folgende Übersicht stellt dar, welche Gründe bei den einzelnen Schulleitern dazu geführt haben, mit ihren Schulen am Modellversuch AQUA teilzunehmen. Große Punkte kennzeichnen dabei Entscheidungsgründe, die den Schulleitern individuell besonders wichtig waren, kleine Punkte stehen für Argumente, die darüber hinaus angeführt wurden.

Schule	1	2	3	4	5	6	7	8	9	10	11	12	13	14	15	16	17	18	19	20	21	22	23
Gut für die Qualität der Ausbildung																							
Konzept/ Qualität	●							●					•	•		•		•					
Individuali-sierung		•			●		•				●												
Überarbeitung d. Ausbildung		•						●									●						•
Handlungs-orientierung								●							•								
Gut für das Kollegium																							
Nachwuchs-kräfte	•	●	•	•	●	●	●				•	•	●	•		●	•	●			●	●	
Langfristige Planung	●	•		•						•		●		●		•		•			•		•
Verbesserung Lehrerteam	•	•							●	•				•	•				●		•	•	
Fachliche Eignung			●				•	●	•									•		•			
Ideen / Impulse				•	•		•									●	•						
Auswahl											•			●					•				
Bestätigung / Feedback			•												•								
Heraus-forderung																					•		
Gut für die Referendare																							
Speziali-sierung	•	•	•		•	•	•	•		•	●	●	●	•	●	•	•		•	•	•	●	
Freiwilligkeit	•									•		●			•	•	•	•					
Kennen lernen				•	•								•			•				•			
Kein Schulwechsel	•					•						•		•									•
Eingewöh-nungszeit	•										•			•									•
Von Anfang an einbringen	•											•											
Gut für die Schule / die Schulleitung																							
Neues auspro-bieren		•		•	●			•	•	●	•	•		•		•	•	●			●	●	●
Gute Voraus-setzung	•	•			•	•	•		•		•				•								•
Werbung		•					•			•					•								
Schulent-wicklung			●	•												•							
Netzwerk			•			•																	

Übersicht 8-1: Teilnahmegründe der Schulen; Reihung der Cluster in den Bereichen jeweils nach Häufigkeit der Nennungen; Mehrfachnennungen möglich (n=23)   ● besonders wichtig   • darüber hinaus relevant

Gut für die Qualität der Ausbildung

→ *Konzept / Qualität:* Die Lehrerbildung braucht dringend ein neues Konzept, um eine qualitativ bessere Ausbildung zu gewährleisten;

→ *Individualisierung:* Die individuellen Bedürfnisse der Schulen und Referendare werden berücksichtigt;

→ *Überarbeitung d. Ausbildung:* Das herkömmliches Konzept der Lehrerbildung muss dringend überarbeitet werden;

→ *Handlungsorientierung:* Genau wie der Unterricht an beruflichen Schulen soll auch die Ausbildung der Berufsschullehrer handlungsorientierter werden;

Gut für das Kollegium

→ *Nachwuchskräfte:* Junge Lehrer für die Schule gewinnen;

→ *Langfristige Planung:* Die zugesagte Planstelle nach dem Referendariat gibt dem Schulleiter Möglichkeiten weiter in die Zukunft zu planen;

→ *Verbesserung Lehrerteams:* Die Auswahl der Referendare im Hinblick auf Sympathie, fachliche Kompetenz, usw. ermöglicht es, das Lehrerkollegium zu ergänzen;

→ *Fachliche Eignung:* Die Schulleiter können sich Referendare aussuchen, welche die nötigen fachlichen Voraussetzungen für ihre Schule haben;

→ *Ideen / Impulse:* Die jungen Referendare bringen viele neue Ideen und frischen Wind in die Schule;

→ *Auswahl:* Den Referendar selber auswählen können;

→ *Bestätigung / Feedback:* Anerkennung der Arbeit von älteren und erfahrenen Lehrkräften durch Referendare;

→ *Herausforderung:* Die Teilnahme an AQUA ist eine Herausforderung für die Schulen;

Gut für die Referendare

→ *Spezialisierung:* Die Referendare werden speziell für die fachlichen und organisatorischen Besonderheiten einer Schule ausgebildet;

→ *Freiwilligkeit:* Referendare entscheiden sich für eine Schule ihrer Wahl;

→ *Kennen Lernen:* Schule und Referendar können sich während der Ausbildung kennen lernen, um dann über eine weitere Zusammenarbeit zu entscheiden;

→ *Kein Schulwechsel:* Die Ausbildung an nur einer Schule bringt Erleichterung für die Referendare;

→ *Eingewöhnungszeit:* Die Referendare bekommen Zeit, sich an ihrem neuen Arbeitsplatz in der Schule einzugewöhnen;

→ *Von Anfang an einbringen:* Die Referendare bekommen eine Möglichkeit, von Anfang an etwas zu leisten und eigene Ideen umzusetzen;

Gut für die Schule / die Schulleitung

→ *Neues ausprobieren:* Am Modellversuch teilnehmen und damit etwas Neues ausprobieren;

→ *Gute Voraussetzung:* Die Schule ist geeignet für das Konzept AQUA;

→ *Werbung:* Die Schulen können ihre Sonnenseite in der Öffentlichkeit darstellen;

→ *Schulentwicklung:* Durch intensive Zusammenarbeit der Schulen und wissenschaftliche Betreuung des Modellversuchs können Fortschritte in der Schulentwicklung erreicht werden;

→ *Netzwerk:* Die Zusammenarbeit innovativer Schulen verstärken;

Legende zur Übersicht 8-1: Teilnahmegründe der Schulen

Aus obiger Tabelle geht bereits hervor, dass die Schulleiter sehr viele Aspekte an AQUA positiv bewerten. Es wird aber auch deutlich, dass die einzelnen Punkte unterschiedlich oft genannt wurden. Folgende Übersicht gibt Aufschluss über die Häufigkeit der jeweiligen Nennungen. Die Reihenfolge der Punkte richtet sich dabei nach der Aufzählung in vorhergehender Tabelle. Eine Gewichtung der Aussagen findet in dieser Quantifizierung keine Berücksichtigung.

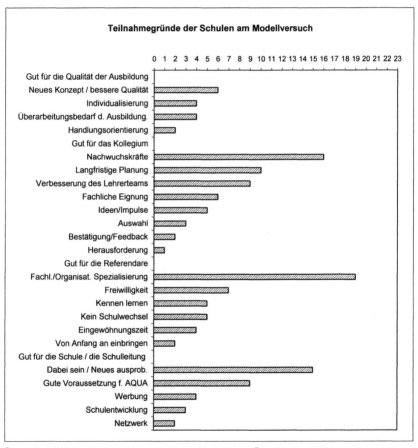

Übersicht 8-2: Teilnahmegründe der Schulen; zur Reihung vgl. Übersicht 8-1; Mehrfachnennungen möglich (n=23)

Im Vordergrund stehen bei den Entscheidungen der Schulleiter, am Modellversuch teilzunehmen offensichtlich drei Aspekte: Die Sicherung von Nachwuchskräften, die fachliche und organisatorische Spezialisierung dieser Kräfte sowie der Wille zu Innovation und Experimentierfreudigkeit. Es werden jedoch auch eine Reihe von Aspekten genannt, die sich mit der grundsätzlichen Motivation der Referendare oder mit opportunen Effekten für das Kollegium beschäftigen. Eine vertiefte Darstellung dieser Thematik findet sich bei SCHELTEN, MÜLLER, RIEDL (2004a).

Vor dem Hintergrund der hier genannten Aspekte für eine Teilnahme am Modellversuch ist davon auszugehen, dass der Auswahl der zukünftigen Referendare durch die Schule bzw. den Schulleiter eine besondere Bedeutung zukommt. Im folgenden Kapitel gilt die Aufmerksamkeit neben der Attraktivität der eigenen Schule aus Sicht des Schulleiters vor allem den Kriterien für die Auswahl der zukünftigen Kollegen an den Schulen.

8.2 Schulleiter und Personalauswahl

Die Ergebnisse zur Sichtweise der Schulleiter zur Attraktivität der eigenen Schule sowie zu den Auswahlkriterien für einen Referendar werden zunächst in Form von Einzelfallbeschreibungen dargestellt. Im Anschluss folgen detaillierte Analysen zu einzelnen Fragestellungen aus diesen Themenbereichen der Interviews in quantifizierender Form. Zur Wahrung der Anonymität der Befragten wird durchgängig die grammatikalisch maskuline Form verwendet.

8.2.1 Einzelfalldarstellungen

Die Einzelfalldarstellungen fassen die Aussagen der Schulleiter zur Sichtweise der Attraktivität der eigenen Schule und zu den Entscheidungskriterien bei der Bewerberauswahl jeweils konzentriert zusammen. Die Beschreibungen geben zunächst die Anzahl der ausgeschriebenen Stellen, die Anzahl der Bewerber, die Anzahl der durchgeführten Bewerbungsgespräche und die Anzahl der eingestellten Referendare an. Die Schule wird knapp anhand der Kriterien Schulstruktur bezüglich der Berufsfelder (monostrukturiert vs. multistrukturiert, d. h. es wird nur ein Berufsfeld beschult oder es sind verschiedene Berufsfelder an der Schule vorhanden), regionale Lage (ländlicher oder städtischer Einzugsbereich), Trägerschaft (staatlich oder kommunal), Größe (Einteilung in kleine (< 35 Lehrkräfte), mittlere (< 55 Lehrkräfte) und größere Schulen) und gegebenenfalls der Eigenschaft Seminarschule charakterisiert. Es folgt unter `Attraktivität der Schule` die Zusammenfassung der Aussagen des jeweiligen Schulleiter zur Sichtweise der Attraktivität der eigenen Schule. Im Anschluss gibt der Verfasser der vorliegenden Arbeit eine kurze Einschätzung zur `Stellenausschreibung` im Internet wieder. Breiten Raum nimmt anschließend die Darstellung der Relevanz der möglichen Auswahlkriterien für die einzelnen Schulleiter ein. Diese korrespondiert mit der zusammenfassenden Übersicht 8-4 in Kapitel 8.2.2.2. Basis für diese Ausführungen ist die Datenauswertung, die in Kapitel 7.3 beschrieben wird.

Schulleiter 1

Offene Stellen: *Elektrotechnik 2*
Bewerber: *Elektrotechnik 1*
Vorstellung: *1*
Eingestellt: *1*

Schule

Bei dieser Schule handelt es sich um eine multistrukturierte Schule in ländlicher Lage. Sie ist in staatlicher Trägerschaft und hat ein größeres Kollegium. Es ist kein Seminarlehrer an der Schule.

Attraktivität der Schule

Schule 1 hatte zwei Referendarsstellen im Fachbereich Elektrotechnik ausgeschrieben. Daraufhin bewarb sich ein Lehramtsstudent, was den Erwartungen des Schulleiters bzgl. der Anzahl der Bewerbungen entsprach. Er begründet seine Haltung damit, dass Elektrotechnik ein schwieriges Fach sei und dass es nur sehr wenige Studenten gibt. Außerdem sei der Standort im Vergleich relativ unattraktiv aufgrund seines ländlichen Charakters.

Die Attraktivität der Schule als Arbeitsplatz beschreibt sich in den Augen des Schulleiters durch die kooperative Nähe zu den Ausbildungsbetrieben und der guten EDV-Ausstattung. Außerdem führt er das große Kollegium als positiven Aspekt an. Es zeichnet sich durch einen guten Zusammenhalt aus und ermöglicht dem Referendar die Perspektive, kaum fachfremd unterrichten zu müssen. Der angehende Lehrer wird an dieser Schule im erlernten Bereich eingesetzt und hat die Möglichkeit nach Ausbildungsabschluss eine freie Stelle zu besetzen. Die Innovation, die von dieser Schule ausgeht macht sich durch die Teilnahme an Schulversuchen und das ständige Bemühen, vor allem im Fachbereich Elektrotechnik immer auf dem neuesten Stand zu sein, bemerkbar. Diese Besonderheiten wurden im Internet auch so dargestellt. Der Schulleiter fügt an, dass der Bewerber nach eigener Aussage die Darstellung der Schule in der Ausschreibung als attraktiv empfunden hat. Darüber hinaus gab es keine Aktivitäten, einem Bewerber die Schule positiv darzustellen. Eine prinzipielle Attraktivitätssteigerung der Schule sieht der Schulleiter vor allem in der Einführung eines neuen Berufsfeldes und einem anstehenden Schulversuch, bei dem eine Ausbildung im Verbund mit der Fachhochschulreife ermöglicht werden soll.

Stellenausschreibung

Die Stellenausschreibung ist ansprechend gestaltet und versucht auch den Standort positiv darzustellen. Vorteile wie die hohe Wirtschaftskraft und die einfache Erreichbarkeit werden aufgeführt. Relevante Informationen werden knapp und übersichtlich geboten.

Kriterien der Bewerberauswahl

Gewissenhaft und sorgfältig angelegte Bewerbungsunterlagen sind für den Schulleiter ein gewisses Indiz dafür, wie ernst es der Bewerber meint. Im Vorstellungsgespräch gewinnt der Kandidat durch seine solide, aufgeschlossene, aber nicht aufdringliche Art. Ebenso findet positiven Anklang, dass er klare Zielvorstellungen formuliert. Der Lebenslauf ist kein Auswahlkriterium. Wichtig für den Schulleiter sind die Ausbildung des Bewerbers und der Besuch der Berufsoberschule in seinem eigenen Haus. Damit ist dem Kandidaten das schulische Umfeld bereits bestens bekannt. Die Zensuren stehen bei den Auswahlkriterien nicht an erster Stelle. Ebenso sind Zweitfach und Zusatzqualifikationen bei der endgültigen Entscheidung unerheblich. Der Studienschwerpunkt passt genau auf die Anforderungen, deshalb erfolgt hier keine Gewichtung. Im Interview gibt der Schulleiter an, dass das Thema Herkunft/Heimatort keine Rolle spielt, er bemerkt allerdings, dass der Bewerber aus der Region kommt und auch später hier unterkommen möchte. Soziale Gesichtspunkte gehen nicht in die Auswahl mit ein. Bei der Beantwortung der Frage nach den Eigenschaften, die der Kandidat auf jeden Fall erfüllen muss, ist dem Schulleiter wichtig, dass der zukünftige Kollege sowohl die Chancen, als auch die Schwachpunkte des AQUA-Konzepts abschätzen kann. Bei den unwichtigen Kriterien weist der Schulleiter auf die Noten hin, da diese seiner Meinung nach relativ sind und nichts über einen guten bzw. schlechten Lehrer aussagen. Das Auswahlgremium setzt sich aus fünf Personen zusammen, dem Schulleiter, drei Personalentwicklern und dem Fachbetreuer. Die Meinung seiner Kollegen erachtet der Schulleiter als wichtig.

Schulleiter 2

Offene Stellen:	*Metalltechnik 1*
	Elektrotechnik 1
	Wirtschaft und Verwaltung 2
Bewerber:	*Metalltechnik 4*
	Elektrotechnik 0
	Wirtschaft und Verwaltung 4
Vorstellung:	*8*
Eingestellt:	*Metalltechnik 1*
	Wirtschaft und Verwaltung 2

Schule

Bei dieser Schule handelt es sich um eine multistrukturierte Schule in einer mittelgroßen Stadt, jedoch mit ländlichem Einzugsbereich. Sie ist in staatlicher Trägerschaft und hat ein mittelgroßes Kollegium. Es ist ein Seminarlehrer in einem der angebotenen Fachbereiche an der Schule.

Attraktivität der Schule

Bei Schule 2 bewarben sich insgesamt acht Interessenten. Jeweils vier Bewerbungen galten den Fachbereichen Metalltechnik sowie Wirtschaft und Verwaltung, während für den Bereich Elektrotechnik keine Bewerbung eintraf. Der Schulleiter rechnete mit weniger Bewerbungen, da die Verkehrsanbindung zum Standort eher schlecht sei. Die Attraktivität der Schule zeichnet sich durch die gute Positionierung bei der Entwicklung in Richtung Kompetenzzentren aus. Des Weiteren werden den Lehrern durch ein, in absehbarer Zeit saniertes Gebäude verbesserte Arbeitsmöglichkeiten bereitgestellt. Der Vorteil für einen Referendar liegt darin, dass er von Anfang an miteinbezogen wird und durch seine Ideen sein späteres Betätigungsfeld mitgestalten kann. Die positive Einstellung der Referendare zum Schulversuch und die Chance, zwei Jahre an einem Ort ausgebildet zu werden sind in den Augen des Schulleiters ebenfalls Gründe für den großen Zulauf. Das Fehlen einer Bewerbung im Bereich Elektrotechnik begründet er mit dem Mangel an Studenten. Den hohen Zulauf im Fach Metalltechnik führt er auf den Wunsch nach Heimatnähe eines Bewerbers und die Pflege sozialer Kontakte zwischen zwei anderen Bewerbern zurück. Die oben genannten Punkte der Attraktivität wurden vom Schulleiter so nicht in der Internetdarstellung aufgeführt. Der Schulleiter ist der Meinung, dass diese Darstellung kaum entscheidenden Einfluss auf die Bewerberzahl hatte. Generell sieht er jedoch Chancen, mit einer gelungenen Internetseite Werbung für die Schule zu betreiben und somit die Entscheidung der Referendare zu beeinflussen. Der Rundgang durch die Schule war auch hier die zusätzliche Maßnahme, um sich dem Bewerber noch attraktiver zu darzustellen. Der Bewerber wurde wie ein zukünftiger Kollege behandelt und man hat versucht die Begeisterung der Kollegen für die Schule und den Fachbereich zu vermitteln.

Potenzial zur Steigerung der Attraktivität der Schule sieht der Schulleiter in der Fortsetzung des Schulentwicklungsprozesses sowie in der Erhöhung der Unterrichtsqualität. Außerdem bemüht sich die Schulleitung um eine effizientere Kommunikation zwischen Schüler, Lehrer und Administration und versucht durch ein Programm das Betriebsklima zu verbessern.

Die Referendare stehen einem offenen, entgegenkommenden und hilfsbereiten Kollegium gegenüber. Des Weiteren wird ihnen die Perspektive auf einen eigenen Vorbereitungsraum gegeben und die Unterstützung in der Ausbildung zugesichert. Auf ein Angebot für eine Planstelle lässt sich der Schulleiter jedoch nicht festlegen, da er soweit nicht planen kann. Er zeigt aber deutlich, dass er sich über Engagement bei den Referendaren freuen würde.

Stellenausschreibung

Die Stellenausschreibung betreibt minimale Werbung für die Region und für die Schule selbst. Sie kann als sachlich bezeichnet werden. Das Layout wirkt streng bürokratisch und nicht ansprechend.

Kriterien der Bewerberauswahl

Der Eindruck von den Bewerbungsunterlagen ist für diesen Schulleiter insofern wichtig, als dass er sich dadurch schon ein erstes positives oder auch negatives Bild vom Bewerber machen kann. Bei der letztendlichen Entscheidungsfindung ist die äußere Form nicht von Bedeutung. Wichtig war das Auftreten im Vorstellungsgespräch. Dort wurden Fragen zu den Beweggründen und zu der Motivation für den Beruf des Berufsschullehrers gestellt. Ein etwas bescheideneres Auftreten während des Gesprächs ist von Vorteil. Es wird versucht den Äußerungen der Kandidaten zu entnehmen, inwieweit Kooperationsfähigkeit, Teamfähigkeit, Umgangsformen, Sprachkompetenz und Durchsetzungsfähigkeit vorliegen. Leistungsfähigkeit und Intellekt werden anhand der Beweglichkeit, Argumentationsfähigkeit, Seriosität und Reife mit der die Bewerber ihre Gedanken vortragen abgeschätzt. Es ist auch von Interesse, ob ein Engagement in außeruniversitären Institutionen vorliegt, um herauszuhören, inwieweit die Bewerber bereits Verantwortung übernommen haben. Ferner legt das Auswahlgremium auf angemessene Kleidung Wert. Eine berufliche Erstausbildung wird als sehr förderlich gesehen. Positiv angerechnet wird auch Berufserfahrung in der Praxis. Kandidaten mit einem schlechteren Staatsexamen erhalten vom Schulleiter die Chance, diese durch das persönliche Gespräch zu erklären. Bei Kandidaten mit sehr guten Noten wird versucht herauszuhören, inwieweit hier ein Einzelkämpferverhalten vorliegt, denn das Auswahlgremium legt sehr viel Wert auf eine kooperative Einstellung. Darüber hinaus trifft der Schulleiter die Aussage, dass die Noten im Gesellenbrief bedeutsamer sind als die Abiturnoten. Das Thema Zweitfach spielt eine Rolle, da es auch an der Fachoberschule unterrichtet werden soll und die Betreuung am besten gewährleistet ist, wenn die genommenen Kandidaten alle das gleiche Zweitfach haben. Bei gleich qualifizierten Bewerbern bekommt derjenige mit dem passenden Zweitfach, in diesem Fall Englisch, die Zusage. In Sachen Zusatzqualifikationen geht aus dem Interview hervor, dass ein Kandidat anlässlich seiner sportlichen Seite der Schule positiv von Nutzen sein kann. Der Schulleiter wertet die Frage nach dem Studienschwerpunkt bei den Bewerbern für das Berufsfeld Metalltechnik als wichtig, dies spielt aber für ihn in diesem Fall insofern keine Rolle, als dass alle Bewerber aus dem gewünschten Bereich Fertigungstechnik kommen. Der Schulleiter äußert Bedenken bzgl. der Kandidaten, deren Wohnsitz nicht in der Nähe liegt. Er sieht die Gefahr eines späteren Schulwechsels. Deshalb ist die Zusage eines Zuzugs positiv für ihn. Die Frage nach der Wichtigkeit der sozialen Gesichtspunkte beantwortet er damit, dass für ihn die höchstmögliche Qualität (fachliches Profil) für seine Schule zählt, nicht die Anzahl der Kinder die ein Kandidat hat. Die bedeutendsten Eigenschaften, die ein Bewerber unbedingt mitbringen muss, sind für den Schulleiter eine überzeugende Persönlichkeit, eine Berufsausbildung, das passende Zweitfach und Idealismus für den Beruf des Lehrers. Unwichtig sind die Examensnoten. Das Auswahlgremium setzt sich zusammen aus dem Schulleiter, dem Personalentwickler und dem Personalrat.

Schulleiter 3

Offene Stellen: *Elektro-/Informationstechnik 2*
Bewerber: *Elektro-/Informationstechnik 4*
Vorstellung: *4*
Eingestellt: *2*

Schule

Bei dieser Schule handelt es sich um eine monostrukturierte Schule innerhalb eines größeren Schulkomplexes in einer größeren Stadt. Sie ist in kommunaler Trägerschaft und hat ein kleineres Kollegium. Es ist kein Seminarlehrer an der Schule.

Attraktivität der Schule

Die Zahl der Bewerbungen für den angebotenen Fachbereich Elektrotechnik belief sich auf vier. Der Schulleiter hat jedoch weniger erwartet. Er führt dies auf den Modellversuch an sich zurück, der ermöglicht, beide Jahre der Lehrerausbildung an einem Ort zu verbringen. Des Weiteren ist die Schule für ihr gutes Arbeitsklima und für das positive Verhältnis zwischen Lehrerschaft und Schulleitung bekannt. Das äußert sich darin, dass das Kollegium zum Teil an Entscheidungen beteiligt ist und sehr viele Freiheiten hat. Der Schulleiter gibt außerdem den IT-Bereich als Grund für die Attraktivität seines Hauses an. Dieser wirke wie „ein kleiner Magnet". Diese Besonderheiten wurden laut Schulleiter in der Stellenausschreibung erwähnt. Er habe versucht, die Schule möglichst gut darzustellen. Er ist der Meinung, dass die Internetseite zu der hohen Anzahl an Bewerbungen beigetragen hat. Er verweist jedoch auch auf die Empfehlungen durch den ansässigen Referendar, die ebenfalls maßgeblich war. Weitere Maßnahmen zur Attraktivitätssteigerung der Schule wurden nicht unternommen. Die Schule selbst würde in Zukunft besser dastehen wenn man mehr Öffentlichkeitsarbeit leisten würde. Aufgrund der kommunalen Trägerschaft der Schule hätte ein Bewerber bei einer Einstellung nach der Ausbildung keine regionale Versetzung mehr zu befürchten. Außerdem hätte er die Aussicht mit einem angenehmen Kollegium zusammenzuarbeiten.

Stellenausschreibung

Die Schule wird durch die Ausschreibung für den Bewerber interessant und erweckt zugleich Vertrauen durch die angebotene Unterstützung. Die beschriebenen Anforderungen sind nicht übertrieben hoch.

Kriterien der Bewerberauswahl

Der Schulleiter bereitet sich mit Hilfe der Bewerbungsunterlagen auf das Bewerbungsgespräch vor. Dem Lebenslauf entnimmt er, woher der Kandidat kommt, wohin er möchte und wie sich sein familiäres Umfeld gestaltet. Beim letzten Punkt achtet er auf Einzelkinder, denn er geht davon aus, dass man nur von Kindesbeinen an in der Familie lernt, Kompromisse zu schließen und diese Eigenschaft ist sehr wichtig im Lehrerberuf. Darüber hinaus entnimmt er dem Lebenslauf, wie geradlinig der Kandidat seinen bisherigen Weg gemeistert hat. Auch ist für ihn schulische Laufbahn bedeutend. Er zieht den berufsbezogenen Bildungsweg dem klassischen allgemeinbildenden vor, da die erste Gruppe seiner Meinung nach über mehr 'Bodenhaftung' verfügt. Einer beruflichen Erstausbildung wird starkes Gewicht beigemessen. Noten in der ersten Staatsprüfung hingegen kommen nur insofern zum Tragen, als dass der Durchschnitt 3,0 nicht überschritten werden darf. Die Erfahrung zeigt dem Schulleiter, dass in der zweiten Staatsprüfung die Noten meist schlechter werden und somit der Durchschnittswert von 3,5 als Kriterium für eine Übernahme nach dem Referendariat nicht eingehalten werden kann. Allerdings gibt er an, dass die Noten nicht das letzte Entscheidungskriterium sind. Während des Gesprächs legt er besonderen Wert darauf, den Kandidaten von der menschlichen Seite her kennen zu lernen, um abzuschätzen wie dieser auf Schüler zugeht. Personale und soziale Kompetenzen sind für den Schulleiter wichtiger als fachliche. Bei einem Bewerber wirkt sich sein zu großes Selbstbewusstsein sehr negativ aus. Hier schätzt der Schulleiter mehr Selbstkritik und ein bescheideneres Auftreten. Das Zweitfach hat großen Einfluss. Der Schulleiter entscheidet sich für zwei Kandidaten mit Zweitfach Sozialkunde, da hier die Ausbildung einfach vonstatten gehen kann (Seminar an Nachbarschule). Zusatzqualifikationen im IT-Bereich zählen als Pluspunkt. Das Thema Studienschwerpunkt kommt in der Vorauswahl durch die Bewerbungsunterlagen zum Tragen. Ein entscheidendes Kriterium ist der Wohnort. Für den Schulleiter ist es erfreulich, wenn die Bewerber aus der Region kommen bzw. ihren Zuzug garantieren. Soziale Kriterien spielen keine Rolle, da der Schulleiter keine Probleme für den Arbeitsablauf sieht. Ferner stellt er fest, dass ein Zuzug mit Familie als Garantie für eine langjährige Tätigkeit gelten kann. Zu den wichtigsten Kriterien zählen für den Schulleiter der menschliche Aspekt und der Werdegang über den beruflichen Bildungsweg. Das Auswahlgremium besteht aus dem Schulleiter, dessen Stellvertreter und dem Personalentwickler.

Schulleiter 4

Offene Stellen: *Metalltechnik 1*
Bewerber: *Metalltechnik 0*
Vorstellung: *0*
Eingestellt: *0*

Schule

Bei dieser Schule handelt es sich um eine multistrukturierte Schule in ländlicher Lage. Sie ist in staatlicher Trägerschaft und hat ein mittelgroßes Kollegium. Es ist kein Seminarlehrer an der Schule.

Attraktivität der Schule

Schule 4 bot die Fachrichtung Metalltechnik an und hatte keinen Bewerbungseingang. Da die Schule in den Augen des Schulleiters unattraktiv ist, hat er auch nicht mit vielen Interessenten gerechnet. Unattraktiv ist sie deswegen, weil in den letzten Jahren kaum Schulentwicklung und Öffentlichkeitsarbeit betrieben wurde. Dies will der Schulleiter in Zukunft ändern. Er meint, dass die Schule sich neu ausrichten müsse, was dann auch das Interesse angehender Lehrer wecken würde, da sie in einem Veränderungsprozess unmittelbar einbezogen würden. Besonders attraktiv für einen Bewerber wäre die Tatsache, dass hier überregionale Sprengel angesiedelt sind und daraus ein hohes Ansehen und vor allem hohe Fachkompetenz resultieren. Die Abteilungen sind sehr vielfältig, so dass auch die künstlerische Komponente nicht zu kurz kommt. Außerdem trifft man an dieser Schule auf ein angenehmes Kollegium, das offen ist für neue Arbeitsweisen und -methoden. Die Schule wird sehr gut von der Industrie unterstützt, was sich auch in der Ausstattung bemerkbar macht. Des Weiteren empfindet der Schulleiter die Zusammenarbeit mit den übergeordneten Institutionen (Kammern, Wirtschaft) und den Kontakt zu anderen Schulen als hervorragend. Die Ausschreibung im Internet hätte nach Aussage des Schulleiters etwas weiter gefasst werden müssen, da sie die Punkte, die eine Schule positiv erscheinen lassen nicht beinhaltet. Seinen Aussagen entsprechend gesteht der Schulleiter dem Internet einen großen Einfluss bei der Entscheidungsfindung für eine Bewerbung zu. Voraussetzung dafür ist eine professionelle Gestaltung, die die Schule mit ihrem Profil positiv darstellt. Zukünftigen Bewerbern will sich der Schulleiter prinzipiell durch eine neue, gut gestaltete Homepage empfehlen. Außerdem hat er vor, den Ruf der Schule durch öffentliche Auftritte, wie z.B. auf Messen, zu verbessern. Mit dem Vorantreiben des Schulentwicklungsprozesses soll die Attraktivität der Schule in Zukunft gesteigert werden. Die Perspektiven, die der Schulleiter dem Bewerber bieten kann, resultieren aus der Tatsache, dass sich die Schule im Moment im Umbruch befindet. Die Nachwuchskraft soll in diesen Prozess

eingebunden werden und erhält auch dementsprechende Freiheiten, um diesen Prozess unge-
hemmt unterstützen zu können. Außerdem erhält diese Person die Möglichkeit, sich selbst zu
verwirklichen, indem sie entsprechend ihrer Stärken eingesetzt wird.

Stellenausschreibung

Die Darstellung der Stellenausschreibung lässt die Schule inhaltlich in einem positiven Bild
erscheinen. Das Layout hätte wirkungsvoller gestaltet werden können. Die zum Teil hölzer-
nen Formulierungen verbergen eine gewisse Sachlichkeit nicht.

Kriterien der Bewerberauswahl

Der Schulleiter sieht den Eindruck von den Bewerbungsunterlagen nicht als besonders wichtiges Kriterium an, sondern setzt voraus, dass diese bei Interesse an der Stelle tadellos sind.
Der Lebenslauf gibt ihm Aufschluss über die Person, ihre Struktur. Auch sind der berufliche
Hintergrund sowie das Umfeld ersichtlich. Wenn ein Lebenslauf die formalen Voraussetzungen erfüllt, dann ist in den Augen des Schulleiters dieser nicht das entscheidende Kriterium.
Besondere Bedeutung weist er der beruflichen Erstausbildung zu. Er begründet dies damit,
dass man nur, wenn man über einen längeren Zeitraum hinweg in einem Unternehmen tätig
ist, die nötige Erfahrung sammeln kann. Das Absolvieren eines Praktikums bedeutet für ihn
lediglich eine Zeitverschwendung, aber nicht Sammlung von Kenntnissen und Erfahrungen.
Das Auftreten im Vorstellungsgespräch ist von Bedeutung. Der Schulleiter legt Wert auf
selbstsicheres Auftreten, kritisches Nachfragen, Offenheit und das Gesamterscheinungsbild
soll stimmig sein, sowohl von den Äußerlichkeiten her, als auch hinsichtlich der Gesinnung.
Falsche Bescheidenheit lehnt er ab, ebenso auch übersteigertes Selbstbewusstsein. Den Noten
misst der Schulleiter ein nicht allzu großes Gewicht bei, da aus seiner Sicht nicht jedes gute
Staatsexamen auch einen guten Lehrer bedeutet. Als besonders ausschlaggebendes Kriterium
nennt er das Zweitfach, sowohl aus organisatorischen Gründen, als auch im Hinblick auf die
Abwechslung im Berufsleben des Lehrers. Aus der Beantwortung der Frage nach den Zusatzqualifikationen geht hervor, dass diese für ihn Interesse und Neugierde des zukünftigen Mitarbeiters widerspiegeln und somit auch ein gewisses Innovationspotential für seine Schule
darstellen. Zum Thema Studienschwerpunkt distanziert er sich einerseits deutlich von einer zu
frühen Spezialisierung noch an der Universität angesichts des raschen technischen Wandels,
andererseits hätte er gerne einen Spezialisten für die Ausbildung der Schneidzeugmechaniker.
Bei der Entscheidung für oder gegen eine Person ist die Herkunft nicht von Belang. Der
Schulleiter stellt auch niemanden aufgrund der Anzahl seiner Kinder ein. Seine Erfahrung hat
ihm gezeigt, dass dieses soziale Kriterium das Engagement seiner Mitarbeiter für die Schule
schwächt, da oft ein zu ausgeprägter Familiensinn vorherrscht. Er wünscht sich kompetente,
engagierte Lehrer die sowohl Schule als auch Familie miteinander vereinen können. Die
Punkte, die ein Bewerber auf jeden Fall erfüllen muss, sind für den Schulleiter, dass die Person menschlich in Ordnung ist, eine Bereicherung für das Kollegium darstellt, Teamfähigkeit
beweist und zu den Werthaltungen der Schule passt. Unwichtig ist für ihn der weltanschauli-
che Standpunkt, soweit dieser innerhalb dessen liegt was die Gesellschaft als zulässig erachtet. Auf die rein hypothetische Frage nach den Kriterien die er bei seinem zukünftigen Mitarbeiter vermissen könnte, entgegnet der Schulleiter, dass ihm die Spritzigkeit nach Ablauf des

Referendariats aufgrund eines beamtenmäßigen Ablaufprozesses fehlen könnte. Er sagt klar aus, er möchte keinen typischen Beamten und deshalb wird er die jungen Leute in ihrem Elan, ihrer Kreativität und Innovationsfähigkeit unterstützen. Das Auswahlgremium setzt sich aus Schulleiter und Fachbetreuer zusammen.

Schulleiter 5

Offene Stellen:	*Elektrotechnik 1*
Bewerber:	*Elektrotechnik 1*
Vorstellung:	*1*
Eingestellt:	*1*

Schule

Bei dieser Schule handelt es sich um eine multistrukturierte Schule in einer mittelgroßen Stadt mit ländlichem Einzugsbereich. Sie ist in staatlicher Trägerschaft und hat ein größeres Kollegium. Es ist kein Seminarlehrer an der Schule.

Attraktivität der Schule

Den geringen Zulauf - es meldete sich nur ein Bewerber für Elektrotechnik - hatte der Schulleiter erwartet, da er sich des Mangels an Studenten und der Abgelegenheit des Standortes bewusst ist. Die guten Arbeitsbedingungen speziell in der beworbenen Fachrichtung und die gute Ausstattung an Unterrichtsmitteln und Lehrmaterial machen die Schule besonders attraktiv. Außerdem ist das Kollegium in Ordnung und zeigt sehr viel Engagement. Dem angehenden Lehrer wird eine freie Entwicklung ermöglicht. Die Schule ist offiziell in den Schulentwicklungsprozess eingestiegen und rühmt sich damit bei den Leistungen der Schüler in den Abschlussprüfungen bayernweit im vorderen Drittel zu rangieren. Aufgrund der Auflage, das Stellenangebot relativ kurz zu fassen, konnten diese Aspekte nicht mit aufgenommen werden. Die Wirkung, die der Schulleiter dieser Maßnahme beimisst ist gering, vor allem weil sich der Umfang auf eine Seite beschränkt. Zusätzliche Maßnahmen zur Attraktivitätssteigerung fanden nicht statt, weil das die schulische Realität verfälscht hätte. Der Schulleiter würde mit einer Finanzierung, die vom Staat unabhängig ist eine leistungsbezogene Bezahlung einführen und so versuchen den Standard anzuheben. Er kann dem Bewerber durch die gute Ausstattung und das angenehme Kollegium die Möglichkeit bieten in seine Berufsrolle hineinzuwachsen.

Stellenausschreibung

Auch in dieser Stellenausschreibung dominiert die Sachlichkeit. Werbungsversuche werden hier nur mit der modernen Ausstattung getätigt. Inhaltlich wirkt der Text überladen. Eine Freude auf die zukünftige Arbeitsstätte kann hiermit nicht geweckt werden.

Kriterien der Bewerberauswahl

Dieser Schulleiter macht keine Angaben zur Wichtigkeit seines Eindrucks von den Bewerbungsunterlagen. Er sieht sich den Lebenslauf an, vermerkt positiv, wenn auch andere Tätigkeiten übernommen wurden. Ansonsten meint er, der Lebenslauf ist Vergangenheit und somit

nicht mehr änderbar. Das Vorstellungsgespräch ist ein wichtiges Kriterium für den Schulleiter. Hier wünscht er sich ein entschlossenes Auftreten der Anwärter. Eine berufliche Erstausbildung hält der Schulleiter eigentlich für notwendig. Liegt diese nicht vor, sind entsprechend
einschlägige Praktika und Ferienarbeiten vorzuweisen, um die notwendige praktische Erfahrung zu belegen. Wichtig sind dem Schulleiter im Zusammenhang mit dem Auswahlprozess
die Noten. Allerdings stellt er fest, dass Persönlichkeitsbildung und universitäres Wissen nicht
miteinander korrelieren müssen. Das Wunschzweitfach Englisch bringt der Bewerber leider
nicht mit. Der Studienschwerpunkt nimmt keinen Einfluss auf die Entscheidung des Schulleiters. Er achtet auf das Kriterium Herkunft/Heimatort insofern, als dass der Kandidat, der nicht
aus der Region kommt, seinen Zuzug in die neue berufliche Heimat garantiert. Als grundlegend wichtig erachtet der Schulleiter Selbständigkeit und Selbstengagement. Ebenso legt er
Wert darauf, dass das Auftreten nicht zögerlich erscheint. Das Aussehen ist unwichtig. Der
Schulleiter vermisst keine Eigenschaften am gefundenen Kandidaten. Zum Auswahlgremium
zählen der Schulleiter und ein Kollege aus der Fachabteilung.

Schulleiter 6

Offene Stellen: *Wirtschaft und Verwaltung 2*
Bewerber: *Wirtschaft und Verwaltung 14*
Vorstellung: *6*
Eingestellt: *2*

Schule

Bei dieser Schule handelt es sich um eine multistrukturierte Schule in einer Kleinstadt in ländlicher Lage. Sie ist in staatlicher Trägerschaft und hat ein mittelgroßes Kollegium. Es ist kein
Seminarlehrer an der Schule.

Attraktivität der Schule

Schule 6 hatte insgesamt 14 Bewerbungen für die zwei Referendarsstellen im Bereich Wirtschaft und Verwaltung. Sie erfreute sich eines großen Bewerberzulaufs mit dem sie in dieser
Höhe nicht gerechnet hatte. Der Schulleiter führt dies vor allem auf den guten Wirtschafts-
standort zurück. Schule 6 befindet sich in einer Region mit expandierenden Großunternehmen. Des Weiteren werden Argumente wie die gute Verkehrsanbindung, die moderne Ausstattung der Schule, die kollegialen Lehrerteams und die Öffentlichkeitsarbeit, wie zum Beispiel das kulturelle Engagement zusammen mit anderen Schulen, sowie die Reputation der
Schule genannt. Besonders interessant und attraktiv findet der Schulleiter die flugtechnische
Berufssparte, die in dieser Region einmalig ist. Zudem soll der Gastronomiebereich eingeführt
werden, um das Unterrichtsangebot zu erweitern. Nach Aussage des Schulleiters wurden diese
Punkte in der Ausschreibung aufgeführt. Grundsätzlich ist er der Meinung, dass eine gut gestaltete Website zur Werbung für eine Schule beiträgt. Um die Attraktivität zu steigern sollte
sich die Schule als Wirtschaftsbetrieb darstellen. Für den Schulleiter ist vor allem die Image-
pflege sehr wichtig. Das bedeutet, dass die Schule im Internet möglichst transparent dargestellt werden soll. Der potentielle Bewerber kann die Einrichtungen und das Kollegium über

die Homepage kennen lernen. Für einen guten Eindruck nach außen sorgt seiner Meinung nach auch ein gepflegtes Gebäude. Zusätzlich zu der Stellenausschreibung hat der Schulleiter die Bewerber persönlich durchs Schulgebäude geführt und ihnen die Perspektiven einer Ausbildung im gewünschten Fachbereich aufgezeigt und die frühzeitige Integration ins Kollegium angeboten.

Stellenausschreibung

Tatsächlich entspricht die Stellenausschreibung inhaltlich nur bezüglich des Wirtschaftsstandortes den Angaben des Schulleiters. Sonst ist das Angebot eher sachlich gestaltet, gewinnt jedoch doch freundliche Formulierungen. Durch den Verweis auf die Homepages der Schule und der Stadt erhält man die für eine Entscheidung zu einer Bewerbung hilfreichen Informationen.

Kriterien der Bewerberauswahl

Der Schulleiter äußert sich sehr positiv über die professionellen Bewerbungsunterlagen. Wichtig hierbei ist ihm auch das Passbild, um sich schon einen ersten Eindruck machen zu können. Gründe, Kandidaten nicht zum Bewerbungsgespräch zuzulassen, sind fehlende Qualifikationen und die Herkunft/der Wohnort. Der Lebenslauf ist wichtig, er gibt dem beurteilenden Gremium Aufschluss über Herkunft, Eltern, Bodenständigkeit, beruflichen Werdegang und Geradlinigkeit der potentiellen zukünftigen Mitarbeiter. Der letzte Punkt ist auch für das Vorstellungsgespräch bedeutungsvoll, da der Schulleiter hier dem Bewerber die Möglichkeit gibt Abweichungen zu erklären. Der erlernte Beruf ist für den Schulleiter sehr wichtig, dieser muss allerdings nicht zwingend fachspezifisch sein. Ein berufsbezogener Bildungsweg ist ein weiteres Kriterium. Im Vorstellungsgespräch versucht der Schulleiter herauszuhören, was für ein Mensch vor ihm sitzt, und wie er sich wohl in seiner Lehrerrolle verhalten wird. Ein zu starkes Selbstbewusstsein wirkt sich eher negativ aus. Darüber hinaus stellt der Schulleiter Fragen nach Tätigkeiten in Jugendgruppen und Schlüsselerlebnissen bzgl. des Lehrerberufs. Der Schulleiter lässt sich vom restlichen Auswahlteam überzeugen, dass Vordiplomsnoten nicht von Bedeutung sind. Examensnoten dürfen allerdings die Note drei nicht überschreiten. Er bemerkt aber auch, dass Noten und das Talent mit Menschen umzugehen sich nicht gegenseitig bedingen. Die Frage nach dem Zweitfach beantwortet er mit „wäre sicherlich wichtig", aber für seine Entscheidung ist es das nicht. Als Zusatzqualifikation setzt er voraus, dass EDV-Kenntnisse bereits vorhanden sind. Entscheidende Bedeutung weist er dem Punkt Herkunft/Heimatort zu. Seines Erachtens ist es notwendig, dass ein Lehrer weiß, was im regionalen Umfeld seiner Schüler passiert, welche Probleme vorherrschen und auch die Ansprechbarkeit im privaten Bereich muss gewährleistet sein. Die Frage nach sozialen Kriterien beantwortet er damit, dass ein Bewerber mit Familie bei passendem Profil gleichrangig behandelt wird. Weiterhin führt der Schulleiter an, auf alle Fälle einem männlichen Bewerber und einer weiblichen Bewerberin den Zuschlag zu geben, um eine ausgeglichene Bilanz zwischen Männern und Frauen im Kollegium zu erhalten. Die Kriterien die schließlich den Ausschlag für den Schulleiter geben sind zum einen das Zusammenpassen beider zukünftiger Mitarbeiter, zum anderen deren Qualifikationen und letztlich das Gefühl, dass die Kandidaten Lehrer aus Berufung werden und nicht wegen der Ferien. Als unwichtig gibt er das Aussehen der

Personen an. Der Schulleiter vermisst bei einem seiner zukünftigen Kollegen die berufliche Ausbildung im Bankbereich, weil sich die Einarbeitung für diesen somit schwerer gestaltet. Dem Auswahlgremium gehörten an, der Schulleiter, sein Stellvertreter, der Personalentwickler und 2 Personen die den Personalentwickler unterstützen.

Schulleiter 7

Offene Stellen:	*Bautechnik 1*
Bewerber:	*Bautechnik 3*
Vorstellung:	*3*
Eingestellt:	*1*

Schule

Bei dieser Schule handelt es sich um eine multistrukturierte Schule in einer Kleinstadt am Rande eines Ballungsraumes. Sie ist in staatlicher Trägerschaft und hat ein mittelgroßes Kollegium. Es ist kein Seminarlehrer an der Schule.

Attraktivität der Schule

Der Direktor von Schule 7 erhielt drei Bewerbungen für Bautechnik. Er hatte grundsätzlich mit wenig Zulauf gerechnet und begründet dies damit, dass Bauingenieure im schulischen Bereich Mangelware sind. Die Zahl der Bewerbungen führt der Schulleiter auf die Tatsache zurück, dass die Schule dem Bewerber den Verbleib in dem Berufsfeld garantieren kann. Er gibt an, dem Referendar einen sicheren Arbeitsplatz zu bieten, an dem er sich wohl fühlt. Der Standort ist aufgrund der Nähe zu einem Ballungsgebiet und dem schönen Hinterland sehr attraktiv. Außerdem bietet die Schule wegen der Altersstruktur der Belegschaft gute Aufstiegsmöglichkeiten. Diese Karrierechancen ergeben sich zudem aus der Tatsache, dass der beworbene Fachbereich sehr klein ist und von maximal 2 Lehrern besetzt wird. Dieser Umstand ermöglicht auch freie Entfaltungsmöglichkeiten. Der Bewerber findet eine gut ausgestattete Schule vor, an der es sich nicht zuletzt wegen der guten Disziplin der Schüler gut arbeiten lässt. Diese Aspekte für eine Bewerbung hat der Schulleiter nicht in dieser Ausführlichkeit in der Stellenausschreibung erwähnt. Der Schulleiter schätzt hier die Wirkung dieser Maßnahme gering ein, er gesteht dem Internet wenig Einfluss bei der Entscheidungsfindung für eine Bewerbung zu. Der Bewerber wurde bei einem Rundgang in freundlicher und offener Atmosphäre ausführlich über die Schule informiert. Dieser Schulleiter sieht eine Attraktivitätssteigerung in der Angliederung einer Fachoberschule. Die Lehrer könnten ihr Potenzial dann voll ausschöpfen. Die gebotenen Perspektiven liegen in den genannten Aufstiegschancen wie auch im Einsatz im gewünschten Berufsfeld sowie im Zweitfach an der Fachoberschule.

Stellenausschreibung

Das Stellenangebot beschreibt inhaltlich sehr detailliert die Einsatzbereiche der zukünftigen Lehrkraft. Attraktivitätspunkte werden recht formal angesprochen. Die Ausschreibung wirkt interessant, nicht zuletzt wegen der Information über die Aufstiegschancen. Sie vermittelt ein aussagekräftiges Bild von der Schule.

Kriterien der Bewerberauswahl

Die Bewerbungsunterlagen sind für den Schulleiter sehr wichtig. Komplett und sorgfältig gearbeitet sind diese aussagekräftig und geben einen Überblick über die Qualität der Bewerber. Entscheidend beim Vorstellungsgespräch ist sicheres, gutes Auftreten. Der Lebenslauf zeigt dem Schulleiter die Zielstrebigkeit, Geradlinigkeit und das Vorliegen einer beruflichen Erstausbildung an, aber ansonsten wird er nicht als bedeutend erachtet. Einfluss auf die Entscheidung hat auch eine berufliche Ausbildung. Der Schulleiter achtet auf die Leistung und Noten. Von großer Wichtigkeit ist für den Schulleiter das Zweitfach. Das Wunschzweitfach Englisch wird von den Bewerbern nicht abgedeckt, sie bieten Deutsch und Sozialkunde. Diese Zweitfächer zählen für den Schulleiter als universell einsetzbar und somit als Alternative zu dem ursprünglich Bevorzugtem. EDV-Kenntnisse als Zusatzqualifikation werden vom Auswahlgremium als sehr wichtig angesehen. Der Punkt Herkunft/Heimatort spielt eine Rolle, da der zukünftige Mitarbeiter möglichst über einen langen Zeitraum an der Schule tätig sein soll. Soziale Kriterien sind insofern nicht entscheidend, da die potentiellen Kandidaten keine Familie haben. Allerdings scheidet ein Kandidat aus, der die Bewerbung an diesem Ort als Familienzusammenführung versteht und nicht das Interesse an der Schule in den Vordergrund stellt. Die wichtigsten Merkmale, die bei der Entscheidung für den Schulleiter eine Rolle spielen sind die handwerkliche Ausbildung und die intensive Auseinandersetzung mit dem Berufsfeld. Das Zweitfach ist ebenfalls ausschlaggebend. Bei der Frage nach unwichtigen Kriterien kann der Schulleiter keines der genannten mit diesem Attribut belegen. Ebenso vermisst er bei der ausgewählten Bewerberin nichts. Das Auswahlgremium setzte sich zusammen aus dem Schulleiter und seinem Fachbetreuer.

Schulleiter 8

Offene Stellen: *Wirtschaft und Verwaltung 2*
Bewerber: *Wirtschaft und Verwaltung 20*
Vorstellung: 6
Eingestellt: 2

Schule

Bei dieser Schule handelt es sich um eine multistrukturierte Schule in einer Kleinstadt in ländlicher Lage. Sie ist in staatlicher Trägerschaft und hat ein mittelgroßes Kollegium. Es ist ein Seminarlehrer an der Schule.

Attraktivität der Schule

Schule 8 hatte zunächst Referendarsstellen im IT-Bereich ausgeschrieben und dort keinen einzigen Bewerber. Der Schulleiter kann sich das nicht erklären. Er macht deutlich, dass das Angebot seiner Meinung nach attraktiv sei, da die Schule schon jetzt, obwohl sich dieser Bereich noch im Aufbau befindet, sehr gut ausgestattet ist. Die Perspektive eines wachsenden Bedarfs an Fachkräften und die Möglichkeit an der Gestaltung des eigenen Arbeitsfeldes in einer expandierenden Region teilzunehmen, rechtfertigten seines Erachtens die Erwartungen an einen höheren Bewerbungseingang.

Im nächsten Schritt hatte die Schule die Möglichkeit, die Stellen umzuwidmen und in einem zweiten Bereich, dem Feld der Wirtschafts- und Verwaltungsberufe, auszuschreiben. Nachdem die offizielle Bewerbungsfrist schon abgelaufen war wurden im Rahmen des Modellversuchs Bewerber von anderen Schulen, die dort keine Zusage erhielten an Schule 8 weiter geleitet. Der Schulleiter ist jedoch davon überzeugt, dass die so gefundenen Bewerber für den Bereich Wirtschaft und Verwaltung die Schule nicht als zweite Wahl betrachten, sondern als gleichwertige Alternative zu den anderen Schulen sehen.

Die Attraktivität von Schule 8 zeichnet sich durch die bereits erwähnte gute Ausstattung, die finanzielle Versorgung und die Vielfalt an Berufsfeldern aus. Sie liegt im Verkehrsnetz einer Großstadt. Die Schüler werden vom Schulleiter als diszipliniert bezeichnet. Das hilfsbereite, familiäre Kollegium ist offen für Anregungen und Kenntnisse der Referendare, welche diese aus dem Studium mitbringen. Neben der Ausschreibung im Internet hat der Schulleiter keine weiteren Aktivitäten unternommen, um die Attraktivität für die Bewerber zu steigern, da diese ein gewisses Interesse bzw. Motivation mitbringen müssten. Der Einfluss des Internets ist nach seiner Meinung begrenzt. Trotzdem kann man dass Internet nutzen, um sich interessant zu machen und so potentielle Bewerber zu motivieren. Stellenausschreibungen sollten anhand des Feedbacks der Bewerber und der erfüllten Anforderungen modifiziert werden.

Stellenausschreibung

Die folgende Bewertung bezieht sich auf die ursprüngliche Ausschreibung für IT, für die Stellen im Bereich Wirtschaft und Verwaltung wurde keine eigene Ausschreibung veröffentlicht. Die oben genannten Argumente für eine Bewerbung wurden in der Stellenausschreibung nicht in dieser Anzahl und mit dieser Intention angeführt. Die Formulierung lässt eher viel Arbeit neben den herkömmlichen Pflichten vermuten. Hinzu kommen detaillierte fachliche Anforderungen an den Bewerber. Die Ausschreibung wirkt eher auf eine Lehrkraft zugeschnitten, die schon Erfahrung mitbringt, nur bedingt auf einen Novizen.

Kriterien der Bewerberauswahl

Der Eindruck von den eingesendeten Bewerbungsunterlagen spielt für den Schulleiter nicht die übergeordnete Rolle. Er legt großen Wert auf das Gespräch und den persönlichen Eindruck. Auch interessiert er sich für die Motivation, die Beziehung zum Lehrerberuf und die Reaktion auf verschiedene Fragen. Der Lebenslauf ist entscheidend, denn er rundet das Persönlichkeitsbild ab, indem der Schulleiter die Stationen des Bewerbers, die Zielstrebigkeit und Geradlinigkeit herausliest. Kandidaten die von der Papierlage her nicht interessant genug erscheinen, werden nicht zum Vorstellungsgespräch eingeladen. Ein weiteres Kriterium für die Einladung zum Gespräch ist eine berufliche Erstausbildung, diese wird als sehr positiv angesehen. Ferner gehen Noten schon in der Vorauswahl mit ein, bzw. werden betrachtet, nachdem eine erste Kontaktaufnahme erfreulich verlaufen ist. Den Punkt Zweitfach benennt der Schulleiter eindeutig als nachrangig. Zusatzqualifikationen die passend für das Berufsfeld und gut einsetzbar sind, sind von großer Bedeutung. Die Herkunft hat schon in der Vorauslese

Einfluss, denn der Schulleiter möchte ein langfristiges Arbeitsverhältnis sicherstellen. Der Schulleiter nimmt auf soziale Kriterien Rücksicht. Er trägt dafür Sorge, dass Beruf und Familie vereinbar sind, aber nur, wenn die Arbeit nicht darunter leidet. Die wesentlichen Merkmale, die der Bewerber erfüllen muss sind Interesse und Bereitschaft eine Ausbildung von sich aus aktiv mitzugestalten. Ebenfalls ist Flexibilität gefragt, sowie Neues aufzugreifen und sich einzuarbeiten, um gemeinsam ein Ziel zu erreichen. Nicht grundlegend ist für den Schulleiter, ob der Kandidat am Dienstort wohnt, solange das Interesse an der Schule von langfristiger Dauer ist. Darüber hinaus spielen das Geschlecht und das Zweitfach keine Rolle. Das Auswahlgremium setzt sich zusammen aus Schulleiter, Stellvertreter, Fachbetreuer und dem Personalentwicklerteam.

Schulleiter 9

Offene Stellen:	*Metalltechnik 1*
	Elektro-/Informationstechnik 1
Bewerber:	*Metalltechnik 0*
	Elektro-/Informationstechnik 0
Vorstellung:	*0*
Eingestellt:	*0*

Schule

Bei dieser Schule handelt es sich um eine multistrukturierte Schule in einer mittelgroßen Stadt mit ländlichem Einzugsbereich. Sie ist in staatlicher Trägerschaft und hat ein größeres Kollegium. Es ist ein Seminarlehrer in einem anderen Berufsfeld an der Schule.

Attraktivität der Schule

Bei Schule 9 meldete sich kein Bewerber. Angeboten wurden Referendarsstellen für die Erstfächer Metalltechnik und Elektrotechnik. Als Grund für das Ausbleiben der Bewerbungen führt der Schulleiter die zu hohen Anforderungen in der Stellenausschreibung und die geringe Absolventenzahl an. Die Attraktivität dieser Schule beschreibt sich zum einen durch die vielfältigen Einsatzmöglichkeiten aufgrund der Größe und der eingebundenen BOS. Zum anderen hat man es hier mit einer Klientel zu tun, die sich aufgrund der hohen Anforderungen in den Fachbereichen von dem an anderen Schulen unterscheidet. Die Schule pflegt die guten Kontakte zu Firmen, Kammern und Innungen und zeichnet sich durch ein angenehmes Kollegium aus. Außerdem sind die Nähe zur Großstadt und das kulturelle Angebot als positive Aspekte zu sehen. Nach Aussage des Schulleiters konnten die genannten Punkte aufgrund des Platzmangels nicht in der Ausschreibung aufgeführt werden. Folgerichtig stellt der Schulleiter auch fest, dass man mit einer professionelleren Gestaltung einen positiveren Einfluss auf den Bewerberzulauf gehabt hätte. Als mögliche zusätzliche Aktivität, dem Bewerber die Schule attraktiver darzustellen, gibt der Schulleiter den Rundgang durch das Schulgebäude an. Dabei bekäme der Bewerber sowohl die gut ausgestatteten Fachbereiche, aber auch das weniger schöne Schulgebäude zu sehen. Um die Attraktivität der Schule zu steigern möchte der Schulleiter mehr Öffentlichkeitsarbeit leisten und so ein positives Bild dieser Bildungseinrichtung vermitteln. Außerdem soll das Internet genutzt werden, um sich besser darzustellen. Die Perspektiven für den Bewerber beschränken sich auf den Einsatz entsprechend der eigenen Interessen und die Möglichkeit das Zweitfach an der BOS unterrichten zu können.

Stellenausschreibung

Das Stellenangebot gestaltet sich sehr sachlich und umfangreich. Es genügt dem Aspekt der Werbung nicht, eine freundliche Komponente fehlt. Die Anforderungen an einen Bewerber sind sehr ausführlich dargestellt, die Ausschreibung wirkt eher unattraktiv.

Kriterien der Bewerberauswahl

Eingesendete Unterlagen spielen für den Schulleiter nicht unbedingt eine sehr bedeutende Rolle. Aus dem Vorstellungsgespräch soll sich ergeben, dass die Einstellung zum Beruf und die Bereitschaft zu ständigem Lernen vorhanden sind. Diese Punkte stellen für den Schulleiter einen bedeutenden Faktor bei der Beurteilung dar. Äußert sich ein Kandidat, dass ihm die Ferien in diesem Beruf sehr gelegen kommen, so wird dieser mit Vorsicht behandelt. Der Lebenslauf gibt Auskunft über die Dauer des Studiums, die nicht zu lange sein darf. Der Schulleiter vertritt die Auffassung, dass eine qualifizierte Lehrkraft an einer Berufsschule auch über eine Berufsausbildung verfügen soll. Noten hingegen spielen als Kriterium eine untergeordnete Rolle. Das Zweitfach ist für den Schulleiter von großer Bedeutung, wobei er gleichzeitig sehr flexibel in diesem Bereich ist. Er begrüßt es, wenn das Zweitfach auch an der angegliederten Berufsoberschule, bei einem anderen Schülerklientel, unterrichtet werden kann. Er sieht hierin den Zufriedenheitsgrad und die Einsatzfreude der Mitarbeiter positiv unterstützt. Zusatzqualifikationen sind sehr willkommen, da Kollegen die Erfahrung in Datenverarbeitung besitzen diese im Unterricht sinnvoll einsetzen können. Ein passender Studienschwerpunkt wäre für den Schulleiter wünschenswert, wichtiger ist aber eine generelle Erschließungsfähigkeit. Wert legt der Schulleiter auf die Herkunft. Seine Erfahrungen zeigen, dass man auf Kollegen auch in der unterrichtsfreien Zeit zurückgreifen muss und das ist nur möglich, wenn sie vor Ort wohnen. Weiter gibt er an, bei gleicher Qualifikation der Bewerber auf die sozialen Randbedingungen zu achten. Zentrale Kriterien sind für den Schulleiter Fachkompetenz, Selbsteinschätzung und pädagogische Fähigkeiten. Ferner zählen auch die Bereitschaft, sich einzuarbeiten und der Eindruck, nicht wegen der Ferien den Beruf zu ergreifen. Weniger wichtig erscheinen ihm spezifische Fachkenntnisse, vielmehr zählt die Bereitschaft zur Einarbeitung. Dem Auswahlgremium gehören der Schulleiter, der Stellvertreter und zwei Fachbetreuer an.

Schulleiter 10

Offene Stellen:	*Metalltechnik 1*
Bewerber:	*Metalltechnik 1*
Vorstellung:	*1*
Eingestellt:	*1*

Schule

Bei dieser Schule handelt es sich um eine multistrukturierte Schule in einer Kleinstadt in ländlicher Lage. Sie ist in staatlicher Trägerschaft und hat ein größeres Kollegium. Es ist kein Seminarlehrer an der Schule.

Attraktivität der Schule

Schulleiter 10 hält den Standort für unattraktiv und ist deshalb zufrieden, dass sich ein Bewerber für den Bereich Metalltechnik gemeldet hat. Die niedrige Bewerberzahl führt er des Weiteren zurück auf die geringe Anzahl an Absolventen sowie den Drang junger Leute, sich bevorzugt in Ballungsgebieten niederzulassen. Die Schule zeichnet sich durch das aufgeschlossene Kollegium und die angenehmen Schüler aus, die in einem gut erhaltenen Gebäude unterrichtet werden. Die Ausstattung im Metallbereich, der aufgrund seiner Größe - knapp 50% der Schüler dieser Schule besuchen diesen Fachbereich - eine zentrale Rolle spielt, ist sehr gut, sodass hier der Unterricht nahezu uneingeschränkt vonstatten gehen kann. Der Referendar wird sich an der Schule aufgrund des familiären Vertrauensverhältnisses in einer sich momentan kontinuierlich verjüngenden Lehrerschaft gut aufgehoben fühlen. Die Frage nach der Darstellung im Internet kann der Schulleiter so nicht beantworten, da sein Entwurf der Stellenausschreibung in seiner ursprünglichen Form nicht verwendet wurde. Er vermutet, dass das ISB für die Internetseite verantwortlich ist. Seiner Meinung nach ist das Stellenangebot eher sachlich verfasst und hätte etwas attraktiver gestaltet werden können. Der Schulleiter gesteht dieser Maßnahme zur Rekrutierung der Referendare eine untergeordnete Wirkung zu. Die hauptsächlichen Beweggründe für eine Bewerbung sieht der Schulleiter in der Nähe zum Wohnort bzw. zur Heimat. Die privaten Motive sind von größerer Wichtigkeit als die beruflichen. Zusätzliche Aktivitäten, um die Schule für den Bewerber interessanter zu machen, fanden, wenn man von einem Beratungsgespräch und dem Bereitstellen von Informationen absieht, nicht statt. Dies begründet der Schulleiter damit, dass es an staatlichen Institutionen keiner Werbung bedarf, da diese keinem Konkurrenzkampf ausgesetzt sind. Außerdem sind, wie bereits erwähnt, die privaten Beweggründe für die Wahl des Arbeitsplatzes wesentlich entscheidender als die angepriesenen Vorzüge einer Schule. Strukturreformen im Metallbereich und intensive Schulentwicklung bilden das Potential, die Schule noch attraktiver zu machen. Die positiven Ergebnisse, die sich dadurch und durch gute pädagogische Arbeit einstellen sorgen für einen guten Ruf der Schule und sind somit die beste Werbung. Die Perspektiven, die dem Bewerber geboten werden, beschränken sich auf die Unterstützung und die Förderung bzgl. dessen Fähigkeiten. Darin steckt auch die Forderung des Schulleiters nach Engagement und Ehrgeiz.

Stellenausschreibung

Die Ausschreibung beinhaltet neben sachlich formalen Daten der Schule auch überflüssige Informationen und erscheint in spröder Formulierung.

Kriterien der Bewerberauswahl

Die Bewerbungsunterlagen benötigt der Schulleiter zur Vorbereitung auf das Gespräch, ansonsten ist der äußere Eindruck von den Unterlagen für ihn irrrelevant. Im Vorstellungsgespräch versucht er abzuschätzen, inwieweit Temperament vorliegt, ob jemand lachen kann und einen lockeren Umgang mit seinen Schülern pflegt ohne die nötige Distanz zu verlieren. Auch ist ihm wichtig, dass die Chemie stimmt. Die berufliche Erstausbildung stuft der Schulleiter als bedeutend ein, da der zukünftige Mitarbeiter die Berufsschule besucht hat und ihm dadurch der Wirkungskreis bereits bekannt ist. Er bringt zum Ausdruck, dass Personen mit klassischem Bildungsweg nicht so leicht den Zugang finden. Auf die Noten würde er schauen, wenn eine Auswahl an Bewerbern vorliegt, bzw. falls der Bewerber sehr schlechte Zensuren vorweist. Das Zweitfach hat großen Einfluss, da es auch in der Fach- und Berufsoberschule einsetzbar sein muss. Er sieht diese Kombinationsmöglichkeit zwischen Berufsschule und Fach- und Berufsoberschule als Attraktivitätssteigerung und Motivation für seine Mitarbeiter. Der Studienschwerpunkt ist für ihn nicht ausschlaggebend aber wichtig. Der Heimatort ist bedeutsam. Der Schulleiter ist sogar bereit, Unterstützung zu leisten, wenn sich jemand in der Region häuslich niederlässt, um mit der Familie zuzuziehen. Soziale Kriterien sind für den Schulleiter dann von Bedeutung, wenn der Heimatort nicht mit dem Schulort übereinstimmt, da diese Situation nach Meinung des Schulleiters die Zusammenarbeit erschwert. Die bedeutungsvollsten Merkmale für den Schulleiter sind die fachlichen Fähigkeiten, der Wohnort bzw. die Zuzugsbereitschaft und die berufliche Erstausbildung. Beachtlichen Wert misst er der stimmigen Chemie bei. Als unwichtig bezeichnet der Schulleiter eventuelle sportlichen Aktivitäten. Das Auswahlgremium besteht aus fünf Personen, dem Schulleiter, dessen Vertreter, dem Mitarbeiter in der Schulleitung, dem Personalentwickler und dem Fachbetreuer Metall.

Schulleiter 11

Offene Stellen: *Metalltechnik 3*
Bewerber: *Metalltechnik 12*
Vorstellung: *12*
Eingestellt: *3*

Schule

Bei dieser Schule handelt es sich um eine monostrukturierte Schule in einer Großstadt. Sie ist in kommunaler Trägerschaft und hat ein kleineres Kollegium innerhalb eines größeren Schulkomplexes. Es ist kein Seminarlehrer an der Schule.

Attraktivität der Schule

An dieser Schule bewarben sich 12 Absolventen schriftlich für den Fachbereich Metalltechnik. Der Schulleiter hatte hohe Erwartungen an die Bewerberzahl. Er führt den Zulauf auf die Empfehlungen durch das Kollegium bezüglich der sofortigen Einbindung in Lehrerteams und der damit einhergehenden Möglichkeit, etwas entwickeln zu können, zurück. Besonders attraktiv an dieser Schule ist das qualifizierte, von sehr viel Eigeninitiative geprägte Kollegium. Die Innovation, die von dieser Bildungsstätte ausgeht, und die gute Ausstattung sind auf geschicktes Wirtschaften der Schulleitung und auf die Kontakte zur Großindustrie zurückzuführen. Außerdem führt der Schulleiter die disziplinierte Schülerschaft als Positivum an. Der Standort trägt durch sein sehr gutes öffentliches Verkehrsnetz zur Attraktivität bei. Die Perspektive für den Bewerber ist ein sicherer Arbeitsplatz in einem jungen Kollegium, das in der derzeitigen Zusammensetzung längerfristig erhalten bleibt. Er wird sofort in Lehrerteams eingebunden und hat die Möglichkeit, sich frei zu entwickeln. Trotzdem glaubt der Schulleiter, dass der Einfluss der Gestaltung der Stellenausschreibung im Internet gering ist. Er unternahm auch keine weiteren Anstrengungen, die Stelle schmackhafter zu machen. Generell ist er der Meinung, dass eine Schule durch einsatzwillige Lehrkräfte attraktiver würde. Er fordert Betriebspraktika für Lehrer sowie Teamteaching, um den Arbeitsplatz in der Schule besser und interessanter zu gestalten, weist jedoch auf den Personal- und Geldmangel hin, welcher dies verhindert.

Stellenausschreibung

Die Stellenausschreibung im Internet wirkt sehr gelungen. Es wird ein Gefühl der Ausgewogenheit zwischen Fordern und Fördern vermittelt. Umfangreiche, relevante Informationen in freundlicher Formulierung wecken Interesse.

Kriterien der Bewerberauswahl

Die Bewerbungsunterlagen sind für den Schulleiter zweitrangig. Im Vorstellungsgespräch testet er die Reaktion der Bewerber auf markante Sätze und Sprüche seinerseits. Er bevorzugt die direkte Rede. Keine Einladung zum Vorstellungsgespräch erhalten Kandidaten, zu denen bereits negative Aufzeichnungen aus früheren Schulpraktika vorliegen. Aus dem Lebenslauf ist für ihn ersichtlich, welchen schulischen und beruflichen Werdegang der Kandidat hinter sich hat. Der Schulleiter bevorzugt den berufsbezogenen Bildungsweg. Die berufliche Erstausbildung ist ein entscheidendes Kriterium. Der Schulleiter macht bzgl. der Noten im Bereich zwischen 1,5 und 2,5 keinen Unterschied, ab 3,5 spricht er von Faulheit, gibt aber dem Bewerber im Gespräch die Möglichkeit, sich zu erklären. Er merkt an, dass man in der zweiten Staatsprüfung schnell erkennt, ob das Normalmaß wieder erreicht wird. Allerdings gibt er aus seiner Erfahrung zu bedenken, dass hinter zu guten Noten oft Ellenbogenmenschen stehen, die nur schnell im Beruf vorwärts kommen wollen und somit überdurchschnittliche Leistungen kein Indiz für Teamfähigkeit sind. Beim Zweitfach ist deutlich die Vorliebe für Englisch erkennbar, einen Bewerber mit Sozialkunde lehnt er ab. Zusatzqualifikationen gewichtet er als bedeutend, besonders im EDV-Bereich. Der Schulleiter bevorzugt den Studienschwerpunkt Fertigungstechnik. Das Kriterium Heimatort/Herkunft ist sehr wichtig. Er bringt zum

Ausdruck, dass er mit Personen aus den neuen Bundesländern bisher nur schlechte Erfahrungen gemacht hat. Altbayern werden bevorzugt. Der Punkt soziale Kriterien spielt bei den vorliegenden Kandidaten eigentlich keine Rolle, da keine Familien im Hintergrund stehen. Jedoch bringt der Schulleiter zum Ausdruck, dass ihm prinzipiell jemand mit Kindern langfristig gesehen wertvoller erscheint, da in der Regel Mitarbeiter mit Familie in Problemfällen mehr Verständnis entwickeln. Die wichtigsten Eigenschaften sind für den Schulleiter, dass eine Person nicht zu lax, zu brav ist, sondern Biss hat und ein gerader Typ ist. Über unwichtige Kriterien hat sich der Schulleiter keine Gedanken gemacht. Dem Auswahlgremium gehören der Schulleiter, dessen Stellvertreter und zwei Personalentwickler an. Das Vorstellungsgespräch führt der Schulleiter allein.

Schulleiter 12

Offene Stellen: *Wirtschaft und Verwaltung 1*
Bewerber: *Wirtschaft und Verwaltung 3*
Vorstellung: *3*
Eingestellt: *1*

Schule

Bei dieser Schule handelt es sich um eine multistrukturierte Schule in einer kleineren Stadt. Sie ist in staatlicher Trägerschaft und hat ein mittelgroßes Kollegium. Es ist kein Seminarlehrer an der Schule.

Attraktivität der Schule

Schule 12 hatte drei Bewerber. Da der Schulleiter mit weniger gerechnet hatte, ist er sehr zufrieden. Die geringen Erwartungen führt er auf die Randlage des Standortes innerhalb von Bayern zurück, die für Bewerber gänzlich unattraktiv sei. Die Schule selbst stellt der Schulleiter als sehr attraktiv dar. Vor allem die Vielfalt an Fachbereichen und die Größe des beworbenen Fachbereichs Wirtschaft und Verwaltung finden hierbei Erwähnung. Das Kollegium, das sehr harmonisch ist, sorgt durch sein Engagement für viel Aktivität. Das gesunde Verhältnis zwischen Kollegium und Schulleitung zeichnet sich besonders dadurch aus, dass Reibungspunkte eher die Kreativität fördern, als zu Resignation führen. Aufgrund des Platzmangels bei der Internetausschreibung konnten die genannten Punkte so nicht aufgeführt werden. Deshalb hat man sich bei der Gestaltung auf die formalen Dinge beschränkt. Die Wirkung der Stellenausschreibung kann den Schulleiter nicht beurteilen, da die Motive der Bewerber relativ unabhängig davon waren. Der Schulleiter hat keine weiteren Maßnahmen, die über die Ausschreibung hinausgehen veranlasst. Der Aufgabe, die Attraktivität der Schule in Zukunft zu erhöhen, will er mit einer Steigerung der Dynamik der Bildungsinstitution und einer Vergrößerung des Freiraums der Lehrer begegnen. Letzteres vollzieht sich auch durch die Möglichkeit für den Lehrer, seinen Arbeitsplatz selbst zu gestalten. Des Weiteren müsste die Zusammenarbeit zwischen Lehrkörper und Administration verbessert werden. Das alles führt dazu, dass den Schülern guter Unterricht geboten wird. Die Perspektive für einen Bewerber beschränken sich zunächst auf die in Aussicht gestellte Planstelle nach dem Referendariat.

Stellenausschreibung

Im Gegensatz zur Auffassung des Schulleiters erscheint die Darstellung im Internet werbewirksam und professionell gestaltet. Die Region wird sehr positiv dargestellt, die Beschreibung der Schule weckt Interesse. Die Ausschreibung kann als gelungen bezeichnet werden.

Kriterien der Bewerberauswahl

Die Bewerbungsunterlagen sind für den Schulleiter in jedem Fall wichtig. Der Lebenslauf ist ausschlaggebend, aber der Schulleiter kann keine Gewichtung treffen, da in seinem Fall zu wenige Bewerbungen vorliegen, um schon über die Papierlage allein eine Aussage machen zu können. Berufliche Erstausbildung und Berufserfahrung erleichtern den Lehrerberuf aus seiner Sicht ungemein. Noten sind für den Schulleiter kein unbedingtes Kriterium. Er betont, dass er alle Universitätsabgänger mit Erfüllung der Mindestanforderungen für den Staatsdienst auch für fachlich kompetent hält. Er gibt Bewerbern die Möglichkeit die Hintergründe eventueller schlechten Leistungen zu erklären. Auch sind für ihn gute Noten kein Zeichen für einen guten Lehrer. Bei seiner Auswahl steht das Zweitfach im Hintergrund. Er gibt aber zu bedenken, dass für eine langfristige gute Zusammenarbeit und Zufriedenheit des Mitarbeiters es sinnvoll ist, wenn das Angebot und die Nachfrage bzgl. des Zweitfachs korrelieren. Während des Vorstellungsgesprächs versucht er herauszuhören, wie der Kandidat zu Unterricht steht, ob bereits Erfahrung im Umgang mit jungen Menschen vorhanden ist. Zusatzqualifikationen zeigen dem Schulleiter Engagement und dieses schätzt er mehr, als die Qualifikation an sich. Äußerst positiv bewertet er Persönlichkeitskurse (z. B. Rhetorik, Organisation). Die Bewerber müssen auf alle Fälle einen Zuzug zum Dienstort zusagen. Soziale Kriterien sind für ihn nicht relevant. Die entscheidenden Merkmale sind für den Schulleiter, soziale Kompetenz, bestimmtes Auftreten und wissen was man will. Das Auswahlgremium besteht aus dem Schulleiter, dessen Stellvertreter und den beiden Personalentwicklern.

Schulleiter 13

Offene Stellen: *Metalltechnik 2*
Bewerber: *Metalltechnik 3*
Vorstellung: *3*
Eingestellt: *2*

Schule

Bei dieser Schule handelt es sich um eine monostrukturierte Schule in einer Großstadt. Sie ist in kommunaler Trägerschaft und hat ein kleineres Kollegium. Es ist kein Seminarlehrer an der Schule.

Attraktivität der Schule

Diese Schule hatte 3 Bewerber für 2 freie Stellen im Fachbereich Metalltechnik. Der Schulleiter hatte mit weniger Zulauf gerechnet, da er den Standort für unattraktiv hält. Der Grund für
die Bewerberanzahl liegt für den Schulleiter hauptsächlich in der Internetdarstellung. Sie
wurde so gestaltet, dass sich der potenzielle Bewerber ein Bild von der Schule machen konnte
ohne dort gewesen zu sein. Außerdem kommen die gefundenen Referendare aus der näheren
Umgebung des Standortes. Die Schule hat ihr eigenes entwickeltes Konzept im Internet dargestellt und auch schon einen Preis für die Zusammenarbeit zwischen Schule und Betrieb bekommen. Zudem besteht ein großes Interesse daran, die Sozialkompetenz der Schüler zu fördern. Dies wird durch Seminare im Zuge von Projekten realisiert. Diese Punkte hält der
Schulleiter für besonders attraktiv. Das Stellenangebot wurde von den Verantwortlichen mit
Absicht so gestaltet, dass es auch die Leute anspricht, die etwas von Schulentwicklung verstehen. Dieser Maßnahme schreibt der Schulleiter einen großen Einfluss zu. Zusätzlich zu
dieser Aktion hat der Schulleiter die Bewerber darauf hingewiesen, dass ihnen Freiräume gewährt werden, die sie für sinnvolle Zusammenarbeit im Sinne der Schulentwicklung nutzen
sollten. Die Attraktivität lässt sich durch das Fortsetzen des Schulentwicklungsprozesses steigern. Hierbei sollen Fehlerquellen beseitigt werden und vor allem auf die veränderte Schülerschaft eingegangen werden. Die Perspektiven für die Bewerber beschreiben sich durch die
sofortige Einbindung in die Schulorganisation. Sie sollen in die vorhandenen Teams einge-
gliedert werden und finden dort jederzeit Unterstützung bei den Kollegen. Außerdem haben
die Referendare die Chance, an Lehrerfortbildungen teilzunehmen. Längerfristig hat der angehende Lehrer Aussicht auf eine Funktionsstelle.

Stellenausschreibung

Die Stellenausschreibung im Internet ist mit vielen Links ausgestattet, die dazu beitragen,
Details über die Schule zu erfahren. Die Darstellung und der Umfang lassen auf sehr viel Engagement schließen. Es wird deutlich, dass an dieser Bildungseinrichtung der Schüler im
Vordergrund steht. Im Vergleich zu den anderen Internetdarstellungen ist diese die aufwän-
digste. Außerdem enthält sie alle Argumente, die der Schulleiter im Interview angeführt hat.

Kriterien der Bewerberauswahl

Der Schulleiter sieht die Bewerbungsunterlagen zwar durch, diese spielen aber ansonsten eine
eher untergeordnete Rolle. Sehr wichtig empfindet er das Vorstellungsgespräch. Hier bekommt der Schulleiter Eindrücke über die Reaktionen des Bewerbers, seine Möglichkeiten,
Tätigkeiten vor und während des Studiums und zu seinen Vorstellungen. Von Interesse ist
hier auch die Zulassungsarbeit. Im Lebenslauf achtet der Schulleiter darauf, dass nicht zu viele Freizeiten vorkommen. Als bedeutend stuft er die berufliche Erstausbildung ein. Kein Entscheidungskriterium sind für den Schulleiter Noten. Ebenso hat auch das Zweitfach keinen
Einfluss auf die Auswahl. Den Umgang mit dem PC setzt der Schulleiter voraus und er begrüßt es sehr, wenn sich jemand in Richtung Schulentwicklung zusätzlich qualifiziert hat. Der
Studienschwerpunkt ist für die Auswahl nicht von Bedeutung, da die Einsetzbarkeit für jeden
Schwerpunkt gewährleistet ist. Ein ausschlaggebendes Kriterium ist die Nähe des Heimatortes

zur Schule, damit erhöht sich die Wahrscheinlichkeit des Verbleibs des Mitarbeiters an dieser Schule. Den sozialen Gesichtspunkten misst der Schulleiter eine untergeordnete Bedeutung zu. Die wichtigsten Kriterien für den Schulleiter sind die Passung zum Kollegium, das Engagement, die Verwendbarkeit nach der Ausbildung und Erfahrungen im Bereich Schulentwicklung als Zusatzqualifikation. Absolut irrelevant ist für ihn die Nervosität eines Bewerbers während des Vorstellungsgesprächs. Das Auswahlgremium setzt sich aus dem Schulleiter, dem Abteilungsleiter und zwei Betreuern der zukünftigen Referendare zusammen.

Schulleiter 14

Offene Stellen:	*Wirtschaft und Verwaltung 1*
Bewerber:	*Wirtschaft und Verwaltung 6*
Vorstellung:	*5*
Eingestellt:	*1*

Schule

Bei dieser Schule handelt es sich um eine multistrukturierte Schule in einer Kleinstadt in ländlicher Lage. Sie ist in staatlicher Trägerschaft und hat ein größeres Kollegium. Es ist ein Seminarlehrer in einem anderen Berufsfeld an der Schule.

Attraktivität der Schule

Der Schulleiter dieser Schule hat sechs Bewerbungen für das Erstfach Wirtschaft und Verwaltung entgegengenommen, was in dieser Höhe nicht seinen Erwartungen entsprach. Als Grund für diese Zahl nennt er die Nähe zur Großstadt. Die Attraktivität seiner Schule führt er auf den Ruf als gute Lehrerausbildungsstätte zurück. Außerdem nennt er die Beteiligung an verschiedenen Schulversuchen und das harmonische Kollegium sowie die Möglichkeit von jedem Raum auf das Intra- und Internet zugreifen zu können als positive Aspekte für den Bewerber. Er betont zudem die aktiv betriebene Schulentwicklung und die Arbeitsweise der Lehrer in Teams. Er bietet eine Ausbildung im zukünftigen Einsatzbereich, an die sich eine freie Stelle, die es durch den Referendar zu besetzen gilt, anschließt. Aufgrund der Altersstruktur des Kollegiums bestehen Aufstiegsmöglichkeiten. Diese Argumente für eine Bewerbung hat der Schulleiter nach eigenen Angaben nicht in der Stellenausschreibung dargestellt. Er gesteht diesem Medium wenig Wirkung bzgl. einer Bewerbung zu und hat auch sonst keine Maßnahmen ergriffen, die Schule für den Bewerber attraktiv zu machen. Das alles begründet er damit, dass die Studenten nur private und keine beruflich-fachlichen Beweggründe für Entscheidungen bezüglich der Wahl des zukünftigen Arbeitsortes haben.

Stellenausschreibung

Die sachliche und umständliche Darstellung wirkt langweilig und wenig ambitioniert. Inhaltlich ist die Ausschreibung überladen ohne die gestreiften Attraktivitätspunkte herauszuarbeiten. Das Layout ist einfallslos gestaltet.

Kriterien der Bewerberauswahl

Die Bewerbungsunterlagen sollten freundlich und höflich formuliert und mit den üblichen Unterlagen ausgestattet sein. Der Schulleiter weist einen Bewerber aufgrund seiner überzogenen und mit übertriebener Selbsteinschätzung gestalteten Papiervorlage zurück. Das Vorstellungsgespräch hat großen Einfluss auf die Entscheidung. Der Schulleiter achtet hier auf das Auftreten und auf das gezielte Beantworten der gestellten Fragen. Der Lebenslauf ist ihm wichtig, eine berufliche Erstausbildung aber nicht zwingend erforderlich. Der Schulleiter achtet nicht auf absolute Topnoten, aber sie müssen in einer normalen Bandbreite liegen. Das Vorhandensein eines Zweitfachs ist für ihn ausschlaggebend, denn eine reine Monoausbildung, wie es im Berufsfeld Wirtschaft und Verwaltung oft vorkommt, ist wesentlich unflexibler zu handhaben, da die Einsetzbarkeit der Lehrkraft sinkt. Zusatzqualifikationen sind nicht zwingend erforderlich, aber der Schulleiter begrüßt es sehr, dass zwei Bewerber Englischzertifikate besitzen. Die Nähe des Wohnortes ist für den Schulleiter von großer Bedeutung, da die Kandidaten zumindest mittelfristig an der Schule bleiben sollen. Soziale Kriterien sind insofern von Belang, als dass eine allein erziehende Kandidatin die Aufnahme des Unterrichtsbetriebs in der ersten Stunde nicht zusichern kann und aus diesem Grunde nicht in die Auswahl kommt. Die bedeutendsten Merkmale, auf die der Schulleiter achtet, sind neben dem Zweitfach die Entwicklung der Begeisterung für Teamarbeit, das Vorbringen eigener Ideen bereits im Vorstellungsgespräch und die Zusicherung der räumlichen Bindung. Der Schulleiter vermisst, dass für die Kandidaten der Hauptgrund zur Teilnahme am Modellversuch die Attraktivität seiner Schule ist. Das Auswahlgremium setzt sich aus dem Schulleiter, dem Personalentwickler, dem Fachbetreuer und dem Mitarbeiter der Schulleitung zusammen.

Schulleiter 15

Offene Stellen: *Ernährung und Hauswirtschaft 1*
Bewerber: *Ernährung und Hauswirtschaft 3*
Vorstellung: *3*
Eingestellt: *1*

Schule

Bei dieser Schule handelt es sich um eine multistrukturierte Schule in einer kleineren Stadt. Sie ist in staatlicher Trägerschaft und hat ein mittelgroßes Kollegium. Es ist kein Seminarlehrer an der Schule.

Attraktivität der Schule

Schule 15 hatte drei Bewerber für den Fachbereich Ernährung- und Hauswirtschaft. Der Schulleiter hatte keine Erwartungen an diese Zahl und äußert sich auch nicht weiter dazu, da ihm Bezugsgrößen, wie z.B. die Absolventenzahl fehlen. Die Attraktivität der Schule zeichnet sich vor allem durch ein hochqualifiziertes und engagiertes Kollegium aus, das aufgrund der guten Ausstattung gute Arbeitsbedingungen vorfindet. Außerdem sind das ständige Engagement in Sachen Schulentwicklung und der fortschrittliche Unterricht mit modernen Unterrichtsformen und -methoden ein Aushängeschild. Der Standort leistet nach Angabe des Schulleiters durch seinen hohen Freizeitwert einen zusätzlichen, großen Beitrag zur Attraktivität des Arbeitsplatzes. Um die Attraktivität der Schule zu steigern, müsste man beim Gebäude anfangen und dieses verschönern oder erneuern und die sowieso fast neue Ausstattung auf den allerneuesten Stand bringen. Des Weiteren haben die Schulleitung und das Kollegium das Ziel, die Arbeitsatmosphäre noch angenehmer zu gestalten. Der Schulleiter hat keine Meinung bezüglich des Einflusses der Stellenausschreibung auf die Bewerberzahl. Über die Ausschreibung hinaus hat der Schulleiter die Bewerber und das betroffene Lehrerteam miteinander bekannt gemacht und so die Möglichkeit für Gespräche mit den Teammitgliedern eröffnet. Den Bewerbern wird nach der Ausbildung eine freie Stelle angeboten.

Stellenausschreibung

Die Stellenausschreibung ist sehr knapp gefasst und führt die genannten positiven Aspekte nur in geringem Maß auf. Die Informationen zur Schule erscheinen bürokratisch, die Anforderungen an einen Bewerber unverbindlich. Die Darstellung wirkt schnell gemacht und unpersönlich.

Kriterien der Bewerberauswahl

Die Bewerbungsunterlagen werden vom Schulleiter als gut empfunden, geben aber keinen Ausschlag. Im Vorstellungsgespräch kristallisiert sich heraus, dass die älteren selbstbewussten Bewerber nicht so viel Anklang finden, wie die jüngeren, offeneren. Die Begründung hierfür liegt in der Formbarkeit der jüngeren Kandidaten im Gegensatz zu den festgefahrenen Älteren. Von Interesse für den Schulleiter sind außerdem die Gründe der Bewerbung für diese Schule und den Modellversuch sowie die Zulassungsarbeit. Als ausschlaggebendes Kriterium bezeichnet der Schulleiter die genannten Motive für den Beruf des Berufsschullehrers. Den Lebenslauf bezeichnet der Schulleiter als „ein bisschen wichtig", wobei Zielstrebigkeit hier von Bedeutung ist. In der Entscheidung wird berücksichtigt, was die einzelnen Bewerber geleistet haben und wie dies die Persönlichkeit beeinflusst. Aus diesem Grund entscheidet sich das Auswahlgremium für den jüngsten und geradlinigsten Bewerber. Die berufliche Erstausbildung ist nicht von Belang. Betriebspraktika sind für den Schulleiter absolut ausreichend. Zu den Noten kann sich der Schulleiter nicht äußern, da diese zum Bewerbungszeitpunkt noch nicht vorlagen. Auf das Zweitfach wird bei der Auswahl des zukünftigen Referendars kein Wert gelegt. Zusatzqualifikationen erwartet der Schulleiter keine besonderen. EDV-Kenntnisse werden als selbstverständlich angesehen. Der Punkt Heimatort/Herkunft hat Relevanz. Die Langfristigkeit des Personalverhältnisses soll nicht in Frage stehen. Hier stellt der Schulleiter die Frage nach den Gründen für diese Schule und diesen Ort. Soziale Kriterien spielen für die Entscheidung des Schulleiters keine Rolle. Die wichtigsten Merkmale für den Schulleiter die der Kandidat erfüllen muss, sind die Formbarkeit, die Passung mit dem Kollegium und die direkte Aussage den Beruf als Berufung zu sehen. Unwichtig sind die Abiturnoten, die berufliche Erstausbildung und das Zweitfach. Das Auswahlgremium setzt sich aus dem Schulleiter, dem Fachbetreuer, dem Personalentwickler und einem weiteren Kollegen zusammen.

Schulleiter 16

Offene Stellen:	*Wirtschaft und Verwaltung 2*
Bewerber:	*Wirtschaft und Verwaltung 18*
Vorstellung:	*9*
Eingestellt:	*2*

Schule

Bei dieser Schule handelt es sich um eine monostrukturierte Schule in einer kleineren Stadt. Sie ist in staatlicher Trägerschaft und hat ein mittelgroßes Kollegium. Es ist ein Seminarlehrer im angebotenen Berufsfeld an der Schule.

Attraktivität der Schule

Die Schulleitung von Schule 16 rechnete mit weniger als den 18 Bewerbungen, die sie für den Fachbereich Wirtschaft und Verwaltung tatsächlich bekam. Sie begründet die große Anzahl mit der Attraktivität des Standorts und dem guten Ruf als Seminarschule. Außerdem ist der Bewerberzulauf Ausdruck einer Kritik an der bisherigen Lehrerausbildung mit ihren Anforderungen an Flexibilität und Mobilität. Die Schule ist nach Angaben des Schulleiters attraktiv, weil hier ein junges, engagiertes Kollegium meist in Teamarbeit und offen für neue Methoden und Verfahrensweisen seine Arbeit verrichtet. Eine Steigerung der Attraktivität dieser Schule sieht der Schulleiter in der Wiederaufnahme des Schulentwicklungsprozesses. Des Weiteren ist die Teilnahme des Personals an bzw. die Durchführung von Fortbildungsmaßnahmen durch das Personal ein wichtiger Punkt, der die Schule noch interessanter macht. Auf die Frage nach dem Einfluss der Internetseite auf die Bewerbungen gibt der Befragte an, dass ihm der Vergleich mit anderen Darstellungen fehlt. Er habe lediglich inhaltlich argumentiert. Der Schulleiter hat neben dieser Ausschreibung keine Maßnahmen zur Attraktivitätssteigerung der Schule für den Bewerber ergriffen. Er bietet ihnen eine moderne Ausbildung und vielfältige Einsatzmöglichkeiten und somit Orientierungsmöglichkeiten im größeren Feld dieses Berufsbereichs.

Stellenausschreibung

Die oben genannten Punkte finden sich größtenteils auch in der Stellenausschreibung wieder. Sie macht deutlich, was die Schule bietet, aber auch was sie fordert. Es werden viele Informationen in klarer Form geboten, die Interesse zu erwecken vermag.

Kriterien der Bewerberauswahl

Überzeugend dargestellte Bewerbungsunterlagen sind für den Schulleiter für die Vorauswahl sehr wichtig. Weiter bezeichnet der Schulleiter die Examensnoten als wesentliches Kriterium für die Vorauswahl. Der Lebenslauf spiegelt für den Schulleiter den persönlichen Werdegang wieder, der auch von Bedeutung ist. Kandidaten mit jahrelanger beruflicher Tätigkeit in der Wirtschaft und einer verspäteten Hinwendung zum Lehramt werden nicht präferiert, eine berufliche Erstausbildung hingegen oder weitere nützliche berufliche Tätigkeiten werden gewünscht. Bewerber mit dem Zweitfach Englisch sind eindeutig im Vorteil. Im Vorstellungsgespräch zählt als Endauswahlkriterium der Eindruck, dass der Bewerber die Lehreraufgaben

im fachlichen Bereich bewältigen kann. Der Schulleiter legt relativ großen Wert auf Zusatzqualifikationen. Weiterhin gibt der Schulleiter im Interview an, sich aufgrund der persönlichen Verhältnisse der Kandidaten Hoffnung auf eine langfristige Verweildauer an der Schule
zu machen. Der Aspekt Herkunft/Heimatort ist als mit entscheidend zu betrachten. Der Schulleiter äußert sich zu den sozialen Kriterien dahingehend, dass sich im Bewerberkreis niemand
unmittelbar aufdrängt, dessen soziale Belange mit berücksichtigt werden müssten. Als absolut
entscheidende Kriterien sieht der Schulleiter den überzeugenden persönlichen Eindruck, die
Art und Weise Dinge zu beurteilen, die Souveränität des Auftretens, die Vielseitigkeit des
Einsatzes und welche Impulse der Bewerber zur Schulentwicklung bringt. Dem Auswahlgremium gehören der Schulleiter und das Personalentwicklungsteam, bestehend aus drei Kolle-
ginnen und dem Leiter dieses Teams an.

Schulleiter 17

Offene Stellen:	*Ernährung und Hauswirtschaft 2*
	Metalltechnik 2
Bewerber:	*Ernährung und Hauswirtschaft 1*
	Metalltechnik 1
Vorstellung:	*Ernährung und Hauswirtschaft 1*
	Metalltechnik 1
Eingestellt:	*Ernährung und Hauswirtschaft 1*
	Metalltechnik 1

Schule

Bei dieser Schule handelt es sich um eine multistrukturierte Schule in einer Kleinstadt in ländlicher Lage. Sie ist in staatlicher Trägerschaft und hat ein mittelgroßes Kollegium. Es ist ein
Seminarlehrer in einem der angebotenen Berufsfelder an der Schule.

Attraktivität der Schule

An Schule 17 traf jeweils eine Bewerbung für Metalltechnik und für Ernährung und Hauswirtschaft ein. Damit hat der Schulleiter aufgrund der Randlage des Standorts auch gerechnet.
Referendare, die auf Ruhe aus sind, würden sich hier wohl fühlen. Er erwähnt die gute Arbeitsatmosphäre und die schon vorhandene Referendarsausbildung als positiven Aspekt an
dieser Schule. Außerdem findet eine enge Zusammenarbeit mit der IHK statt. Der angehende
wie auch der fertig ausgebildete Lehrer haben große Freiräume zur Entwicklung eigener Konzepte. Der Einfluss der Internetdarstellung ist nach Meinung des Schulleiters eher groß, da er
sagt, dass man sich durch eine professionellere Darstellung gegen die konkurrierenden Berufsschulen an attraktiveren Standorten durchsetzen müsste. Diese Punkte hat der Schulleiter
jedoch nach eigener Aussage so nicht im Internet wiedergegeben. Zusätzliche Maßnahmen
des Schulleiters fanden nicht statt. Um die Attraktivität seiner Schule zu steigern würde der
Schulleiter mehr Werbung vor allem an der Universität betreiben und eine besser gestaltete
Homepage ins Internet stellen. Der Referendar hat Aussicht auf eine feste Anstellung nach der

Ausbildung. Er bekäme die Möglichkeiten sich weiter zu qualifizieren und könne sich der Unterstützung bei seiner persönlichen Weiterentwicklung sicher sein.

Stellenausschreibung

Das Stellenangebot beinhaltet vor allem konzeptionelle Gedanken, an denen sich Lehrkräfte im Unterricht orientieren sollten. Es lässt auf eine starke Schülerausrichtung schließen. Die Darstellung wirkt auf den Betrachter sehr positiv, da sie nicht mit Anforderungen überfrachtet ist und eher Unterstützung für die Ausbildung ankündigt.

Kriterien der Bewerberauswahl

Der Eindruck von den Bewerbungsunterlagen ist dem Schulleiter weniger wichtig. Dafür ist das Gespräch von großer Bedeutung. Hier versucht der Schulleiter das Maß an Freiwilligkeit, die Passung zur Schulphilosophie, die Offenheit für neue Ideen, die Experimentierfreudigkeit, den Forschergeist und die Teamfähigkeit abzuschätzen. Der Lebenslauf spielt erst als Entscheidungshilfe bei ansonsten gleichwertigen Kandidaten eine Rolle. Eine berufliche Erstausbildung sieht der Schulleiter als sehr positiv, aber nicht unbedingt als Voraussetzung an. Die Noten sind nicht so sehr von Bedeutung, spielen vielleicht bei einer größeren Anzahl an Bewerbern eine Rolle. Das Zweitfach ist nicht entscheidend, wenngleich in der Ausschreibung das Zweitfach Englisch gewünscht war. Auf Zusatzqualifikationen achtet der Schulleiter nicht besonders, da er auf entwicklungsfähige Personen Wert legt, die einen eventuellen Mangel an Zusatzfähigkeiten leicht wettmachen. Dem Studienschwerpunkt misst er beachtlichen Wert bei, vor allem im Hinblick auf die Entwicklung eines Kompetenzzentrums. Der Punkt Herkunft/Heimatort ist ein wesentliches Merkmal bei der Entscheidungsfindung. Der Schulleiter sagt deutlich, dass für ihn nur Mitarbeiter, die ihm ein langfristiges Arbeitsverhältnis zusichern in Frage kommen. Der Schulleiter spricht sich bei gleichwertigen Kandidaten eindeutig für denjenigen aus, der für die Schule das beste Potential birgt, egal ob einer der Bewerber Familie hat oder nicht. Der zukünftige Mitarbeiter muss den Willen zeigen sich zu entwickeln und lernen zu wollen, das Schulkonzept mittragen, langfristig an der Schule bleiben und Fachkompetenz besitzen. Das Auswahlgremium besteht aus dem Schulleiter, dem Stellvertreter, dem Personalentwickler und dem Schulentwickler.

Schulleiter 18

Offene Stellen:	*Elektrotechnik 1*
	Wirtschaft und Verwaltung 1
Bewerber:	*Elektrotechnik 1*
	Wirtschaft und Verwaltung 4
Vorstellung:	*Elektrotechnik 1*
	Wirtschaft und Verwaltung 4
Eingestellt:	*Elektrotechnik 1*
	Wirtschaft und Verwaltung 1

Schule

Bei dieser Schule handelt es sich um eine multistrukturierte Schule in einer Kleinstadt in ländlicher Lage. Sie ist in staatlicher Trägerschaft und hat ein kleineres Kollegium. Es ist kein Seminarlehrer an der Schule.

Attraktivität der Schule

Schule 18 bekam insgesamt vier Bewerbungen: Drei im Bereich Wirtschaft und Verwaltung sowie eine in Elektrotechnik. Der Schulleiter hat im Bereich Elektrotechnik mit weniger Interesse gerechnet, da er die Zahl der Studenten kennt. Mit der Anzahl im Bereich Wirtschaft und Verwaltung war er zufrieden. Als Gründe für die Nachfrage gibt der Schulleiter den Ruf der Schule in Bezug auf die aktive Schulentwicklung an. Informationen diesbezüglich sind für die Bewerber auch über die Homepage einsehbar, was die Studenten seiner Meinung nach beeinflusst hat. Des Weiteren ist der Status dieser beruflichen Schule als Schwerpunktstandort in den beiden angebotenen Fachrichtungen ein Pluspunkt. Zusätzliche Attraktivität erhält der Arbeitsplatz durch die Nähe zu den Bergen und das Umfeld, das von einem angenehmen gesellschaftlichen Klima geprägt ist. Außerdem findet der ganze Unterricht in einem Haus statt, das überschaubar ist. Da externe Vorgaben die Größe des Stellenangebots einschränkten, wurden die genannten Aspekte in der Stellenausschreibung nur kurz erwähnt. Der Schulleiter gesteht der Maßnahme der Stellenausschreibung im Internet einen positiven Einfluss zu. Man könne damit einen ersten Eindruck von der Schule vermitteln und gleichzeitig Werbung betreiben. Der Rundgang durch die Schule und eine nette Atmosphäre im Vorstellungsgespräch waren neben der Internetausschreibung zusätzliche Maßnahmen, um die Referendarsstelle an dieser Schule attraktiver zu machen. Weiter erwähnt der Schulleiter die Altersstruktur des Kollegiums als Perspektive, die das Angebot noch interessanter macht. Anstehende Pensionierungen ermöglichen einen sicheren Arbeitsplatz und erhöhen die Aufstiegschancen. Attraktiv für einen Bewerber stellt sich das intakte Lehrerkollegium mit seinem ausgeprägten Teamgedanken dar. Die Schüler dieser Schule sind motiviert, die Zusammenarbeit mit den Ausbildungsbetrieben ist positiv zu bewerten.

Stellenausschreibung

Die Werbewirksamkeit der Stellenausschreibung im Internet beschränkt sich auf den Aspekt der Schulentwicklung. Die Informationen könnten mehr ins Detail gehen und mehr Freude ausstrahlen. Das Layout erscheint großflächig und modern gestaltet.

Kriterien der Bewerberauswahl

Der Schulleiter befindet die Bewerbungsunterlagen für wichtig, aber nicht als wesentlich. Bedeutungsvoll stuft er das Vorstellungsgespräch ein. Hier wird versucht aus Präsentation und Darstellung der Bewerber abzuleiten, wie der Kandidat in Zukunft vor der Klasse steht. Wichtig ist auch, dass der zukünftige Mitarbeiter menschlich ins Kollegium passt. Der Lebenslauf muss nicht geradlinig verlaufen, sondern darf ruhig Abweichungen enthalten, solange eine grundsätzliche Zielstrebigkeit ersichtlich ist. Die berufliche Erstausbildung ist mit entscheidend. Ebenso sieht der Schulleiter es als positiv an, dass ein Kandidat ein ehemaliger Schüler der Schule ist. Als Grundkriterium bezeichnet der Schulleiter die Leistungen im Studium. Bewerber mit Ergebnissen von 3,5 werden nicht in die engere Wahl mit einbezogen. Eigentlich soll das Zweitfach für die Schule nutzbar sein, aber in einem Fall ist aufgrund der Absage des Wunschkandidaten das Kriterium nicht erfüllbar. Zusatzausbildungen im IT-Bereich sind von großem Nutzen. Auch bemerkt der Schulleiter positiv, dass ein Bewerber bereits langjährig in der Jugendarbeit tätig ist. Der Studienschwerpunkt ist nicht relevant. Der Schulleiter sieht es als positiv, wenn Kandidaten in der Nähe wohnen oder ihren Zuzug garantieren, damit die langfristige Bindung gewährleistet wird. Die wichtigsten Kriterien, die ein zukünftiger Mitarbeiter erfüllen muss, sind die Entscheidung für den Ort, die guten Studienleistungen, die Präsentation während des Gesprächs, die Zusatzqualifikation im IT-Bereich und reges Interesse an der neuen Tätigkeit. Das Auswahlgremium besteht aus dem Schulleiter, seinem Stellvertreter und dem Fachbetreuer.

Schulleiter 19

Offene Stellen:	*Wirtschaft und Verwaltung 2*
Bewerber:	*Wirtschaft und Verwaltung 25*
Vorstellung:	*15*
Eingestellt:	*2*

Schule

Bei dieser Schule handelt es sich um eine multistrukturierte Schule in einer Kleinstadt in ländlicher Lage. Sie ist in staatlicher Trägerschaft und hat ein kleineres Kollegium. Es ist kein Seminarlehrer an der Schule.

Attraktivität der Schule

An dieser Schule entsprach die hohe Bewerberzahl von 25 für den Bereich Wirtschaft und Verwaltung den Erwartungen. Die Gründe liegen für den Schulleiter im guten Ruf der Schule, in der Nähe zur Großstadt, sowie in der Attraktivität des Standorts selbst. Die Schule zeichnet sich aber auch durch ein engagiertes Kollegium und ein entsprechend gutes Arbeitsklima aus. Das Gebäude hat ein gepflegtes Äußeres und im Inneren eine gute Ausstattung. Hier gibt es z.B. für jede Lehrkraft einen Schreibtisch. Nach Aussage des Schulleiters beinhaltete die Stellenausschreibung die genannten Aspekte, allerdings ist er der Meinung, dass private Gründe der Studenten für eine Bewerbung entscheidend sind und die Maßnahme im Internet kaum einen Einfluss hat. Weitere Aktivitäten um die angebotene Stelle attraktiver zu machen beschränkten sich auf einen Rundgang durchs Schulhaus mit den Bewerbern, denen er bei gegenseitigem Interesse eine freie Stelle nach der Ausbildung anbietet. Potential zur Steigerung der Attraktivität der Schule sieht der Schulleiter in einer kontinuierlichen Schulentwicklung, die eine Erhöhung der Qualität des Lehrangebots zur Folge hat.

Stellenausschreibung

Die Stellenausschreibung gibt Informationen zur Schule nur sehr spärlich, aber in ansprechendem Design. Die Verwendung von Begriffen aus der Wirtschaft lässt Teamarbeit und ein gutes Arbeitsklima vermuten. Sie wirkt allerdings sehr steril und distanziert. Dieser Eindruck ändert sich zum positiven, wenn man die angegebene Homepage der Schule besucht.

Kriterien der Bewerberauswahl

Der Schulleiter analysiert die Bewerbungsunterlagen genau, um daraus Fragen für das Bewerbungsinterview zu entwickeln. Der Lebenslauf ist vor allem in den Punkten mit Bezug zur beruflichen Tätigkeit von Interesse. Ebenso müssen die Bewerber lange Studienzeiten erklären. Der berufliche Werdegang ist ein Merkmal mit großem Einfluss auf die Entscheidung. Der Schulleiter erwartet Noten im guten Bereich, gibt aber auch zu bedenken, dass diese kein Maß für das spätere erfolgreiche Ausüben des Berufs sind. Das Zweitfach ist eher unwichtig. Der Schulleiter erkundigt sich aber nach Englischkenntnissen und EDV-Grundlagen. Im Gespräch werden die Kandidaten mit pädagogischen Situationen konfrontiert und sollen hierzu Stellung beziehen. Wichtig ist dabei, dass die Antworten mit der Meinung des Teams korrelieren, falls nicht, ist das ein Ausscheidungskriterium. Auch verzeichnet er positiv, dass ein Kandidat die Zusatzqualifikation Sporttrainer besitzt, da die Schule sich in Zukunft in dieser Richtung im Bereich des beruflichen Sektors orientiert. Die Herkunft aus der näheren Umgebung spielt eine entscheidende Rolle, da der Schulleiter durch die persönliche örtliche Bindung eine langfristige Verweildauer an seiner Schule sieht. Der Schulleiter empfindet bei der Auswahl eines Kandidaten die Nähe des Wohnortes und den ehemaligen Besuch seiner Schule als wichtig. Soziale Gesichtspunkte bewertet der Schulleiter nicht, da die Bewerber alle noch sehr frei beweglich sind. Das Auswahlgremium setzt sich zusammen aus dem Schulleiter, seinem Stellvertreter und dem Personalentwickler.

Schulleiter 20

Offene Stellen:	*Wirtschaft und Verwaltung 2*
Bewerber:	*Wirtschaft und Verwaltung 7*
Vorstellung:	*6*
Eingestellt:	*2*

Schule

Bei dieser Schule handelt es sich um eine multistrukturierte Schule in einer kleineren Stadt in ländlicher Lage. Sie ist in staatlicher Trägerschaft und hat ein kleineres Kollegium. Es ist ein Seminarlehrer im angebotenen Berufsfeld an der Schule.

Attraktivität der Schule

An dieser Schule bewarben sich sieben Absolventen für den Bereich Wirtschaft und Verwaltung. Der Schulleiter hatte diesbezüglich jedoch keine Erwartungen. Er führt den Zulauf auf den guten Ruf der Schule zurück. Aufgrund der hohen Anzahl der Bewerbungen beim normalen Ausschreibungsverfahren für die Einstellung von Lehrkräften nach der Ausbildung bezeichnet er seine Schule als attraktiv. Dies begründet er mit der zentralen Lage und dem schönen Schulgebäude. Die kollegiale Atmosphäre und die sofortige Einbindung der Referendare in die Lehrerschaft bezeichnen die innerschulische Attraktivität. Ob diese Punkte so in der Internetausschreibung aufgeführt wurden, kann der Befragte nicht mit Sicherheit sagen. Er meint sie dann doch in einem Satz erwähnt zu haben. Der Einfluss der Stellenausschreibung auf den Bewerberzulauf ist für den Schulleiter vorhanden. Aufgrund der Aussagen der Bewerber stellt er fest, dass die Internetseite informativ und gut gelungen sei. Zusätzliche Maßnahmen zur Attraktivitätssteigerung wurden nicht ergriffen. Um die Attraktivität der Schule in der Zukunft zu steigern will der Schulleiter die Anstrengungen bezüglich der Schulentwicklung fortführen und den Referendaren weiterhin die guten Verhältnisse, wie sie bisher herrschten, ermöglichen. Die Perspektiven, die den angehenden Lehrkräften geboten werden beschränken sich auf die Möglichkeit, am Bewerbungsverfahren um eine in absehbarer Zeit zu besetzende Planstelle teilzunehmen.

Stellenausschreibung

Die Stellenausschreibung ist sehr sachlich und nüchtern gestaltet, enthält die wichtigsten Daten über die Schule sowie die Anforderungen an den Bewerber. Sie wirkt jedoch nicht sehr ansprechend.

Kriterien der Bewerberauswahl

Der Schulleiter sichtet die Unterlagen auf Vollständigkeit. Die Bewerbungsunterlagen sind aussagekräftig und Basis für eine erste Abschätzung. Im Lebenslauf ist das Interesse auf Praktika und Zusatzqualifikationen gerichtet. Eine Berufsausbildung ist erwünscht. Im Vorstellungsgespräch stellt der Schulleiter Fragen nach den Vorstellungen der Kandidaten und ihren Gründen am Modellversuch teilzunehmen. Ferner ist wichtig, wie sich die Atmosphäre entwickelt und die Bewerber argumentieren und sich artikulieren. Aufgrund dieser Eindrücke versucht der Schulleiter das Profil der Personen einzuschätzen. Noten sind für den Schulleiter von Bedeutung. Er stellt fest, dass diejenigen Personen, die sich im Vorstellungsgespräch gut präsentieren auch gute Noten haben. Das Zweitfach ist zwar grundsätzlich von Belang, allerdings stellt der Schulleiter einen Kandidaten ohne Zweitfach, aber mit vertieften Kenntnissen in Informatik ein. Daraus ist ersichtlich, dass Zusatzqualifikationen erwünscht sind. Die Herkunft bzw. der Heimatort spielen für den Schulleiter keine Rolle. Soziale Kriterien wären nur bei ansonsten gleichwertigen Bewerbern berücksichtigt worden. Die elementaren Anforderungen, die vom zukünftigen Mitarbeiter erfüllt sein müssen, sind eine gereifte Persönlichkeit, angenehmes Erscheinungsbild und Artikulation und gute Noten. Darüber hinaus muss sich die Person mit den Vorstellungen der Schule identifizieren können. Die Auswahl wird von einem

Dreiergremium getroffen. Diesem gehören der Schulleiter, der Personalentwickler und der Seminarlehrer an.

Schulleiter 21

Offene Stellen: *Wirtschaft und Verwaltung 2*
Bewerber: *Wirtschaft und Verwaltung 6*
Vorstellung: *4*
Eingestellt: *2*

Schule

Bei dieser Schule handelt es sich um eine monostrukturierte Schule in einer Kleinstadt in ländlicher Lage. Sie ist in staatlicher Trägerschaft und hat ein kleineres Kollegium. Es ist kein Seminarlehrer an der Schule.

Attraktivität der Schule

Der Schulleiter dieser Schule bekam sechs Bewerbungen für den Bereich Wirtschaft und Verwaltung. Damit hat er nicht gerechnet. Er sieht den Grund dafür hauptsächlich in der Tatsache, dass der Modellversuch die Möglichkeit der freien Arbeitsplatzwahl eröffnet. Außerdem sind für ihn der hohe Freizeitwert des Standorts und die Schule selbst Beweggründe für eine Bewerbung. Letztere zeichnet sich vor allem durch die aktive Schulentwicklung und die Kollegialität unter den Lehrern aus. Des Weiteren wird das Spektrum der positiven Aspekte durch Punkte wie den engen Kontakt zu den Dualpartnern, die hohe Eigendynamik durch das engagierte Kollegium, den Förderverein, Schulpartnerschaften sowie den Lehrersport und die gute Mensa ergänzt. Der Schulleiter denkt, die genannten Punkte auch in der Stellenausschreibung genannt zu haben. Er habe sie genutzt um Werbung zu betreiben. Folglich schreibt er dem Einfluss dieser Maßnahme große Wirkung zu. Der Schulleiter führt als zusätzliche Aktivitäten zur Rekrutierung des angehenden Lehrpersonals den Rundgang durch die Schule, die positive Atmosphäre hierbei, sowie die Erwähnung einiger schon genannter Aspekte und die EDV-Ausstattung an. Die Bewerber erhalten die Option auf eine freie Stelle und die Möglichkeit des ausbildungsbezogenen Einsatzes. Perspektiven eröffnen sich insofern, als dass man in einer angenehmen Gegend angenehme Schüler unterrichten darf und auch die schulischen Arbeitsbedingungen sehr positiv sind. Um die Attraktivität der Schule zukünftig noch zu steigern will der Schulleiter das Gebäude sanieren lassen. Zudem wird intensive Schulentwicklung betrieben um die Unterrichtsqualität zu verbessern. Außerdem legt er großen Wert auf die Öffentlichkeitsarbeit.

Stellenausschreibung

Die Stellenausschreibung greift die oben erwähnten Punkte auf. Sie erscheint professionell gestaltet, gibt knapp die wichtigsten Informationen und wirkt damit ansprechend.

Kriterien der Bewerberauswahl

Die Bewerbungsunterlagen sind ein Entscheidungskriterium, aber der Schulleiter legt keinen Wert auf spektakuläre Bewerbungen, sondern auf den Inhalt. Beim Lebenslauf richtet sich das Augenmerk unter anderem auf das Zusammenpassen der Interessen und Neigungen der Kandidaten mit dem Kollegium. Auch wird auf die Erstausbildung geachtet, die berufliche Vorbildung ist von Bedeutung. Noten sind nicht das erste Kriterium, d.h. sie müssen nicht exzellent sein, sind aber ein Aspekt. Beim Zweitfach ist Englisch der Wunsch, bei ausreichender Qualifikation im Gesamtbild ist dies aber nicht zwingend erforderlich. Zusatzqualifikationen werden als sehr bedeutsam für den Entscheidungsprozess eingestuft. Bereichernd empfindet der Schulleiter Kenntnisse im IT-Bereich. Das Bewerbungsgespräch an sich ist besonders wichtig. Hier wird versucht, etwas über die Person zu erfahren, die Eignung als Lehrerperson festzustellen und etwas über bereits gemachte Erfahrungen im Schulalltag zu hören. Als unwichtig sieht der Schulleiter das Kriterium Herkunft/Heimatort sowie das Geschlecht an. Bei Vorliegen sozialer Gründe würden diese in den Entscheidungsprozess mit einfließen. Die wichtigsten Merkmale sind für diesen Schulleiter die berufliche Laufbahn, das Zweitfach und das Interesse sich im informationstechnischen Bereich engagieren zu wollen. Zum Auswahlgremium gehört der Schulleiter, sein Stellvertreter, teilweise sein Mitarbeiter, der Personalvertreter, der Personalentwickler und der Fachmann aus dem IT-Bereich.

Schulleiter 22

Offene Stellen:	*Metalltechnik 1*
	Bautechnik 1
	Wirtschaft und Verwaltung 1
Bewerber:	*Metalltechnik 0*
	Bautechnik 3
	Wirtschaft und Verwaltung 1
Vorstellung:	*Metalltechnik 0*
	Bautechnik 2
	Wirtschaft und Verwaltung 0
Eingestellt:	*Metalltechnik 0*
	Bautechnik 1
	Wirtschaft und Verwaltung 0

Schule

Bei dieser Schule handelt es sich um eine multistrukturierte Schule in einer Kleinstadt in ländlicher Lage. Sie ist in staatlicher Trägerschaft und hat ein größeres Kollegium. Es ist kein Seminarlehrer an der Schule.

Attraktivität der Schule

Schule 22 bekam drei Bewerbungen im Fach Bautechnik. Der Schulleiter begründet den relativ großen Zulauf damit, dass das Angebot für die Absolventen dieser Fachrichtung sehr klein ist. Im Zuge des Schulversuchs wurden nur zwei Stellen für Bautechnik ausgeschrieben. Für den Fachbereich Wirtschaft- und Verwaltung ging eine Bewerbung ein, die jedoch aufgrund eines unpassenden Studiengangs nicht zugelassen werden konnte. Für Metalltechnik traf keine Bewerbung ein. Die Erwartungen seitens der Schulleitung waren größer. Den Grund für diesen Umstand sieht der Schulleiter darin, dass das Stellenangebot in diesen Fachbereichen größer ist und es attraktivere Standorte gibt. Die Attraktivität seiner Schule beschreibt der Schulleiter folgendermaßen. Das Betriebsklima und der Zusammenhalt im Kollegium sind an dieser Schule besonders gut und wirken attraktiv für den Bewerber. Außerdem bemüht sich die Schulleitung um Kontakte ins Ausland und pflegt geknüpfte Verbindungen. Eine Weichenstellung in Richtung Europa vollzieht sich durch die Teilnahme an drei EU-Projekten. Die genannten Punkte hat der Schulleiter nicht in die Internetausschreibung eingefügt. Er gesteht der Gestaltung der Stellenausschreibung im Internet wenig Einfluss zu. Seine Begründung ist, dass die Bewerber sich schon vor Erscheinen dieser Ausschreibung gemeldet hatten. Er vermutet, dass die nötigen Informationen in der Uni bereitstanden oder durch Gespräche mit Bekannten erlangt wurden. Über das Stellenangebot hinausgehende Maßnahmen wurden nicht ergriffen. Durch die Angliederung einer Fachoberschule soll der Standort zukünftig vor allem für die Absolventen mit besseren Abschlüssen attraktiver werden, da dann die Anforderungen steigen. Die konkreten Perspektiven für den angehenden Lehrer hängen individuell vom Abschluss und vom Engagement ab.

Stellenausschreibung

Das Stellenangebot enthält lediglich formale Daten zur Schule. Es wurde einzig durch zwei Grafiken optisch leicht aufgewertet. Der Text taugt nicht dazu, das Interesse angehender Lehrer zu wecken.

Kriterien der Bewerberauswahl

Die Bewerbungsunterlagen bezeichnet der Schulleiter als „normal wichtig". Im Lebenslauf kommt es dem Auswahlgremium darauf an, dass dieser nicht zu viele Brüche enthält, sondern geradlinig verläuft. Positiv schlägt sich nieder, wenn Kandidaten das Kriterium der beruflichen Erstausbildung erfüllen. Ebenso wirken sich gute Noten zugunsten des Bewerbers aus. An und für sich spielt das Zweitfach für den Schulleiter schon eine Rolle, aber ein Kandidat erfüllt alle anderen Kriterien zur vollsten Zufriedenheit, so dass das Zweitfach in den Hintergrund rückt. Der Schulleiter schätzt es, wenn sich die Bewerber schon an der Universität engagiert und zusätzlich qualifiziert haben. Er sieht die Möglichkeit der Weiterentwicklung seiner Schule mit Hilfe engagierter Kollegen. Verspätete Bewerbungen bzw. Kandidaten die keine Studienabschlüsse vorweisen können, kommen nicht in die Interviewrunde. Für den Schulleiter ist der Eindruck im Vorstellungsgespräch von Bedeutung. Er legt Wert auf eine integre Persönlichkeit die als Vorbild für die Schüler wirken kann. Bedeutend ist auch, ob der zukünftige Mitarbeiter aus der Gegend kommt. Der Schulleiter will eine zu hohe Fluktuationsrate im Kollegium vermeiden. Anklang findet es, wenn die Person bereits Schüler an dieser Schule war. Die wichtigsten Punkte die ein Kandidat erfüllen muss, sind die Herkunft, das explizite Interesse am Berufsschullehramt, insbesondere wegen der Zusammenarbeit mit Betrieben, Kammern und Innungen. Der Charakter des Bewerbers ist ebenfalls von wesentlicher Bedeutung. Die Interviews führt der Schulleiter alleine. Das Auswahlgremium besteht aus dem Schulleiter, dessen Stellvertreter und dem Fachbetreuer. Bei ehemaligen Schülern auch deren ehemalige Lehrer.

Schulleiter 23

Offene Stellen:	*Metalltechnik 1*
	Elektrotechnik 1
Bewerber:	*Metalltechnik 1*
	Elektrotechnik 0
Vorstellung:	*Metalltechnik 1*
	Elektrotechnik 0
Eingestellt:	*Metalltechnik 1*
	Elektrotechnik 0

Schule

Bei dieser Schule handelt es sich um eine multistrukturierte Schule in einer größeren Stadt. Sie ist in kommunaler Trägerschaft und hat ein größeres Kollegium. Es ist ein Seminarlehrer in einem anderen Berufsfeld an der Schule.

Attraktivität der Schule

An dieser Schule kam nur eine Bewerbung für den angebotenen Fachbereich Metalltechnik an. Der Schulleiter hat damit gerechnet, da in den beworbenen Bereichen wenig Absolventen zur Verfügung stehen. Außerdem waren in diesem Jahr wenig ehemalige Schüler dieser Schule unter den potenziellen Bewerbern. Einen weiteren Grund für die geringe Bewerberzahl sieht der Schulleiter im Misstrauen der angehenden Referendare gegenüber dem Modellversuch. Viele hätten sich aufgrund dessen für die konventionelle Ausbildung entschieden. Hinzu kommt, dass die Informationsveranstaltung zu AQUA sehr kurzfristig anberaumt wurde und mit zu vielen Infos überfrachtet war. Daneben gibt es für den Schulleiter noch einen anderen Grund: Die schlechte finanzielle Situation des Standorts und der daraus resultierende Einstellungsstopp für Lehrer an den kommunalen Schulen dieses Standorts hat sich möglicherweise bei den Interessenten herumgesprochen. Als besonders attraktiv bezeichnet der Schulleiter die Vielfalt der Ausbildungsmöglichkeiten im Erst- und Zweitfach der Referendare an seiner Schule. Hinzu kommt der Vorteil, mit einem großen und offenen Kollegium korrespondieren zu können, und das nicht nur im schulischen sondern auch im privaten Bereich. Da der Sport groß geschrieben wird, gibt es einige Gruppen, die in ihrer Freizeit die unterschiedlichsten Sportarten betreiben. Die erfahrenen Betreuungs- und Seminarlehrer sorgen für einen angenehmen Einstieg in den Lehrerberuf. Die Schule, die einen hohen Bekanntheitsgrad hat, richtet des Öfteren Festivitäten aus und erfreut sich eines guten Zusammenwirkens zwischen Personalrat und Schulleitung. Die genannten Punkte wurden nach Aussage des Schulleiters nur zum Teil in die Ausschreibung aufgenommen. Der Einfluss des Internets auf die Bewerbungsentscheidung könnte nach Aussage des Schulleiters durch eine „peppigere" Gestaltung verbessert werden. Zusätzlich zur Stellenausschreibung hat der Schulleiter bei einem Rundgang mit der neuen Ausstattung, die es an nichts fehlen lässt, geworben. Als Perspektive wird den Referendaren nach Ende der Ausbildung eine Planstelle angeboten. Durch die momentane Altersstruktur des Kollegiums ist dies noch einmal zusätzlich abgesichert.

Stellenausschreibung

Die Stellenausschreibung greift in der Tat nur wenige der oben genannten Punkte zur Attraktivität der Schule auf, dafür aber zusätzlich andere Aspekte. Die Gestaltung wirkt sehr bürokratisch und damit eher weniger ansprechend.

Kriterien der Bewerberauswahl

Die Bewerbungsunterlagen sind mustergültig aufbereitet und überzeugen den Schulleiter. Der Lebenslauf soll nicht geradlinig verlaufen, der Schulleiter bevorzugt Personen, die bereits Erfahrungen im Leben gesammelt haben. Hobbys wirken sich positiv aus. Eine berufliche Erstausbildung erachtet der Schulleiter als nahezu unerlässlich. Die Hochschulzugangsberechtigung sollte der Bewerber über die Berufsoberschule erworben haben. Der Studienschwerpunkt im Erstfach und das Zweitfach passen zur Bedarfslage, waren aber nicht ausschlaggebend. Der Kandidat legt ein sehr ansprechendes Zeugnis vor, welches positiv Einfluss auf die Entscheidung nimmt. Grundsätzlich muss aber lediglich die Mindestanforderung des Notendurchschnitts von 3,5 erfüllt sein. Der persönliche Eindruck im Vorstellungsgespräch ist ein wesentlicher Aspekt. Weiter müssen die Zielvorstellungen des Kandidaten mit denen der Schule übereinstimmen. Die Herkunft bzw. der Heimatort des Bewerbers spielt eine große Rolle für den Schulleiter, da damit der Verbleib des Mitarbeiters an seiner Schule für einen längeren Zeitraum gesichert erscheint. Soziale Gesichtspunkte wären für den Schulleiter bei einer größeren Anzahl von Bewerbern sicherlich zu berücksichtigen. Der Familienstand ist irrelevant. Die wichtigsten Merkmale die ein zukünftiger Mitarbeiter erfüllen muss sind eine durchlaufene Berufsausbildung und der berufsbezogene Bildungsweg. Ferner erwartet der Schulleiter Aufrichtigkeit, Beweglichkeit und Offenheit. Das Auswahlgremium besteht aus dem Schulleiter, dem Stellvertreter und dem Fachbetreuer. Das Vorstellungsgespräch führten nur die ersten beiden.

8.2.2 Ausgewählte Fragestellungen

Die folgenden Darstellungen beziehen sich auf die Fragestellungen zum Themenbereich 2 der Interviews mit den Schulleitern zum Entscheidungsprozess und den Entscheidungskriterien der Schule für einen Referendar. Im Gegensatz zu den obigen Einzelfallbeschreibungen wird nun eine Übersicht zur Datenlage in einer quantifizierten Form vorgenommen. Dabei beziehen sich die einzelnen Darstellungen meist auf eine explizite Fragestellung aus dem Interview. Die Ergebnisse zum Themenbereich 1 des Interviewleitfadens sollen hier nicht weiter vertieft werden. Zur weiteren Beschäftigung mit den Aspekten der Attraktivität der Schulen sei auf SCHELTEN, MÜLLER RIEDL 2004a verwiesen. Dort finden sich quantifizierende Überblicksdarstellungen und weitere Diskussionen. Im Rahmen der obigen Einzelfalldarstellungen dienen die Ausführungen der Komplettierung des Bildes der einzelnen Schulleiter und werden an gegebener Stelle in der Interpretation in Kapitel 9 wieder aufgegriffen.

8.2.2.1 Anzahl der Bewerber an den Schulen

Die folgende Darstellung beleuchtet, wie viele Kandidaten sich für die ausgeschriebenen Stellen beworben haben. Die hier gezeigten Anzahlwerte beziehen sich auf die Gesamtzahl der Bewerber an einer Schule, nicht aber auf die Anzahl der Bewerber auf eine Stelle. Die jeweilige Anzahl der Bewerber auf eine Stelle in einem bestimmten Berufsfeld ist den obigen Angaben bei den Einzelfallbeschreibungen zu entnehmen. Eine weiterführende Darstellung zur Bewerberlage an den einzelnen Schulen findet sich bei SCHELTEN, MÜLLER, RIEDL (2004a). In der hier gezeigten Übersicht geht es darum, aus welcher Gesamtzahl an Bewerbern die einzelnen Schulleiter ihre Auswahl treffen konnten. Die Darstellung bezieht alle 23 Modellversuchsschulen mit ein.

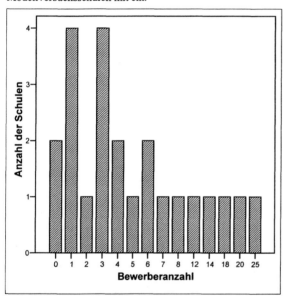

Übersicht 8-3: Anzahl der Bewerber an den Schulen.

Der weitaus größte Teil der Schulleiter hatte die Möglichkeit aus mehreren Bewerbern auf die Stelle eines Referendars auszuwählen. Bei zwei Schulen lagen keine Bewerbungen vor, vier Schulen hatten jeweils nur einen Bewerber. Die Schule, an der zwei Bewerbungen vorlagen, hatte auch zwei Stellen zu vergeben. In Einzelfällen war zwar die Anzahl von Bewerbern mit der Anzahl der angebotenen Stellen identisch, jedoch waren die Bewerbungen nicht auf alle angeboten Berufsfelder verteilt, sodass für eine Stelle doch eine Auswahl an Bewerbern zu Verfügung stand. Damit hatten von den 23 teilnehmenden Schulen 16 eine echte Auswahl unter Bewerbern auf die ausgeschriebenen Stellen. Diese Feststellung wird weiter unten noch relevant sein, wenn es darum geht, zu betrachten, nach welchen Kriterien die Schulleiter die Bewerberauswahl vorgenommen haben. Es wird zu beleuchten sein, ob sich bei den Kriterien

Unterschiede feststellen lassen, zwischen Schulleitern mit einer echten Auswahl und Schulleitern mit lediglich der Entscheidung über die Zusage für den einen Kandidaten.

Zum Bewerbungsgespräch eingeladen haben die Schulleiter nahezu alle Bewerber. In Einzelfällen erfolgte keine Einladung. Die Begründungen lagen dann in einer fehlenden Qualifikation, einem ungünstigen Wohnort/Heimatort, negativer Vorerfahrungen mit dem Kandidaten im Praktikum, unpassender Fächerverbindung, überzogener Selbstdarstellung im Bewerbungsschreiben oder zu spät eingesendeter Bewerbungsunterlagen.

8.2.2.2 Kriterien der Bewerberauswahl

Die im Folgenden dargestellten Ergebnisse beziehen sich auf die Aussagen der Schulleiter zu den Fragen: `Welche Kriterien waren für Sie bei den Bewerbungen wichtig?´; `Warum haben sie genau diesen Bewerber ausgewählt?´; `Welche Kriterien musste der Kandidat auf jeden Fall erfüllen?´; `Welche Kriterien waren Ihnen nicht so wichtig?`; `Gibt es etwas, das Sie an Ihrem jetzigen Kandidaten vermissen?´ Bei der Auswertung der qualitativen Interviews wurden die Aussagen der Schulleiter zu diesen Fragen in einer Gesamtschau betrachtet und in drei Wertungskategorien unterschieden: `wichtig´, `wünschenswert´ und `unwichtig´ (vgl. Kapitel 7.3). Die folgenden Übersichten stellen die Gewichtungen und Häufigkeiten der Nennungen der Schulleiter dar. Eine einzige Determinante war dabei systembedingt: Die Stellenausschreibungen waren nach Berufsfeldern ausgerichtet, d. h. es konnten sich auf eine Stelle im Feld Metalltechnik auch nur Bewerber mit dem Hauptfach Metalltechnik melden, usw.

Die Übersichten 8-4 und 8-5 geben Aufschluss über die Präferenzen der Schulleiter bei der Bewerberauswahl in verschiedenen Darstellungsformen und unterschiedlichen Aussagetiefen. Diese Darstellungen greifen die Aussagen aus den obigen Einzelfallbeschreibungen auf und quantifizieren damit die Ergebnisse der qualitativen Erhebung. Dabei lässt sich aus Übersicht 8-4 die Kriterienstruktur jedes einzelnen Schulleiters ablesen, während Übersicht 8-5 die Relevanz der Kriterien im Überblick herausstellt.

Übersicht 8-5 greift die Gewichtungen der Schulleiter zu den Kriterien der Bewerberauswahl aus Übersicht 8-4 auf und führt sie in Form von Boxplots in eine Gesamtschau zusammen. Es wird die Reihenfolge der Kriterien aus Übersicht 8-4 beibehalten. Es fallen hier schon die Kriterien Persönlichkeit, Lebenslauf, Berufsausbildung und Herkunft als besonders wichtig auf. Auf die einzelnen Kriterien wird weiter unten in ausführlicher Form eingegangen.

Kategorien \ Schulleiter	1	2	3	4	5	6	7	8	9	10	11	12	13	14	15	16	17	18	19	20	21	22	23
Anzahl der Bewerber	1	8	4	0	1	14	3	20	0	1	12	3	3	6	3	18	2	5	25	7	6	4	1
Bewerbungsunterlagen	+	+	+	o	o	+	+	o	o	o	o	+	o	+	o	+	-	o	+	o	+	+	+
Persönlichkeit	+	+	+	+	+	+	+	+	+	+	+	+	+	+	+	+	+	+	+	+	+	+	+
Lebenslauf	-	o	+	+	+	+	+	+	+	o	+	+	+	+	+	o	o	+	+	+	+	+	+
Berufsausbildung	+	+	+	+	o	+	+	+	+	+	+	+	+	o	-	+	o	+	+	+	+	+	+
Noten	-	-	o	o	o	o	+	-	-	+	o	-	-	o	-	+	-	o	-	+	o	o	o
Zweitfach	-	+	+	+	o	o	+	+	+	+	+	o	-	+	-	+	o	+	+	o	+	o	o
Zusatzqualifikationen	-	o	+	o	k.N.	+	+	+	+	k.N.	+	+	+	o	-	+	-	+	+	+	+	o	k.N.
Studienschwerpunkt	o	+	+	o	-	/	/	/	o	+	+	/	+	/	/	/	+	-	/	/	/	/	o
Herkunft/Zuzug	o	+	+	-	+	+	+	+	+	+	+	+	+	+	+	+	+	+	+	-	-	+	+
Soziale Kriterien	-	-	-	-	k.N.	-	k.N.	+	+	+	+	-	-	+	-	-	-	k.N.	-	+	+	k.N.	+

Übersicht 8-4: Gewichtungen zu den Auswahlkriterien der einzelnen Schulleiter
(+ = wichtig; o = wünschenswert; - = unwichtig; k.N. = keine Nennung; / = trifft für diese Schule nicht zu)

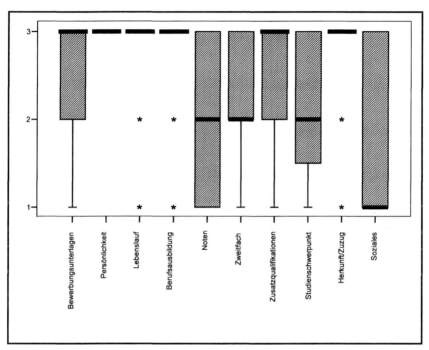

Übersicht 8-5: Boxplots zu den Aussagen der Schulleiter zu den Gewichtungen der Kriterien der Bewerberauswahl. (n=23) (1=unwichtig; 2=wünschenswert; 3=wichtig)

Lesebeispiel zu Boxplots (unabhängig von Übersicht 8-5)

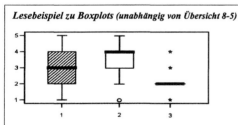

Der dicke Balken im schraffierten Bereich (Box) von Beispiel 1(links) ist der Median. Der Median ist ein Maß der zentralen Tendenz und halbiert die Antwortwerte so, dass die eine Hälfte der Antworten über dem Median liegt, die andere Hälfte der Antworten unterhalb. In der Box liegen 50% der Fälle: Der obere Rand der Box halbiert die obere Hälfte der Stichprobe und liegt somit am 75. Perzentil. Der untere Rand der Box entspricht dem 25. Perzentil. Die dünnen, waagrechten Striche zeigen die höchsten bzw. niedrigsten beobachteten Werte, die noch keine Ausreißer sind. Der kleine Kreis in Beispiel 2 (Mitte) zeigt einen so genannten Ausreißer an. Dies sind Werte, die zwischen 1,5 und 3 Box-Längen vom 25. bzw. 75. Perzentil entfernt liegen. In Beispiel 2 liegt der Ausreißer zwei Boxlängen vom 25. Perzentil entfernt. Noch extremere Werte werden als Sternchen dargestellt (siehe Beispiel 3, rechts). Diese so genannten Extremwerte liegen mehr als 3 Box-Längen vom 25. bzw. 75. Perzentil entfernt. Beispiel 3 stellt einen Sonderfall dar. Hier ist die Boxlänge gleich 0, da das 25. und 75. Perzentil mit dem Median zusammenfallen. Die drei Werte, die nicht gleich dem Median sind, werden als Extremwerte gekennzeichnet.

Übersicht 8-6 zeigt die Mittelwerte zu den Gewichtungen der Kriterien in grafischer Form. Diese Darstellung korrespondiert mit Übersicht 8-7. Damit erweitert sich die Aussagetiefe gegenüber der Darstellung in der Form von Boxplots aus Übersicht 8-5.

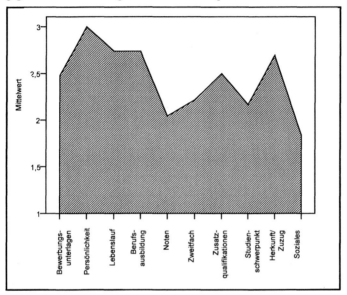

Übersicht 8-6: Grafische Darstellung der Mittelwerte der Aussagen der Schulleiter zu den Gewichtungen der Kriterien bei der Bewerberauswahl. (n=23) (1=unwichtig; 2=wünschenswert; 3=wichtig)

	n	Mittelwert	Standard-abweichung
Persönlichkeit	23	3,00	,000
Berufsausbildung	23	2,74	,541
Lebenslauf	23	2,74	,541
Herkunft/Zuzug	23	2,70	,703
Zusatzqualifikationen	20	2,50	,761
Bewerbungsunterlagen	23	2,48	,593
Zweitfach	23	2,22	,795
Studienschwerpunkt	12	2,17	,835
Noten	23	2,04	,825
Soziales	19	1,84	1,015

Übersicht 8-7: Tabellarische Darstellung der Mittelwerte der Aussagen der Schulleiter zu den Gewichtungen der Kriterien bei der Bewerberauswahl. (n=23) (1=unwichtig; 2=wünschenswert; 3=wichtig)

Die einzelnen Kriterien werden im Folgenden explizit besprochen. Die Reihung der Erläuterungen orientiert sich an der mittleren Bewertung über alle Schulleiter betrachtet (vgl. Übersicht 8-6 und 8-7).

Persönlichkeit

Als dominierendes Kriterium der Bewerberauswahl zeigt sich die Persönlichkeit des Kandidaten. Alle 23 Schulleiter bezeichnen die Persönlichkeit des Bewerbers als ausschlaggebend. Dabei fallen Schlüsselwörter wie solide, aufgeschlossen, selbstsicher, selbstkritisch, sicheres Auftreten, Offenheit, Teamfähigkeit, Experimentierfreudigkeit. Die Schulleiter erachten solche Eigenschaften als wesentlich für eine gute Lehrkraft. Ebenso ist es von Vorteil für einen Bewerber, wenn er in der Lage ist, klare Zielvorstellungen zu formulieren. Weiter sind die Beweggründe bzw. Schlüsselerlebnisse von Interesse, die zum Ergreifen des Lehrerberufs geführt haben. Einige Schulleiter beobachten die Reaktion der Kandidaten auf gestellte Fragen oder geschilderte Situationen. Für sechs Schulleiter musste der Bewerber explizit den Eindruck hinterlassen, mit dem bestehenden Kollegium zu harmonieren. Diese Aussage ist im Zusammenhang mit der Persönlichkeit des Bewerbers zu sehen und verleiht diesem Kriterium zusätzliches Gewicht. Der qualitative Unterschied besteht allerdings darin, dass nicht allein die Persönlichkeit des Bewerbers wichtig ist, sondern diese in Relation zum Kollegium gesehen wird. Als wesentliches Ergebnis kann festgehalten werden, dass alle Schulleiter sehr viel Wert auf das Vorstellungsgespräch legen, in dem sich die Persönlichkeit des Bewerbers zeigt und es ist deutlich zu erkennen, dass dies ein Hauptentscheidungskriterium darstellt.

Berufsausbildung

Das Durchlaufen einer beruflichen Erstausbildung wird von 18, also dem weitaus größten Teil der Schulleiter als wichtig bzw. sehr wünschenswert bezeichnet. Für ein Drittel der Schulleiter kommen ausschließlich Kandidaten in Frage, die selbst eine Berufsausbildung durchlaufen haben. Vier Schulleiter fänden es schön, wenn eine Berufsausbildung vorliegt. Lediglich einer bezeichnet sie als unwichtig. Eine Ausbildung wird zum Teil selbst dann als sehr wichtig eingeschätzt, wenn der Schulleiter selbst oder Mitglieder des Auswahlgremiums keine eigene Berufsausbildung vorweisen können. Die Schulleiter sehen in einer beruflichen Erstausbildung eine wesentliche Erleichterung für die angehende Lehrkraft, da ihr das berufliche Umfeld bzw. die Klientel der Schüler bekannt ist und sie von ihren Erfahrungen aus der Praxis für den zukünftigen Unterricht profitieren kann.

Lebenslauf

Das Kriterium des Lebenslaufs kann nicht unabhängig von weiteren Determinanten betrachtet werden. So steht dieses Kriterium in Korrelation mit dem Durchlaufen einer eigenen Berufsausbildung und dem damit verbundenen beruflichen Bildungsweg zur Erlangung der Hochschulzugangsberechtigung. 18 Schulleiter bezeichnen den Lebenslauf als wichtig, für vier ist es schön, wenn er ihren Vorstellungen entspricht und nur ein Schulleiter legt keinen Wert auf den Lebenslauf. So wird deutlich, dass der berufliche Bildungsweg von dem meisten Schulleitern dem allgemein bildenden gymnasialen Bildungsweg vorgezogen wird. Begründet

wird dies einerseits mit der Nähe zu den zu unterrichtenden Schülern, nicht nur für die Berufsschule, sondern auch für den Bereich der weiterführenden beruflichen Schulen, an denen
vorwiegend das Zweitfach unterrichtet werden soll. Andererseits schätzen die Schulleiter das
Durchhaltevermögen, das ein Kandidat zeigt, wenn er über diesen vergleichsweise aufwändi-
gen Bildungsweg kommt. Oder wie ein Schulleiter es ausdrückt: „Wenn einer die Ochsentour
gemacht hat. Beruf gelernt, BAS *(Berufsaufbauschule, Erg. d. V.)*, BOS *(Berufsoberschule;
Erg. d. V.)*, das sind mir die Liebsten." Im Kern wird der Lebenslauf herangezogen, wenn es
darum geht, die Geradlinigkeit und Zielstrebigkeit eines Bewerbers zu erkennen. Diese lesen
die Schulleiter aus dem schulischen und beruflichen Werdegang, sowie der Studiendauer ab.
Zeigt sich eine relativ lange Studiendauer, so geben die Schulleiter dem Bewerber im Gespräch die Gelegenheit, sich zu erklären. Zusätzliche oder ehrenamtliche Tätigkeiten werden
honoriert und deuten dem Schulleiter Engagement und Experimentierfreudigkeit an. Als ein
zwingend zu erfüllendes Kriterium im Sinne eines fertigen Musters ist der Lebenslauf nicht zu
sehen. Vielmehr dient er der Vervollständigung des Bildes von der Persönlichkeit des Bewerbers.

Herkunft/Zuzug

Die regionale Herkunft der Bewerber ist für 19 Schulleiter ein wichtiges Kriterium bei der
Personalauswahl. Mehr als die Hälfte der Befragten bevorzugt Bewerber, die aus der Region
stammen, in der die Schule liegt. Ein Viertel wäre auch zufrieden, wenn der Bewerber aus
einer anderen Region stammt, aber seinen Wohnsitz an den Schulort verlegt. Nur drei Schulleiter sagen, für sie sei die Herkunft des Bewerbers nicht wichtig, für einen ist es schön, wenn
der Kandidat aus der Region kommt. Die Befragten berichten aus der Erfahrung, dass viele
Lehrkräfte irgendwann einmal wieder in ihre Heimatregion zurück wollen. Bei Bewerbern aus
der Region sehen sie eine größere Chance, diesen Kollegen langfristig an der Schule zu haben.

Zusatzqualifikationen

Die meisten Schulleiter verstehen unter Zusatzqualifikationen das Vorhandensein von IT-
bzw. EDV-Kenntnissen. Sie bewerten es auch positiv wenn Persönlichkeitskurse, Erfahrungen in der Schulentwicklung oder Sportabschlüsse vorliegen. Zusatzqualifikationen werden
von den Schulleitern als Potential für die Schule wahrgenommen. Zudem spiegeln sich darin
Engagement und Interesse eines Kandidaten wider. 13 Schulleiter finden Zusatzqualifikationen wichtig, für vier ist es schön, wenn solche vorhanden sind und drei legen keinen Wert
darauf.

Bewerbungsunterlagen

Die Bewerbungsunterlagen werden von den Schulleitern genutzt, um sich ein erstes Bild von
den Kandidaten zu machen. Sie gehen davon aus, grundsätzlich mit Sorgfalt gestaltete Unterlagen zu erhalten. Ein Ausschluss vom Bewerbungsverfahren nur aufgrund der Papierlage
fand nur in Fällen von großen Bewerberzahlen statt. Dies ist auch in Verbindung mit dem
weiter unten beschriebenen Kriterium der Noten zu sehen. Noten wurden nicht als starkes

Kriterium gewichtet. Bewerbungsunterlagen setzen sich jedoch zum großen Teil aus Zeugnissen zusammen. Weiter ist zu beachten, dass die Frage nach dem Eindruck von den Bewerbungsunterlagen von den Schulleitern zum Teil unterschiedlich verstanden wurde. Manche verstanden darunter nur den äußeren Eindruck von der Aufbereitung der Unterlagen, andere meinten damit die qualitative Aussage der Unterlagen. Für zwölf Schulleiter sind die Bewerbungsunterlagen wichtig, bei elf Schulleitern haben sie nicht die erhöhte Relevanz und einer sieht sie als unwichtig.

Zweitfach

Die Schulleiter sprechen sich für Zweitfächer aus, die an der eigenen oder an einer angegliederten weiterführenden beruflichen Schule, z.b. einer Fach- oder Berufsoberschule unterrichtet werden können. Sie sehen das Unterrichten im Zweitfach für den Lehrer als Abwechslung, die zur Steigerung der Zufriedenheit und Einsatzfreude beiträgt. Das bevorzugte Zweitfach ist Englisch, gefolgt von Deutsch und Sozialkunde. Für die Fachrichtung Wirtschaft und Verwaltung sieht der Studiengang Wirtschaftspädagogik eine Zweitfachausbildung nicht zwingend vor. Die Schulleiter begrüßen es jedoch, wenn ein Zweitfach studiert wurde. So ist für zehn Schulleiter das Zweitfach wichtig. Die Auswertung zeigt acht „wünschenswert" – Antworten, was darauf schließen lässt, dass Zusagen auch ohne das Vorhandensein des gewünschten Zweitfachs erfolgen. Trotzdem stellt es ein wichtiges Kriterium dar. Nur fünf Schulleiter bezeichnen das Zweitfach als unwichtig.

Vergleicht man die Aussagen der Schulleiter zur Relevanz des Zweitfachs für die Bewerberauswahl mit der Nennung des Zweitfachs als Anforderung in den Stellenausschreibungen, ergibt sich folgendes Bild.

Zweitfach	wichtig	Wünschenswert	unwichtig
genannt	3	4	0
nicht genannt	7	4	5

Übersicht 8-8: Nennung der Zweitfächer als Anforderung in der Stellenausschreibung in Verbindung mit der Relevanz bei der Bewerberauswahl (n=23)

Studienschwerpunkt

Das Kriterium Studienschwerpunkt betrifft lediglich die Stellen in den Berufsfeldern Metalltechnik und Elektrotechnik. In diesen Berufsfeldern sah das Hochschulstudium in Bayern für die maßgeblichen Jahrgänge die Möglichkeit der Schwerpunktwahl vor. Dabei wurde in Metalltechnik zwischen Kraftfahrzeug- und Fertigungstechnik unterschieden, in Elektrotechnik zwischen Energie- und Kommunikationstechnik. Für einen großen Teil der Schulleiter war dieses Kriterium nicht relevant, da die Studienordnungen für die übrigen Berufsfelder keine Schwerpunktwahl vorsahen. Der Studienschwerpunkt war lediglich für fünf Schulleiter ein wichtiges Kriterium bei der Bewerberauswahl. Weitere vier fänden es schön, wenn der Schwerpunkt passt. Für drei Schulleiter ist der Studienschwerpunkt nicht interessant. Bei einigen Schulleitern entstand aber auch der Eindruck, dass sie von der Möglichkeit einer Schwerpunktwahl keine Kenntnis hatten.

Noten

Nur acht Schulleiter bezeichnen das Auswahlkriterium Noten als wichtig. Die Schulleiter sprechen sich für Noten in einer normalen Bandbreite aus und üben zum Teil Vorsicht bei zu guten Noten. In einzelnen Aussagen wird vermutet, dass sehr leistungsstarke Kandidaten eine Ellbogenmentalität mitbringen könnten und sich nicht in Teams integrieren würden. Auch wird die Befürchtung geäußert, dass zu gute Bewerber später von der Bildungsadministrative für Tätigkeiten bei Regierung oder Kultusministerium abgeworben werden. Die Schulleiter sind fast einhellig der Meinung, dass Persönlichkeit und Noten nicht zwingend im positiven Sinn korrelieren müssen. Die Persönlichkeit der Bewerber stellt jedoch das Hauptkriterium dar (siehe Kriterium Persönlichkeit). Für ebenfalls acht Schulleiter ist es schön, wenn die Noten passen, für sieben ist dieses Kriterium unwichtig. Die Auswahlgremien hören sich Erklärungen für schlechtere Noten bereitwillig an und lassen sich davon auch überzeugen. Einschränkend ist anzumerken, dass bei vielen Bewerbern die kompletten Examensnoten zum Interviewzeitpunkt noch gar nicht vorlagen und somit Aussagen bzgl. der Leistungen der Kandidaten noch nicht getroffen werden konnten. Es bleibt jedoch festzuhalten, dass das Fehlen von Abschlussnoten für den Prozess der Bewerberauswahl aus Sicht der Schulen offenbar kein Problem darstellt. Mit dem Bestehen der Abschlussprüfungen an der Universität, sei es ein Staatsexamen oder Diplomprüfungen, wird eine ausreichende fachliche Qualifikation assoziiert. Für die Ausbildung an der Schule im Rahmen des Modellversuchs AQUA wurden von den Schulleitern Bewerber mit Universitäts-Abschlussnoten im Spektrum zwischen 1,30 und 3,29 ausgewählt.

Soziales

Für das Kriterium des sozialen Status war lediglich eine Unterscheidung in die zwei Sichtweisen `wäre relevant´ und `nicht relevant´ möglich. Auf soziale Kriterien wird generell nicht so sehr geachtet. Elf Schulleiter geben an, dass für sie nicht relevant ist, wie sich die familiären Verhältnisse der Bewerber gestalten. Es kommt auf die Person an sich an. Allerdings setzen die Schulleiter voraus, dass die Arbeit nicht unter familiären Belastungen leiden darf. Einerseits zeigt sich, dass es Schulleiter gibt, die Abstand von Kandidaten mit Familie nehmen, da sie sich hier mit Problemen konfrontiert sehen. Schwindendes Engagement für die Schule und organisatorische Schwierigkeiten hinsichtlich des Stundenplans werden hier assoziiert. Andrerseits geben acht Schulleiter an, im Fall des Vorliegens von sozialen Argumenten diese auch zu berücksichtigen. Dies war bei den vorliegenden Bewerberbungen jedoch nicht der Fall. Vier Schulleiter äußern sich nicht zu diesem Kriterium.

8.2.2.3 Betrachtung (ausschließlich) der Schulleiter mit einer echten Auswahl

Die folgende Betrachtung zielt darauf ab, eventuelle Unterschiede zwischen den Aussagen der Schulleiter mit einer echten Auswahl und der Gesamtgruppe der Befragten herauszustellen.

Unter Schulleitern mit einer echten Auswahl werden diejenigen verstanden, die mehr als einen Bewerber auf eine ausgeschriebene Stelle hatten, also wirklich die Entscheidung zwischen verschiedenen Personen treffen konnten.

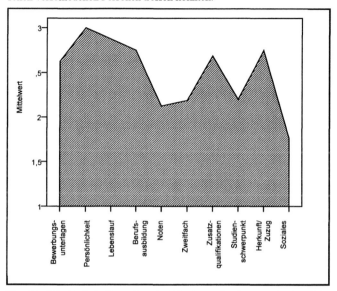

Übersicht 8-9: Grafische Darstellung der Mittelwerte der Aussagen der Schulleiter zu den Gewichtungen der Kriterien bei der Bewerberauswahl. (n=16; nur Schulleiter mit echter Auswahlalternative, d. h. mehr als ein Bewerber) (1=unwichtig; 2=wünschenswert; 3=wichtig)

	n	Mittelwert	Standard-abweichung
Persönlichkeit	16	3,00	,000
Lebenslauf	16	2,87	,342
Berufsausbildung	16	2,75	,577
Herkunft/Zuzug	16	2,75	,683
Zusatzqualifikationen	16	2,69	,602
Bewerbungsunterlagen	16	2,62	,500
Studienschwerpunkt	5	2,20	1,095
Zweitfach	16	2,19	,834
Noten	16	2,13	,806
Soziales	13	1,77	1,013

Übersicht 8-10: Tabellarische Darstellung der Mittelwerte der Aussagen der Schulleiter zu den Gewichtungen der Kriterien bei der Bewerberauswahl. (n=16; nur Schulleiter mit echter Auswahlalternative, d. h. mehr als ein Bewerber) (1=unwichtig; 2=wünschenswert; 3=wichtig)

Der Vergleich von Übersicht 8-9 und 8-10 mit den weiter oben gezeigten Mittelwerten (vgl. Übersicht 8-6 und 8-7) über die gesamte Stichprobe ergibt keine wesentlichen Unterschiede in der Bewertung der Kriterien. Die Reihung der Kriterien aufgrund der Mittelwerte bleibt gleich, mit Ausnahme des Lebenslaufs, der eine Stufe höher rutscht, vor die Berufsausbildung. Das Relief der Mittelwerte ist mit dem der Gesamtstichprobe weitgehend identisch. Leichte Abweichungen der Mittelwerte und Standardabweichungen dürfen nicht überbewertet werden, da nur eine dreistufige Ordinalskala zugrunde liegt. Damit bleibt festzuhalten, dass die oben gezeigten Besprechungen zu den einzelnen Kriterien auch für die Gruppe der Schulleiter mit einer echten Auswahl an Bewerbern Gültigkeit haben.

8.2.2.4 Anzahl der wichtigen Kriterien

Von den Schulleitern wurde eine unterschiedliche Anzahl von Kriterien für die Auswahl der Bewerber als wichtig benannt. Die folgende Übersicht zeigt die Anzahl der Schulleiter, welche die jeweilige Anzahl an Kriterien für die Bewerberauswahl herangezogen hat.

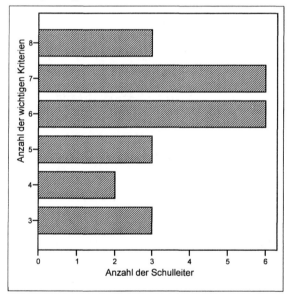

Übersicht 8-11: Anzahl der Schulleiter, die diese Anzahl an Auswahlkriterien als wichtig benannt hat (n=23)

Die Anzahl der von den Schulleitern als wichtig benannten Kriterien bewegt sich zwischen drei und acht. Der größte Teil der Schulleiter zieht sechs bis acht Kriterien für die Auswahl der Bewerber heran. Es fällt auf, dass vorwiegend die Schulleiter nur drei oder vier Kriterien als wichtig benennen, welche eine geringe Anzahl an Bewerbern hatten. Die Anzahl der Bewerber korrelierte mit der Anzahl der als wichtig benannten Kriterien statistisch signifikant (r=.433; p=.039). Allerdings benennen auch drei Schulleiter, die keinen, einen bzw. drei Bewerber hatten sieben oder acht wichtige Auswahlkriterien. Außer der Gemeinsamkeit, die Persönlichkeit des Bewerbers als wichtig einzustufen, lassen sich bei Schulleitern mit einer geringen Anzahl an wichtigen Kriterien keine einheitlichen Muster erkennen. Schulleiter mit sieben oder acht wichtigen Kriterien nennen die Aspekte Persönlichkeit, Berufsausbildung, Zusatzqualifikationen, Herkunft/Zuzug, Lebenslauf und Zweitfach am häufigsten. Dieses Bild stimmt mit Ausnahme des Kriteriums Zweitfach mit den Befunden zur Gesamtheit aller befragten Schulleiter überein. Das Zweitfach wird im Allgemeinen weniger häufig als relevant benannt.

8.2.2.5 Zusammensetzungen der Auswahlgremien

Im Rahmen der Bewerbungsphase hatten die einzelnen Schulen weitgehend Autonomie, was das Verfahren und die tatsächliche Auswahl eines Bewerbers anbelangt. Das bedeutet auch, es gab keine festen Vorgaben, wie sich ein Auswahlgremium zusammensetzen muss. Die Schulleiter entschieden eigenverantwortlich, wer einem solchen Gremium angehören soll. Die folgende Übersicht gibt wieder, wie sich die Auswahlgremien an den einzelnen Schulen zusammengesetzt haben.

Schule	Anzahl ges.	Schul-leiter	Stell-vertreter	Fach-betreuer	Personal-entwickler	Weitere
1	5	1		1	3	
2	3	1			1	1 Personalrat
3	3	1	1		1	
4	2	1		1		
5	2	1				1 Fachl. Lehrkraft
6	5	1	1		1	2 Mentoren
7	2	1		1		
8	5	1	1	1	2	
9	4	1	1	2		
10	5	1	2	1	1	
11	4	1	1		2	
12	4	1	1		2	
13	4	1		1	2	
14	4	1	1	1	1	
15	4	1		1	1	1 Fachl. Lehrkraft
16	5	1			4	
17	4	1	1		1	1 Schulentwickler
18	3	1	1	1		
19	3	1	1		1	
20	3	1			1	1 Seminarlehrer
21	6	1	2		1	1 Personlrat; 1 Fachl. LK
22	3-4	1	1	1		Evtl. ehem. Lehrkraft
23	3	1	1	1		

Übersicht 8-12: Zusammensetzung der Auswahlgremien an den einzelnen Schulen

Die Zusammensetzung der Auswahlgremien gestaltet sich von Schule zu Schule unterschiedlich. Die Anzahl der an der Bewerberauswahl beteiligten schwankt zwischen zwei und sechs Personen. An jeder Schule war der Schulleiter bei der Bewerberauswahl selbst beteiligt. Kein Schulleiter gibt diese Entscheidung vollständig aus der Hand und kein Schulleiter entscheidet völlig alleine. Mehr als die Hälfte der Schulleiter beteiligt den Stellvertreter an der Entscheidung. Ebenfalls in der Hälfte der Fälle ist der Fachbetreuer bei der Auswahl der Bewerber dabei. Sieben Mal sind Stellvertreter und Fachbetreuer neben dem Schulleiter in diesem Gremium. An 16 Schulen entscheiden die Personalentwickler mit. Allerdings ist zu berücksichtigen, dass an manchen Schulen die Person des Personalentwicklers identisch ist mit der des Fachbetreuers, Stellvertreters oder einer unter Weitere genannten Personen. In Einzelfällen wird ein Personalrat hinzugezogen. In den meisten Fällen setzt sich das Auswahlgremium aus drei oder vier Personen zusammen, dem Schulleiter, dessen Stellvertreter und/oder dem Fachbetreuer sowie dem Personalentwickler. Das sind auch die Personen, welche später unmittelbar mit der Ausbildung des Referendars befasst sind oder aber administrativ die Schule lenken.

8.2.2.6 Exkurs: Langfristige Verbleibsquote

Im Modellversuch AQUA wurden an 23 Schulen 42 Stellen für Referendare ausgeschrieben. An 21 Schulen konnten 34 Stellen besetzt werden. Die folgenden Ausführungen betrachten, wie sich der Verbleib der Referendare an der Schule nach der Ausbildung gestaltet. Der langfristige Verbleib ist eine wesentliche Intention innerhalb der Konzeption dieser Form der Ausbildung.

Die Verbleibsquote der Referendare an ihren Ausbildungsschulen nach dem Vorbereitungsdienst liegt bei 80%. 27 von 34 Referendaren wurden an der Schule auf eine Planstelle übernommen. Zwei Referendare haben von sich aus eine andere Schule gewählt, wobei eine Person an der Fachoberschule eine Planstelle annahm, an der sie auch im Zweitfach ausgebildet wurde und die zweite Person aus privaten Gründen einen anderen Standort in der Nähe des Lebenspartners gesucht hat. Einer Person wurde von Schulseite aufgrund kommunaler finanzieller Schwierigkeiten die Planstelle – trotz eines tatsächlich vorhandenen Bedarfs an der Schule und dem Willen der Schule zu Übernahme – nicht rechtzeitig angeboten, sodass diese Person sich für ein Angebot an einer anderen Schule entschied. Zwei Referendaren konnte aus Bedarfsgründen an der Ausbildungsschule keine Planstelle angeboten werden. Hier war zu Beginn der Ausbildung ein höheres Schüleraufkommen in dem jeweiligen Berufsfeld prognostiziert worden. Ein Referendar hat die Prüfungen zum zweiten Staatsexamen nicht bestanden. Und in einem Fall hatte aufgrund personeller Dissonanzen weder die Schule noch die Person selber Interesse an einer Fortführung des Personalverhältnisses. In den beiden letzten Fällen stellte sich für die Schule schon zum Zeitpunkt der Zwischenbefragung, d.h. während des ersten Ausbildungsjahres, heraus, dass eine Übernahme von der Schule nicht angestrebt wird. Damit kann in zwei von 34 Fällen von einer Fehlentscheidung bei der Personalauswahl durch die Schule gesprochen werden, wobei es sich in einem Fall um eine echte Auswahl aus mehreren Bewerbern handelte und in dem anderen Fall nur die Entscheidung über die Zusage für den einen vorhandenen Bewerber zu fällen war. Auf Referendarsseite hat nur eine Person einen Standortwechsel vorgezogen, der ausschließlich auf Eigeninitiative zurückzuführen ist.

Im weiteren Verlauf ist die langfristige Verbleibsquote der 27 Lehrkräfte zu betrachten, die nach dem Referendariat an der Schule übernommen wurden. Dazu führt der Verfasser der vorliegenden Arbeit eine Nacherhebung im Juni 2007 durch. Dieser Zeitpunkt drei Jahre nach Ende der Ausbildung wird gewählt, weil dies eine relevante Schnittstelle im Verlauf des Lehrerberufs im Beamtenstatus ist. Nach drei Jahren endet die Probezeit und es wird ein Beamtenverhältnis auf Lebenszeit angeboten. Dieser Zeitpunkt könnte relevant sein, wenn sich eine Lehrkraft an eine andere Schule bewerben möchte. Das Direktbewerbungsverfahren für Planstellen an staatlichen beruflichen Schulen wird im Zeitraum Mai bis Juni durchgeführt. Die Nacherhebung findet gegen Ende des Bewerbungsverfahrens statt, wenn den Bewerbern die Entscheidungen für die Besetzung der Stellen bekannt ist und sie somit wissen, ob sie weiterhin an ihrer bisherigen Schule unterrichten. Die Befragung findet via email statt und erhebt, ob ein Kandidat noch an dieser Schule unterrichtet und ob er auch dort bleiben möchte. Die Nacherhebung hat eine Rücklaufquote von 71 % zum Zeitpunkt der Schriftlegung der vorliegenden Arbeit und kann daher im größeren Teil der Fälle Beiträge leisten. In den acht Fällen fehlenden Rücklaufs ergänzt eine Internetrecherche auf den Homepages der Schulen die Informationen über den Verbleib der Lehrkräfte. Mit Ausnahme von zwei Personen können alle Lehrkräfte gefunden werden.

Die Nacherhebung zeigt, dass 24 der nach dem Vorbereitungsdienst übernommenen 27 Lehrkräfte noch an der Schule unterrichten. Eine Person ist aus gesundheitlichen Gründen aus dem Lehrdienst ausgeschieden, eine Lehrkraft ist aus Gründen der räumlichen Entfernung zum Wohnort an eine andere Schule gewechselt. Über eine Lehrkraft liegen keine Informationen vor. Eine Person ist zwar derzeit noch an der Schule tätig, beabsichtigt aber einen Wechsel zum folgenden Schuljahr aufgrund von Familiengründung an einem anderen Standort.

In der Gesamtschau erscheint die Instanz der Einzelschule in überzeugendem Maße in der Lage, den Bedarf an Lehrkräften in einem Berufsfeld zu einem Zeitpunkt des Beginns der Ausbildung angemessen einzuschätzen. Es wurden in sehr geringem Ausmaß Ausbildungsstellen für Referendare über einem später tatsächlich vorhandenem Bedarf angeboten. Weiter zeigt sich eine hohe Zuverlässigkeit des Auswahlverfahrens zu Beginn der Ausbildung, wenn nach zwei Jahren die Schule immer noch der Ansicht ist, dass diese Person geeignet ist an dieser Schule in diesem Kollegium zu unterrichten. Andererseits ist von Seiten der Referendare ein sehr hohes Maß an Verlässlichkeit zu beobachten. Wer sich für einen Standort zu Beginn der Ausbildung entschieden hat, möchte dort auch nach der Ausbildung bleiben.

8.2.3 Zusammenfassung

Attraktivität der Schule:

Die meisten Schulleiter können zur Beschreibung der Attraktivität ihrer Schule nur eher formale oder vage Gesichtspunkte anführen, bzw. greifen auf wiederkehrende Aspekte zurück. Häufig werden Selbstverständlichkeiten als Besonderheiten angeführt. In einigen Fällen werden Aspekte genannt, die ein Bewerber von außen nicht erkennen kann, schon gar nicht, wenn sie nicht in der Ausschreibung genannt werden. Profilierende Argumente sind eher selten. Dennoch sehen die Schulleiter ihre Schule meist als attraktiv an.

Möglichkeiten zur Attraktivitätssteigerung der eigenen Schule werden von den Schulleitern kaum gesehen bzw. nicht artikuliert. Die Ideen verbleiben meist in der allgemeinen Nennung der Schulentwicklung als Potential, ohne konkreter zu werden.

Ideen zu zusätzlichen Maßnahmen zur Werbung neben der Stellenausschreibung an sich werden kaum berichtet. Häufig beschränken sich die Schulleiter auf den obligatorischen Rundgang durch die Schule in angenehmer Atmosphäre mit den Bewerbern, die schon zum Vorstellungsgespräch eingeladen wurden.

Stellenausschreibung:

Die Stellenausschreibungen sind von sehr unterschiedlicher Qualität hinsichtlich Layout und inhaltlicher Aussagekraft, und damit von unterschiedlicher Werbewirksamkeit. Häufig entsprechen die Angaben der Schulleiter zur Aussagekraft der Ausschreibung nicht der tatsächlichen Formulierung. Kreativität und Einfallsreichtum lassen die Stellenausschreibungen bis auf wenige Ausnahmen vermissen. Es herrscht die Ansicht vor, dass sich der Bewerber auf anderem Wege informiert, bzw. eine attraktive Ausschreibung keinen Einfluss auf den Bewerberzustrom hat.

Kriterien der Bewerberauswahl:

Der größte Teil der Schulleiter hatte die Möglichkeit aus mehreren Bewerbern auf die Stelle eines Referendars auszuwählen. Der größere Teil der Schulleiter greift dabei auf ein Set von sechs bis acht Kriterien bei der Personalauswahl zurück.

Von zentraler Bedeutung war bei der Bewerberauswahl durchgängig die Persönlichkeit des Bewerbers, welche sich im Bewerbungsgespräch offenbart. Daneben gelten eine Berufsausbildung, Zusatzqualifikationen, Herkunft/Zuzug und Lebenslauf besonders häufig als wichtige Kriterien. Noten aus dem Studium, Zweitfach und sozialer Status werden auffallend oft als unwichtig oder nachrangig eingestuft. Aus dem Lebenslauf lesen die Schulleiter eine Zielstrebigkeit des Bewerbers ab und erkennen, ob er über den häufig gewünschten beruflichen Bildungsweg kommt. Soziale Kriterien werden häufig nicht, in manchen Fällen in zwei konträre Richtungen gewichtet. Das Geschlecht der Bewerber ist in nahezu allen Fällen irrelevant. Die Frage nach den Bewerbungsunterlagen wurde unterschiedlich interpretiert, einerseits wurde der Eindruck von der Aufbereitung der Unterlagen erwähnt, andererseits die inhaltliche Information bewertet.

Gezielte, strukturierte Auswahlverfahren waren nur in wenigen Fällen anzutreffen. Kaum eine Schule hatte a priori ein festes Kriterienraster oder ein Anforderungsprofil formuliert. Das macht sich u. a. in zum Teil widersprüchlichen Aussagen zur Relevanz einzelner Kriterien bemerkbar. Einsatzbereiche sind häufig nicht von vorne herein transparent. Eine geringe Bewerberlage und unklare Zielbeschreibungen bzw. fehlende Meilensteine in der Schulentwicklung erschweren offenbar die Formulierung von Anforderungsprofilen. Vieles wird situationsflexibel entschieden.

Schulen greifen bei dünner Bewerberlage auch auf Personen zurück, die nur in wenigen Punkten den wichtigen Kriterien entsprechen. Bei geringer Bewerberlage ist ein Hang zur Verteidigung des gefundenen Kandidaten festzustellen. Kein Schulleiter hat eine Stelle unbesetzt gelassen, wenn mindestens ein Bewerber vorhanden war.

Die Auswahlgremien bestanden in allen Fällen aus mehreren Personen. Meist waren der Schulleiter, der Stellvertreter oder ein Fachbetreuer und der zukünftige Personalentwickler eingebunden.

Es hat sich eine sehr hohe Verbleibsquote der ausgewählten Referendare an den Schulen nach der Ausbildung ergeben.

9 Interpretation der Ergebnisse

Das nachfolgende Kapitel stellt Interpretationen der in Kapitel 8 dargestellten Ergebnisse vor. Die Interpretationen sind über die Ergebnisse der vorliegenden Untersuchung hinausgehend auch im Zusammenhang mit den Erkenntnissen aus dem Modellversuch AQUA zu sehen.

Die Darstellung erfolgt in Schritten zunehmender Verdichtung. Ausgehend von fallbezogenen Beurteilungen geht sie zu einer stichprobenbezogenen Interpretation über. Es schließt sich eine Diskussion der Kriterien der Personalauswahl an. In der situationsbezogenen Betrachtung nimmt die Beurteilung einen etwas größeren Blickwinkel ein. Eine Gesamtschau nimmt schließlich Interpretationsansätze zu herausragenden Themen in den Fokus. Abschließend werden Empfehlungen für die schulische Personalauswahl gegeben

9.1 Fallbezogene Interpretationen

Die folgenden fallbezogenen Interpretationen nehmen jeweils eine Gesamteinschätzung zur Situation sowie den Personen im jeweiligen Fall vor. Kern der Beurteilung sind dabei die Aussagen der Schulleiter. Daneben spielen aber auch die Personen der Referendare eine entscheidende Rolle. Alle Personen sind dem Verfasser der vorliegenden Arbeit persönlich bekannt. Der Verfasser hatte im Verlauf des Modellversuchs im Rahmen der wissenschaftlichen Begleitung umfangreiche Möglichkeiten, zusätzliche Daten und Eindrücke zu gewinnen. Neben den Erhebungen in Form von Befragungen sind vor allem die teilnehmenden Beobachtungen maßgeblich am Erkenntnisgewinn beteiligt. Dazu gehören unter anderem die Hospitationen von über 20 Lehrproben und Unterrichtsversuchen der Referendare sowie die Teilnahme an einer Reihe von Ausbildungsmodulen. Drüber hinaus hat der Verfasser an der Konzeption von Ausbildungsmodulen mitgewirkt bzw. diese selbst durchgeführt. Insofern können nicht alle im Folgenden gemachten Aussagen explizit auf einzelne Erhebungen zurückgeführt werden, sondern ergeben sich aus einer Gesamtschau der über den Verlauf gewonnenen Erkenntnisse.

Die Beurteilungen zum Erfolg der einzelnen Personalauswahl werden weiterhin gestützt von einer Nacherhebung im Juni 2007 zum Verbleib der 27 nach dem Vorbereitungsdienst an der AQUA-Schule eingestellten Bewerber (vgl. Kapitel 8.2.2.6). Die Nacherhebung hat eine Rücklaufquote von 71 % zum Zeitpunkt der Schriftlegung der vorliegenden Arbeit und kann daher im größeren Teil der Fälle Beiträge leisten. In den acht Fällen fehlenden Rücklaufs ergänzt eine Internetrecherche auf den Homepages der Schulen die Informationen über den Verbleib der Lehrkräfte. Mit Ausnahme von zwei Personen können alle Lehrkräfte gefunden werden.

Schulleiter 1

An der Schule liegt für zwei ausgeschriebene Stellen nur eine Bewerbung vor. Der Schulleiter stellt die eigene Schule als attraktiv dar. Bei der Personalauswahl setzt er im Kern auf den Bekanntheitsgrad des Bewerbers. Er hat bereits die Berufsschule und die Berufsoberschule im Haus als Schüler besucht. Das beweist dem Schulleiter die regionale Verbundenheit. Das Auftreten des Bewerbers im Vorstellungsgespräch überzeugt in Verbindung mit der Berufsausbildung. Detaillierte Anforderungskriterien formulierte der Schulleiter a priori allerdings nicht.

Die Personalauswahl ist letztlich nicht erfolgreich, da der Referendar das 2. Staatsexamen im Rahmen des Modellversuchs nicht abschließen kann und somit auch nicht an der Schule übernommen wird. Der Kandidat offenbart im Verlauf der Ausbildung massive Schwächen im Bereich der personalen Kompetenzen, die er offenbar im Bewerbungsgespräch überspielen konnte. Die Noten im 1. Staatsexamen liegen im befriedigenden Bereich, sodass hier auch kein Indiz für eine größere Schwäche vorliegt.

Der Bewerber erscheint zunächst geeignet und es liegt nahe diesen einzustellen. Vor dem Hintergrund der dünnen Bewerberlage speziell im Bereich Elektrotechnik ist dies nachvollziehbar. Ggf. hätte eine Unterrichtsprobe Hinweise auf die personalen Schwächen des Bewerbers liefern können. Es entsteht der Eindruck, dass der Schulleiter froh war, überhaupt einen Bewerber zu haben und es als opportun gesehen hat, diesen auch einzustellen.

Schulleiter 2

An der Schule liegen einige Bewerbungen, allerdings nicht für alle ausgeschriebenen Fachbereiche vor. Der Schulleiter vermittelt den Eindruck sich sehr initiativ um die Entwicklung der Schule zu kümmern und kann einige Attraktivitätspunke berichten. Er trägt ein modernes Bild von Personalentwicklung und sucht Kollegen, die den Beruf des Lehrers mit Elan und Engagement ausfüllen. Bei der Auswahl zählen neben der Persönlichkeit auch wohlüberlegte formale Kriterien zu Ausbildung, Wohnort und Zweitfach. Der Schulleiter bemüht sich intensiv, geeigneten Lehrernachwuchs zu bekommen und ist damit erfolgreich.

Die gefundenen drei Referendare haben eine Berufsausbildung und gute Leistungen im Studium. Sie kooperieren gut, schließen die Ausbildung mit guten Ergebnissen ab und verbleiben anschließend an der Schule. Die Personalauswahl kann als gelungen bezeichnet werden. Alle drei Personen unterrichten drei Jahre nach dem Vorbereitungsdienst noch an der Schule und möchten weiter dort bleiben. Bei einer Lehrkraft unterbricht allerdings eine Abordnung zur Lehre an die Universität Nürnberg-Erlangen ab August 2007 den Schuldienst für drei Jahre. Die Stelle bleibt für diesen Lehrer aber an der Schule erhalten.

Schulleiter 3

Der Schulleiter kann für zwei Stellen aus vier Bewerbern auswählen. Er glaubt einerseits eine attraktive Schule bieten zu können und führt andererseits die Werbung auf verschiedenen Wegen als Grund für die für den Fachbereich Elektrotechnik vergleichsweise hohe Bewerberzahl an. Für die Bewerberauswahl ist die Persönlichkeit entscheidend. Dazu analysiert der Schulleiter auch die Bewebungsunterlagen intensiv. Er legt Wert auf den menschlichen Umgang und vertraut auf seine Menschenkenntnis. Ein bescheidenes Auftreten und der berufliche Bildungsweg zählen mehr als gute Noten. Insgesamt scheint dieser erfahrene Schulleiter eine recht konkrete Vorstellung von einer geeigneten Lehrerperson zu haben, ohne dabei pragmatische Aspekte der Ausbildung aus den Augen zu verlieren.

Die beiden Referendare haben eine Berufsausbildung und befriedigende Leistungen im Studium. Sie wirken engagiert und durchlaufen die Ausbildung erfolgreich auf mittlerem Niveau. Am Ende kann jedoch nur einem der beiden Personen eine Planstelle angeboten werden, da die Schülerzahlen sich im IT-Bereich rückläufig entwickelt haben. Die Wahl fällt dann auf den Kandidaten mit den besseren Ergebnissen im Verlauf des Vorbereitungsdienstes. Die Personalauswahl an sich muss dennoch als erfolgreich bewertet werden, da eigentlich beide Referendare an der Schule verbleiben möchten und die übernommene Person auch drei Jahre nach dem Vorbereitungsdienst noch dort unterrichtet und auch weiter da bleiben will.

Schulleiter 4

Auf die ausgeschriebene Stelle in Metalltechnik meldet sich kein Bewerber, was durch die regionale Randlage bedingt sein kann. Andererseits müsste die gegebene klare Ausweisung eines Spezialisierungsgebietes mit Gestaltungsperspektive auf Bewerber interessant wirken. Der Schulleiter sieht zur Erhöhung der Attraktivität der Schule erhebliches Potential in der Schulentwicklung. Dennoch ist er sich der Stärken seiner Einrichtung bewusst, allerdings wurden die in der Ausschreibung nicht dargestellt. Er sucht einen Kollegen, der mit einer Berufsausbildung über den beruflichen Bildungsweg kommt, mit Vision und Kreativität die Erfüllung im Lehrerberuf sucht und diese vorne anstellt. Offenbar erhofft er sich da auch Unterstützung für seine Vorhaben in Sachen Schulentwicklung. Hypothetisch wäre das eine interessante Stelle für einen Bewerber, der aus dieser Region kommt.

Schulleiter 5

Auf die eine ausgeschriebene Stelle in Elektrotechnik meldet sich ein Bewerber, der auch eingestellt wird. Der Schulleiter ist sich der knappen Bewerberzahl für diesen Fachbereich bewusst und hat nicht mehr erwartet. Obwohl die Schule mit ihrer regionalen Benachteiligung die vorhandenen Attraktivitätsaspekte herausstellen müsste, misst der Schulleiter dieser Maßnahme kaum Bedeutung zu. Das wirkt ambivalent. Einerseits würde er gerne die Leistungsbezogene Bezahlung der Lehrkräfte einführen, andererseits nutzt er die Möglichkeiten der gezielten Personalrekrutierung nicht wirklich. Dieser Schulleiter legt Wert auf das entschlossene Auftreten des Bewerbers, die Noten und bevorzugt eine Berufsausbildung.

Der eingestellte Referendar strahlt Ruhe aus und kann mit guten bis befriedigenden Noten aufwarten, allerdings nicht mit einer Berufsausbildung. Sonst erfüllt er die geforderten Eigenschaften größtenteils. Fast entsteht der Eindruck, dass die Kriterien auf den Bewerber zugeschnitten wurden. Die Ausbildung absolviert er mit guten bis befriedigenden Leistungen, verlässt aber anschließend die Schule. Einerseits möchte die Schule aufgrund unklarer Schülerzahlenentwicklung nicht unbedingt einen Lehrer einstellen. Andererseits zieht es den Referendar regional doch wieder an den Standort seiner Lebensgefährtin, sodass die Trennung wohl einvernehmlich von Statten geht. Überbordend dürfte die gegenseitige Anziehung zwischen Referendar und Kollegium allerdings nicht gewesen sein.

Schulleiter 6

In diesem Fall liegt die Möglichkeit einer echten Bewerberauswahl im Bereich Wirtschaft und Verwaltung vor. Aus 14 Bewerbungen kann der Schulleiter zwei Stellen besetzen. Die Gründe für den hohen Zulauf sieht er sowohl im Standort als auch in der Schule. Die Stellenausschreibung wirkt wohl ebenfalls förderlich, hat aber noch Entwicklungspotential. Sicher wirkt hier die relative Nähe zum Studienort förderlich für den Bewerberzulauf. Zur Vorauswahl der Bewerber nutzt er die Bewerbungsunterlagen. Auch wenn Noten nicht das zentrale Kriterium darstellen, werden Leistungen beachtet. Für diesen Schulleiter ist die Verbundenheit einer Lehrkraft mit dem Standort und der Region entscheidend. Der berufliche Bildungsweg ist ihm wichtig und vermittelt ihm Bodenständigkeit. Die Kandidaten sollen einmal männlich und einmal weiblich sein und miteinander harmonieren. Dieser Schulleiter hat ein genaues Bild von seinen Erwartungen an die Bewerber. Er nimmt Personalentwicklung als ernsthafte Aufgabe an und will seine Schule auf diesem Weg stärken.

Die beiden Referendare haben eine Berufsausbildung, gute Leistungen im Studium und schienen sich in ihrer Persönlichkeit gut zu ergänzen. Sie können die Ausbildung mit guten bzw. befriedigenden Leistungen abschließen und werden anschließend an der Schule übernommen. Insgesamt betrachtet erscheint die Personalauswahl professionell durchgeführt und erfolgreich im Ergebnis. Die Lehrkräfte unterrichten auch drei Jahre nach dem Vorbereitungsdienst noch an der Schule. Zumindest von einer Lehrkraft ist aus der Nacherhebung bekannt, dass sie auch weiter dort bleiben will.

Schulleiter 7

An dieser Schule war eine Stelle für Bautechnik mit hohem Grad an Spezialisierung ausgeschrieben auf die sich drei Bewerber melden. In Bautechnik waren insgesamt wenige Stellen ausgeschrieben. Insofern ist die Bewerberzahl trotz der erheblichen räumlichen Entfernung vom Studienort zu erwarten gewesen. Die Ansicht des Schulleiters, dass Lehrkräfte im Baubereich eher knapp sind ist in Relation zum allgemeinen Stellenangebot als Fehleinschätzung zu werten. Er kann einige Attraktivitätspunkte seiner Schule nennen, gibt diese in der Ausschreibung im Internet aber nur eingeschränkt wider, da er dem Internet wenig Einfluss zuschreibt. Das Auswahlgremium ist schnell und ohne große Vorbereitung aus zwei Personen zusammengestellt, ein tragfähiger Plan für die Übernahme der Verantwortung für die Ausbildung des Referendars besteht anfänglich noch nicht. Es liegt die Vermutung nahe, dass die Schule von der Dynamik des Modellversuchs überrascht wurde. Für die Bewerberauswahl benennt der Schulleiter zwar einige Kriterien als wichtig, den Eindruck einer konkreten Vorstellung von einem Anforderungsprofil a priori kann er aber nicht vermitteln. Wichtig ist die Berufsausbildung eines Bewerbers, die intensive Beschäftigung eines Bewerbers mit dem ausgeschriebenen Feld der Spezialisierung beeindruckt ihn offenbar.

Der ausgewählte Bewerber kann mit guten Noten sowohl zu Beginn als auch im Verlauf der Ausbildung aufwarten. Dieser Erfolg ist einerseits der motivierten und disziplinierten Arbeitsweise des Referendars zuzuschreiben, andererseits durch das Engagement des im weiteren Verlauf gefundenen Personalentwicklers getragen. Insofern kann von einer geglückten Personalauswahl gesprochen werden, die aber nicht auf einer professionellen Vorbereitung der verantwortlichen Personen basiert. Der Referendar wird nach dem Vorbereitungsdienst an der Schule übernommen und unterrichtet auch drei Jahre danach noch dort. Für das folgende Schuljahr steht ein Standortwechsel an, der auf Familiengründung beruht und die längere Fahrstrecke nicht mehr tragbar ist.

Schulleiter 8

Die erste Ausschreibung im Fachbereich Elektro- und Informationstechnik bleibt ohne Bewerber. Es liegt die Vermutung nahe, dass die geringe Anzahl an Studienabsolventen in diesem Fachbereich der maßgebliche Grund für die fehlenden Bewerbungen ist. Hinzu dürfte kommen, dass in diesem Jahrgang anscheinend kein Bewerber aus diesem Fachbereich die regionale Verbundenheit zu diesem Standort mitbringt. Die anderen Stellen in Elektro- und Informationstechnik sind – mit einer Ausnahme – mit Bewerbern mit hoher regionaler Affinität besetzt, oder eben auch vakant geblieben (vgl. Schulen 2, 9 und 23 für die Vakanzen). Die Umwidmung der Stellen auf den Fachbereich Wirtschaft und Verwaltung passierte spät im Prozess der Personalrekrutierung, sodass sich Bewerber nicht mehr von sich aus an dieser Schule meldeten, sondern Bewerber von umliegenden Schulen an diese Schule weiter geleitet wurden. Insofern ist von einer eingeschränkten Bewerberauswahl zu sprechen, da die Kandidaten in einem ersten Schritt zunächst ihr grundsätzliches Interesse auch an dieser Schule äußern mussten. Von den 20 weitergeleiteten Bewerbern kommen sechs zum Vorstellungsgespräch.

Dieser Schulleiter hat recht genaue Vorstellungen von wünschenswerten Kandidaten. Für ihn zählen Persönlichkeit, Interesse, Motivation und Zielstrebigkeit. Er sucht einen leistungswilligen Bewerber, der eine Berufsausbildung durchlaufen hat und mit guten Noten aufwartet. Darüber hinaus beachtet er die regionale Herkunft, um ein langfristiges Personalverhältnis sicherzustellen. Es entsteht der Eindruck, dass der Schulleiter selbst eine hohe Leistungsmotivation hat und diese auch vom Bewerber erwartet.

Die Personalauswahl ist als eingeschränkt erfolgreich zu bezeichnen. Obwohl für den Schulleiter Leistungen aus dem Studium wichtig sind, entscheidet er sich bei einer der beiden Stellen für einen Bewerber mit Berufsausbildung, der das Studium aufgrund der noch ausstehenden Diplomarbeit nicht zum Abschluss bringt und somit ausfällt. Eine Nachbesetzung ist dann nicht mehr möglich. Die Einschätzung der Persönlichkeit und die Sichtung der bis dahin vorliegenden Noten können offenbar nicht den Erfolg einer Auswahl garantieren. Im zweiten Fall entscheidet sich der Schulleiter für eine Person mit Berufsausbildung und mit guten bis befriedigenden Leistungen im Studium, welche die Ausbildung erfolgreich durchläuft und mit guten Ergebnissen abschließt. Dieser Teil der Bewerberauswahl kann als erfolgreich bezeichnet werden. Die Lehrkraft unterrichtet auch drei Jahre nach dem Vorbereitungsdienst noch an der Schule und möchte weiterhin dort bleiben.

Schulleiter 9

Die Schule hat jeweils eine Stelle im Bereich Metalltechnik und Elektrotechnik ausgeschrieben und keinen Bewerber. Die Gründe für das Ausbleiben der Bewerber dürften in erster Linie in der knappen Absolventenzahl in diesen Fachbereichen liegen. Daneben ist aber wohl auch die spröde gehaltene und eher streng fachlich informative Ausschreibung mit verantwortlich. In Anbetracht des insgesamt evidenten Bewerberverhaltens ist zusätzlich davon auszugehen, dass kein potentieller Bewerber aus dieser Region kommt und somit auch dort hin möchte.

Dieser Schulleiter hat eine recht konkrete Vorstellung von wünschenswerten Kandidaten, bezeichnet aber nahezu alle Kriterien außer den Noten als wichtig. Wesentlich wären für ihn jedoch der Eindruck vom Bewerber und dessen Motive für den Beruf. Die Ausschreibung gibt die Wunschvorstellungen des Schulleiters nicht so wieder. Vielleicht hätte eine ansprechende und authentische Stellenausschreibung doch zu einem Bewerberzulauf führen können.

Schulleiter 10

Auf die eine Stelle in Metalltechnik meldet sich ein Bewerber der auch eingestellt wird. Der Schulleiter weist mit Stolz auf die Ausstattung und den Erhaltungszustand seiner Schule hin, sieht aber den ausschlaggebenden Grund für eine Bewerbung in der regionalen Verbundenheit eines Bewerbers.

Dieser Schulleiter legt Wert auf die Persönlichkeit in Verbindung mit fachlicher Fähigkeit, Wohnort und Berufsausbildung. Er hat relativ genaue Vorstellungen vom Wunschkandidaten und ist sich der Schwierigkeiten einer Stellenbesetzung bewusst.

Der Bewerber kommt aus der Region und bringt die Persönlichkeitsmerkmale mit, die sich der Schulleiter wünscht. Eine Berufsausbildung kann er allerdings nicht vorweisen, dafür gute Leistungen im Studium und ein Zweitfach, das an der angegliederten BOS verwendbar ist. Der Referendar schließt die Ausbildung erfolgreich mit guten Leistungen ab und bleibt an der Schule. Die Personalentscheidung hat sich glücklich gefügt und ist aus beiden Perspektiven als gelungen zu bewerten. Die Lehrkraft unterrichtet auch drei Jahre nach dem Vorbereitungsdienst noch an der Schule.

Schulleiter 11

Diese Schule ist offensichtlich durch ihre Großstadtlage bevorzugt und kann für drei Stellen aus zwölf Bewerbern auswählen. Der Schulleiter sieht die Gründe für den hohen Zulauf jedoch vorwiegend in schulinternen Aspekten. Das wirkt zunächst irritierend und lässt auf hohes Selbstbewusstsein schließen, passt aber zum extravertierten Auftreten des Schulleiters im Interview.

Dieser Schulleiter legt Wert auf die Persönlichkeit des Bewerbers, die markant sein sollte. Bewerbungsunterlagen und Noten sind ihm nicht wichtig. Der Wunschkandidat stammt aus Altbayern und hat eine Berufsausbildung sowie Familie. Der Schulleiter zeigt sich sehr überzeugt von seiner Menschenkenntnis. Er führt die Bewerbungsgespräche alleine und lässt das Auswahlgremium anscheinend nur noch seine Vorauswahl absegnen.

Zur Einstellung kommen drei Bewerber, die alle eine Berufsausbildung absolviert haben und sich mit sehr guten, guten und befriedigenden Noten aus dem Studium ausweisen. Die Ausbildung verläuft erfolgreich und die Referendare sind gut im Lehrerkollegium integriert und schließen mit guten Noten ab. Alle drei bleiben nach der Ausbildung an der Schule, sind auch drei Jahre nach dem Vorbereitungsdienst noch dort tätig und möchten auch da bleiben. Somit kann die Personalauswahl als sehr erfolgreich bezeichnet werden.

Schulleiter 12

Drei Bewerber melden sich auf eine Stelle in Wirtschaft und Verwaltung. Das ist nicht allzu viel, vergleicht man mit anderen Standorten. Der Schulleiter hatte sogar noch weniger erwartet, da die Schule am Rand von Bayern liegt. Nimmt man eine andere Perspektive ein, könnte man sagen, der Standort ist zentral zwischen zwei Großzentren gelegen. Die Schule kann offenbar aufgrund des Kollegiums und des offenen Schulleiters als attraktiv gelten.

Dieser Schulleiter schätzt Bewerber mit sicherem Auftreten und der passenden Einstellung zum Beruf. Berufsausbildung und Engagement überzeugen ihn mehr als die formale Papierlage zu Noten.

Der eingestellte Bewerber hat eine Berufsausbildung, gute Noten aus dem Studium und ist regional verbunden. Die Ausbildung verläuft harmonisch und erfolgreich. Der Referendar schließt mit guten bis befriedigenden Noten ab und bleibt an der Schule. Die Personalauswahl ist erfolgreich. Die Lehrkraft unterrichtet auch drei Jahre nach dem Vorbereitungsdienst noch an der Schule.

Schulleiter 13

Für zwei Stellen im Bereich Metalltechnik liegen drei Bewerbungen vor. Der Schulleiter sieht die Attraktivität seiner Schule in der weit vorangeschrittenen Schulentwicklung und stellt das in der umfangreichen Stellenausschreibung auch so dar. Ob das von einem Bewerber, der fast zwangläufig ein Novize auf diesem Gebiet ist, tatsächlich auch so durchdrungen wird bleibt offen.

Dieser Schulleiter sucht Bewerber, die den Entwicklungsprozess seiner Schule unterstützen. Berufsausbildung und Wohnortnähe überzeugen ihn mehr als Noten und Zweitfach. Die Persönlichkeit ist sehr wichtig und muss zum Kollegium passen.

Die eingestellten Referendare können beide eine Berufsausbildung und gute Noten im Studium vorweisen. Sie kommen aus der Region und ergänzen das Kollegium durch ihre sehr unterschiedlichen Persönlichkeiten und Einsatzwille. Die Ausbildung durchlaufen sie erfolgreich mit guten bzw. befriedigenden Noten. Beide bleiben im Anschluss an der Schule. Die Personalauswahl ist als erfolgreich zu bewerten. Die Lehrkräfte unterrichtet auch drei Jahre nach dem Vorbereitungsdienst noch an der Schule.

Schulleiter 14

An diesem Standort liegen sechs Bewerbungen auf eine Stelle in Wirtschaft und Verwaltung vor. Der Schulleiter kennt zwar die Attraktivitätsargumente für seine Schule, legt aber keinen gesteigerten Wert darauf, diese auch werbewirksam in der Stellenausschreibung zu kommuni-

zieren. Er glaubt, dass ein Bewerber sich nur aus privaten Gründen für einen Standort entscheidet. Auffällig ist, dass sich deutlich weniger Bewerber melden als an Standorten, die in
vergleichbarer Entfernung zur Großstadt liegen, aber eine attraktive Stellenausschreibung
gestaltet hatten. Es liegt die Vermutung nahe, dass eine wenig ambitionierte Ausschreibung
auch Bewerber abschrecken kann.

Bei der Bewerberauswahl achtet er auf organisatorische Aspekte des Unterrichtseinsatzes
ebenso wie auf Persönlichkeitsmerkmale und Teamfähigkeit. Eine Berufsausbildung ist ihm
nicht so wichtig. Vielmehr trägt er die Hoffnung auf eine mittelfristige Bindung durch die
räumliche Nähe des Wohnortes.

Die Wahl fällt auf einen Bewerber mit guten Noten und einem Zweitfach, das an der angegliederten BOS zum Einsatz kommen kann. Er hat keine Berufsausbildung und nimmt täglich
eine Anfahrt von einer Stunde auf sich. Die Persönlichkeit passt gut ins Kollegium. Die Ausbildung verläuft erfolgreich mit befriedigenden Ergebnissen und der Referendar bleibt nach
der Ausbildung zunächst an der Schule, verlässt diese aber dann aufgrund der Entfernung zum
Wohnort. Insofern ist die Personalauswahl als bedingt erfolgreich zu bewerten. Die Person
zeigt sich engagiert und absolviert die Ausbildung erfolgreich. Aber das Ziel des Schulleiters,
zumindest einen mittelfristigen Verbleib zu erreichen wird verfehlt. Es stellt sich die Frage,
weshalb er sein Kriterium der Wohnortnähe nicht strenger angewendet hat.

Schulleiter 15

Für die eine Stelle in Ernährung und Hauswirtschaft interessieren sich drei Bewerber. Die
Lage der Schule, die objektiv vorhanden Attraktivitätspunkte und die geringe Anzahl der insgesamt in diesem Bereich ausgeschriebenen Stellen hätte eine höhere Bewerberzahl vermuten
lassen. Die lieblose Ausschreibung dürfte hier potentielle Bewerber eher abgeschreckt haben.

Der Schuleiter sucht einen formbaren Kollegen, der den Beruf des Lehrers geradlinig anstrebt
und diese Schule als seinen Wunschstandort betrachtet. Noten und Berufsausbildung zählen
nicht.

Eingestellt wird eine Person ohne Berufsausbildung mit noch befriedigenden Leistungen im
Studium. Die beiden berufserfahrenen Kandidaten werden abgelehnt. Die eingestellte Person
harmoniert nicht mit dem Kollegium und zeigt Schwächen in der Leistung. Sie führt zwar die
Ausbildung mit befriedigenden bis ausreichenden Leistungen zu Ende, wird aber an der Schu-
le nicht übernommen. Die Person möchte auch von sich aus an den weiter entfernt liegenden
Familienmittelpunkt umziehen. Die Personalauswahl muss als misslungen bezeichnet werden.
Der Wunsch nach einer formbaren Person lässt erfahrene und selbstbewusste Kandidaten aus-
scheiden und führt zu einem Bewerber, der die Erwartungen nicht erfüllen kann.

Schulleiter 16

Offenbar handelt es sich hier um einen attraktiven Standort. 18 Bewerber melden sich auf
zwei Stellen in Wirtschaft und Verwaltung. Der Schulleiter bezeichnet seine Schule zwar als
attraktiv, sieht aber auch Entwicklungspotential.

Dieser Schulleiter bedient sich formaler Kriterien für eine Vorauswahl der Bewerber und fällt die abschließende Entscheidung aufgrund des persönlichen Eindrucks im Vorstellungsgespräch. Aufgrund der hohen Bewerberzahl fällt es freilich leicht, so vorzugehen. Die Herangehensweise erscheint professionell und pragmatisch.

Eingestellt werden zwei Bewerber mit guten Noten, einer Berufsausbildung bzw. einem vorlaufenden FH-Studium und regionaler Verbundenheit. Die Referendare absolvieren die Ausbildung mit guten Leistungen und verbleiben an der Schule. Die Personalauswahl kann als professionell und gelungen bezeichnet werden. Auch drei Jahre nach dem Vorbereitungsdienst unterrichten die Lehrkräfte noch an der Schule und möchten dort auch bleiben.

Schulleiter 17

Diese innerlich attraktive Schule hat unter der sehr ländlichen Lage zu leiden und es findet sich nur jeweils ein Bewerber für die jeweils zwei ausgeschriebenen Stellen in Metalltechnik und Ernährung und Hauswirtschaft. Die schulinterne Attraktivität besteht im weit fortgeschrittenen Prozess der Schulentwicklung und einem teamfreundlichen und entwicklungsförderlichen Arbeitsklima. Diese Punkte stellt die Ausschreibung auch dar, da der Schulleiter dieser Form der Werbung aufgrund der Konkurrenz zu regional begehrteren Standorten hohen Stellenwert beimisst.

Dieser Schulleiter sucht Mitarbeiter, die die Philosophie der Schule mittragen. Entsprechende Motivation und Offenheit können formale Defizite ausgleichen. Wenn ein Bewerber seinen langfristigen Verbleib glaubhaft zum Ausdruck bringen kann, ist der Schulleiter auch bereit, in die Person zu investieren. Im vorliegenden Fall kann er nur entscheiden, ob die beiden Bewerber eingestellt werden sollen oder nicht.

Die beiden Bewerber sollen auch eingestellt werden. Bei der Person für die Stelle in Ernährung und Hauswirtschaft kommt es jedoch nicht soweit, da sie eine noch ausstehende Prüfung im 1. Staatsexamen im Zweitfach nicht besteht und somit nicht in den Vorbereitungsdienst aufgenommen werden kann. Der Kandidat für Metalltechnik tritt mit guten bis befriedigenden Noten aus dem Studium an und hat eine Berufsausbildung in einem entfernten Bereich absolviert. Er kommt zwar nicht unmittelbar aus der Region, verlegt jedoch seinen Lebensmittelpunkt dort hin. Er durchläuft die Ausbildung erfolgreich mit guten bis befriedigenden Leistungen, bleibt im Anschluss an der Schule und ist zum Zeitpunkt der Nacherhebung noch dort. Im ersten Fall ist die Personalentscheidung unglücklich verlaufen, was objektiv aber nicht absehbar war. Im zweiten Fall ist der Prozess erfolgreich.

Schulleiter 18

Für die Stelle in Elektrotechnik meldet sich ein Bewerber, für Wirtschaft und Verwaltung sind es drei. Die Schule versucht sich in der Stellenausschreibung attraktiv darzustellen. Der Schulleiter reflektiert seine Situation treffend. Er achtet neben formalen Kriterien auf das Auftreten der Bewerber im Vorstellungsgespräch und Sicherheit in Bezug auf den Verbleib an seiner Schule. Für die Bewerberauswahl hat der Schulleiter ein recht genaues Bild von einer zukünftigen Lehrkraft im Kopf und kennt die Schwächen der beiden eingestellten Referendare. Im Fall Wirtschaft und Verwaltung muss er auf den ursprünglich erstplatzierten Kandidaten verzichten, da dieser sich für eine andere Schule entscheidet. Bei dem nachrückenden Bewerber fehlt ihm die Berufsaufbildung. Diese Einschätzung erweist sich als treffend, weil der Kandidat nach dem Vorbereitungsdienst auf eigenem Wunsch die Berufsschule verlässt und an eine FOS/BOS wechselt, um dort im Zweitfach zu unterrichten. Diese FOS/BOS konnte er auch schon während des Referendariats im Rahmen der Zweitfachausbildung kennen lernen. Insofern bestätigt sich die Vermutung des Schulleiters, dass ein Kandidat mit Berufsausbildung geeigneter wäre, weil da eine größere Affinität zur Berufsschule vorliegen dürfte. Der dritte Bewerber in Wirtschaft und Verwaltung kam jedoch aufgrund der Noten nicht in Betracht.

In der Gesamtschau ist die Personalauswahl hinsichtlich ihres Erfolgs differenziert zu beurteilen. Im Fall des Elektrotechnikers verläuft alles erfolgreich mit guten Noten und er bleibt an der Schule, unterrichtet auch drei Jahre nach dem Vorbereitungsdienst noch dort und möchte da bleiben. Bei der Stelle in Wirtschaft und Verwaltung hatte der Schulleiter letztlich nur die Möglichkeit, den zweitplatzierten Bewerber einzustellen. Die Alternative hätte darin bestanden, die Stelle vakant zu lassen. Insofern muss die Personalauswahl als angemessen, wenngleich nicht abschließend erfolgreich bezeichnet werden.

Schulleiter 19

Eine Bewerberzahl von 25 als den Erwartungen entsprechend zu bezeichnen zeugt von großem Selbstbewusstsein, wobei das an einem Standort, der zu Bayerns beliebtesten gehört auch nicht so schwer fällt. Eine so große Bewerberzahl erfordert eine strukturierte Personalauswahl.

Dieser Schulleiter hat seine konkrete Versorgungssituation im Kopf und sucht gezielt nach der fachlich besten Besetzung. Bei der Vielzahl an Bewerbern kann er wählerisch sein und setzt neben formalen Kriterien wie Wohnortnähe, Noten und Berufsausbildung auch auf die Persönlichkeit. Allerdings irritiert die Herangehensweise, zunächst 15 Bewerber in chronologischer Reihung des Bewerbungseingangs zum Vorstellungsgespräch einzuladen. Eine strukturierte Vorauswahl ist das wohl weniger. Erst bei den später eintreffenden Bewerbungen wurde eine gezielte Vorauswahl getroffen. Die Vorbereitung auf die Vorstellungsgespräche anhand der Unterlagen kann allerdings als gewissenhaft bezeichnet werden.

Die eingestellten Bewerber können überwiegend gute Noten vorlegen und haben Berufsausbildung. Die Ausbildung verläuft in allen Fällen erfolgreich mit guten bzw. befriedigenden Leistungen und die drei Personen werden an der Schule übernommen. In der Gesamtschau ist hier von einer erfolgreichen Personalauswahl mit einer Einschränkung zu sprechen. Die Recherche ergibt, dass zumindest zwei der drei Lehrkräfte zum Zeitpunkt drei Jahre nach dem Vorbereitungsdienst an der Schule unterrichten. Bei der dritten Lehrkraft liegt eine Erkrankung vor, sie ist aus dem Lehrdienst ausgeschieden.

Schulleiter 20

Auf zwei Stellen in Wirtschaft und Verwaltung melden sich sieben Bewerber. Der Schulleiter bezeichnet seine Schule aus verschiedenen Gründen als attraktiv, reflektiert diese Aspekte aber nicht, um sie werbewirksam in der Stellenausschreibung anzubringen.

Für diesen Schulleiter ist die Persönlichkeit des Bewerbers leitend. Formale Kriterien führen nicht im Vorfeld zum Ausschluss, werden dann aber in Verbindung mit dem Gesamteindruck betrachtet und bestätigen ihm den Eindruck aus dem Vorstellungsgespräch.

Eingestellt werden zwei Bewerber mit sehr guten Noten aus dem Studium und Berufsausbildung. Sie schließen die Ausbildung mit guten Leistungen ab und bleiben nach dem Vorbereitungsdienst an der Schule. Die Personalauswahl ist erfolgreich. Zumindest für eine Lehrkraft konnte recherchiert werden, das sie auch drei Jahre nach dem Vorbereitungsdienst noch an der Schule unterrichtet.

Schulleiter 21

Dieser Schulleiter erhält sechs Bewerbungen auf zwei Stellen in Wirtschaft und Verwaltung. Er führt die überraschend hohe Zahl sowohl auf schulinterne als auch regionale Gründe zurück. In der Stellenausschreibung versteht er ansprechend und verbindlich zu wirken, bringt aber nicht alle Argumente mit ein.

Dieser Schulleiter hat eine recht genaue Wunschvorstellung von seinen Bewerbern, ist jedoch in einzelnen Aspekten flexibel. Auf jeden Fall muss die Persönlichkeit des Bewerbers überzeugen. Der Schulleiter wirkt sehr engagiert und zielbewusst.

Zur Einstellung kommen zwei Bewerber mit guten Noten und Berufsausbildung. Sie absolvieren die Ausbildung mit guten bzw. befriedigenden Leistungen. Nach dem Vorbereitungsdienst kann nur einem Referendar eine Stelle angeboten werden, da sich die Schülerzahlen entgegen den Erwartungen rückläufig entwickelt haben. Die Stelle erhält die Person mit den besseren Leistungen im Referendariat. Die Personalauswahl ist dennoch als erfolgreich zu bezeichnen, da die beiden Referendare den Vorbereitungsdienst erfolgreich durchlaufen und eigentlich auch beide an der Schule bleiben möchten. Die übernommene Lehrkraft unterrichtet auch drei Jahre nach dem Vorbereitungsdienst noch an der Schule.

Schulleiter 22

Die Schule schreibt jeweils eine Stelle in Metalltechnik, Bautechnik und Wirtschaft und Verwaltung aus und erhält drei Bewerbungen für Bautechnik und eine für Wirtschaft und Verwaltung. Die regionale Randlage dürfte hier wohl ausschlaggebend sein für den relativ geringen Zulauf. In Bautechnik werden allgemein wenige Stellen auch nach dem Vorbereitungsdienst angeboten, weshalb sich hier immer hin drei Bewerber melden. Der Schulleiter kann Argumente für die Attraktivität berichten. Vor dem Hintergrund der regionalen Benachteiligung wirkt es irritierend, dass der Schulleiter die Stellenausschreibung dennoch nicht werbewirksam nutzen will. Das Potential wird nicht ausgeschöpft. Der Bewerber in Wirtschaft und Verwaltung erfüllt die Zugangsvoraussetzungen zum Referendariat nicht und fällt damit von vorne herein aus.

Dieser Schulleiter wirkt pragmatisch rational und hat sehr genaue Vorstellungen von der Persönlichkeit des Bewerbers. Weiter stehen Lebenslauf und Herkunft des Bewerbers im Vordergrund, wobei der regionalen Verwurzelung aufgrund der Randlage besondere Bedeutung zukommt.

Eingestellt wird ein Bewerber in Bautechnik der bereits während der Berufsausbildung als Schüler an der Schule war. Neben sehr guten Noten im Staatsexamen kann er mit seiner Persönlichkeit überzeugen. Er absolviert den Vorbereitungsdienst mit guten Leistungen und wird im Anschluss an der Schule übernommen. Die Personalauswahl ist bezogen auf die eine Stelle erfolgreich. Optimierungspotential besteht in der Außendarstellung der Schule, um zukünftig auch weitere Stellen besetzen zu können. Die eingestellte Lehrkraft unterrichtet auch drei Jahre nach dem Vorbereitungsdienst noch an der Schule.

Schulleiter 23

Auf eine Stelle in Metalltechnik und eine in Elektrotechnik meldet sich lediglich ein Bewerber für Metalltechnik. Die Schule in einer großen Stadt kann eigentlich mit einer Reihe an Attraktivitätsargumenten aufwarten, bringt diese aber in der äußerst spröden Stellenausschreibung nicht zum Ausdruck. Die geringe Absolventenzahl in den beiden Fachrichtungen ist zwar ein Argument für den geringen bzw. fehlenden Bewerberzulauf, kann aber nicht der einzige Grund sein.

Dieser Schulleiter verteidigt sein Idealbild des Berufsschullehrers, der selbst eine Ausbildung durchlaufen hat und über den beruflichen Bildungsweg kommt. Die Persönlichkeit des Bewerbers muss überzeugen. Im Interview entsteht der Eindruck, als ob der Schulleiter eher den Kandidaten beschreibt, als allgemein gültige Kriterien zu berichten.

Der Bewerber mit guten Noten und Berufsausbildung wird eingestellt und absolviert die Ausbildung erfolgreich mit guten Leistungen. Nach dem Vorbereitungsdienst kommt es nicht zu Übernahme. Der Schulleiter möchte den Absolventen zwar behalten und auch der Referendar beabsichtigt an der Schule zu bleiben, die kommunale Schulverwaltung reagiert jedoch sehr langsam und kann eine Stelle zu spät zur Verfügung stellen. Aus Gründen der Stellensicherheit entscheidet sich der Absolvent für ein anderes Angebot. Die ursprünglich erfolgreiche Personalentscheidung wird abschließend durch politisch-bürokratische Verzögerung zum Sturz gebracht.

9.2 Stichprobenbezogene Interpretationen

Nachdem das vorhergehende Kapitel Interpretationen fallbezogen vorgenommen hat, geben die folgenden Darstellungen Interpretationen mit dem Blick auf die gesamte Stichprobe vor.

Personalauswahlmethoden

Für die Vorauswahl von Bewerbern wären nach BECKER (2002) verschiedene Kriterien zu betrachten: Äußere Form und Aufmachung der Unterlagen, Analyse von Bewerbungsschreiben, Lebenslauf, Schrift, Zeugnisse und das Einholen von Auskünften (Referenzen). Eine Vorauswahl auf Grund der hier genannten Kriterien kam in den untersuchten Fällen selten vor. In den meisten Fällen dürften die Gründe dafür in der vergleichsweise geringen Bewerberzahl liegen. Die Hauptgründe für eine Vorauswahl liegen in der Senkung der Personalbeschaffungskosten und in der Selektion der Bewerber, sodass nur Kandidaten in die Endauswahl kommen, die auch wirklich geeignet erscheinen. Eine gewisse Vorauswahl fand in formaler Hinsicht freilich statt, indem nur Bewerber angesprochen bzw. zugelassen wurden, welche die formalen Voraussetzungen für den Eintritt in den Vorbereitungsdienst erfüllten. Ein Fall liegt jedoch vor, in dem sich ein Schulleiter für einen Bewerber entschieden hatte, diese Person dann aber das 1. Staatsexamen im Zweitfach nicht bestand und somit nicht zum Vorbereitungsdienst zugelassen werden konnte. In einem zweiten Fall konnte der ausgewählte Bewerber nicht antreten, da er die Diplomarbeit nicht zum Abschluss brachte. Über die Senkung der Personalbeschaffungskosten durch eine Vorauswahl denken die Schulleiter erst nach, wenn die Anzahl der Bewerber einen zweistelligen Wert erreicht.

Für die Endauswahl kämen grundsätzlich folgende Methoden in Betracht: Gespräch (strukturiert, nicht strukturiert) ggf. in Kombination mit einem Vortrag, Tests, Arbeitsproben, graphologische Gutachten, Fragebogen, Assessment Center (BECKER 2002; DUBS 2005). Von diesen relevanten Methoden wurde in den untersuchten Fällen lediglich das Bewerbungsgespräch angewendet, in den meisten Fällen in nicht strukturierter Form. In keinem Fall wurde von einem Kurzreferat oder einer Präsentation des Bewerbers in Verbindung mit dem Bewerbungsgespräch berichtet. Arbeitsproben bzw. Unterrichtsversuche wurden ebenfalls nicht eingefordert. Das wäre jedoch legitim, da die grundlegenden Kompetenzen dazu bereits im Studium angebahnt werden. Gerade über Arbeitsproben in Form von Unterrichtsversuchen ließe sich die prognostische Validität der Auswahl erhöhen.

Bezug nehmend auf DUBS (2005) erscheint das Vorgehen hinsichtlich der Methode der Endauswahl jedoch angemessen. Auswahlgespräche sind grundsätzlich für die Besetzung von Stellen für Lehrkräfte als Methode der Wahl für die Endauswahl anzusehen. Optimierungspotential zeichnet sich jedoch hinsichtlich der Umsetzung der Methode ab. Das Auswahlinterview sollte der gezielten Überprüfung der Passung von Anforderungsprofil und Bewerberprofil dienen. In den untersuchten Fällen entsteht häufig der Eindruck, dass ein dezidiertes Anforderungsprofil nicht die Grundlage für das Auswahlgespräch ist. Weiterhin wurde nicht von der Anwendung eines Gesprächsleitfadens berichtet. Insofern steht die Zielgerichtetheit der Gespräche zumindest in Bezug auf die Überprüfung der Erfüllung der Anforderungskriterien in Frage (vgl. dazu weiter Kapitel 9.4).

In der Gesamtschau betrachtet liegen an den Schulen nahezu keine ausgearbeiteten eigenen oder extern beschafften Instrumente zur Personalauswahl vor. Kompensiert wird der Mangel an formalen Instrumenten der Personalauswahl durch die Expertise der Schulleiter hinsichtlich der intuitiven Potentialeinschätzung von Bewerbern für den Lehrerberuf. Offenbar trägt die Alltagstätigkeit der Schulleiter, in der es schließlich häufig um die Beurteilung von Lehrkräften geht dazu bei, auch bei Novizen eine angemessene Potentialeinschätzung vornehmen zu können. Die Erfolgsquote (vgl. Kapitel 9.4) der hier untersuchten Personalauswahl legt diese These zumindest nahe.

Stellenausschreibungen

Hinsichtlich der Stellenausschreibungen zeichnet sich ein geteiltes Bild bei den Schulleitern ab. Einige haben die Relevanz dieses ersten Schrittes der Personalrekrutierung erkannt und investieren in diese Form der Außenwirkung. Im Idealfall entsteht eine aussagekräftige und ansprechende Stellenausschreibung auf Basis einer detaillierten Anforderungsanalyse. Andere messen der Wirkung einer Stellenausschreibung nicht den nötigen Wert bei. Sie vertreten noch die – mit Verlaub antiquierte – Einstellung, dass Schulen gegenseitig nicht in Konkurrenz treten, auch nicht beim Wettbewerb um die besten Lehrkräfte. Das ist vor allem in Verbindung mit einem regional weniger begünstigtem Standort als fragwürdige Einstellung zu werten. Wenn eine Schule den Prozess der Schulentwicklung ernst nimmt, muss sie sich auch der Personalentwicklung widmen und dazu gehört die Personalbeschaffung mit der ihr vorgeschalteten Stellenausschreibung. Eine sinnvoll gestaltete Ausschreibung hat in zweifacher Hinsicht eine förderliche Funktion. Zum einen muss sich die Schulleitung klar darüber werden, welche Anforderungen an einen Bewerber gestellt werden. Das muss in der Ausschreibung auch zum Ausdruck kommen. Zum anderen wirkt eine klar und ansprechend formulierte Ausschreibung auf den Bewerber attraktiv. Es steht ferner die These im Raum, dass eine freundlich formulierte Ausschreibung als Standard gesehen werden kann und demgegenüber eine bürokratisch spröde Darstellung eine eher abschreckende Wirkung hat.

Attraktivität

Die eigene Schule ist in der Darstellung der Schulleiter grundsätzlich erst einmal attraktiv, die Nennung expliziter Kriterien wirkt dagegen manchmal etwas allgemein. D.h. es werden Aspekte zur Attraktivität genannt, die entweder an jeder Schule gelten könnten oder als Selbstverständlichkeit anzusehen sind. Im Sinne des Schulentwicklungsprozesses liegt die Vermutung nahe, dass die Stärken und Entwicklungspotentiale noch nicht an allen Schulen hinreichend evaluiert und offen gelegt sind.

Opportunität

In den Fällen geringer Bewerberzahl oder gar nur einen Bewerbers drängt sich bei manchen Schulleitern der Verdacht auf, der Schulleiter hätte einen gewissen Hang zur Verteidigung des eigenen Kandidaten. Fast wirken die Kriterien an den Kandidaten angepasst oder zu seiner Verteidigung weit ausgelegt. Es bleibt die Frage offen, ob die sonst so wichtige Persönlichkeit mit der Passung zum Kollegium dann evtl. hinten angestellt wird, wenn sich der Personalmangel sehr groß gestaltet.

Auswahlgremien

Die Schulleiter verteilen die Entscheidung über die Auswahl eines Bewerbers bewusst auf mehrere Schultern. Vor dem Hintergrund, dass andere Personen später mit der Ausbildung betraut sein werden, erscheint das sinnvoll. Diese Personen sollen mit entscheiden. Eigentlich ist das auch nahe liegend, umso mehr erstaunt der eine Schulleiter, der die Bewerbungsgespräche alleine führt. Auf der anderen Seite gibt aber auch kein Schulleiter die Personalauswahl völlig aus der Hand. Personalentwicklung ist offenbar originäre Schulleiteraufgabe.

Alle Schulleiter wirken mit der Situation zufrieden, selbst mehr Gestaltungsmöglichkeit durch die autonome Personalauswahl zu bekommen. Sie nehmen gerne die zeitliche Belastung von teilweise zahlreichen Auswahlgesprächen auf sich.

9.3 Kriterien der Personalauswahl

Die Interpretation bezüglich der einzelnen Kriterien der Personalauswahl erfolgt in der Reihung nach ihrer Relevanz betrachtet über alle Schulleiter (vgl. Übersichten 8-5 und 8-6 in Kapitel 8).

Persönlichkeit

Die Persönlichkeit der Bewerber hat sich als entscheidendes und über alle Schulleiter hinweg relevantes Kriterium bei der Bewerberauswahl herauskristallisiert. Diese Feststellung wirkt auf den ersten Blick nahe liegend und überraschend zugleich. Nahe liegend ist diese Aussage deshalb, weil der Lehrerberuf zum großen Teil in sozialen Situationen agiert, in denen personale Merkmale stark determinierend und moderierend wirken. Diese sozialen Situationen betreffen sowohl das unterrichtliche Wirken als auch die Kooperation im Kollegium und mit schulexternen Institutionen. Der Begriff der Persönlichkeit wird allerdings von den Schulleitern nicht näher definiert (vgl. dazu auch Kapitel 7.4). Die Ergebnisbetrachtung liefert jedoch Schlüsselbegriffe, welche die subjektive Ansicht der Schulleiter zur Lehrerpersönlichkeit umreißen: Solide, aufgeschlossen, selbstsicher, selbstkritisch, sicheres Auftreten, Offenheit, Teamfähigkeit, Experimentierfreudigkeit. Solche Eigenschaften lassen sich in Kompetenzmodellen zum Lehrerberuf in den Bereichen personale, soziale und Innovationskompetenz auch finden. Insofern ist dieses Ergebnis also nahe liegend. Die Schulleiter und mit ihnen die Auswahlgremien legen Wert auf die Persönlichkeit der Person, die sie ausbilden wollen und die zukünftig, und das betrifft in nicht wenigen Fällen einen Zeitraum von 35 Jahren, an dieser Schule in diesem Kollegium unterrichten und arbeiten soll. Überraschend wirkt dieses Ergebnis dennoch. Es stellt nämlich die bisherige Praxis der „Ausbildungsplatzvergabe" für Lehrkräfte komplett in Frage. Von der Vergabe von Planstellen nach dem Vorbereitungsdienst soll an dieser Stelle erst gar nicht die Rede sein, die neueren Ansätze ausgenommen (vgl. Kapitel 3.1). In bisherigen Personalauswahl- und Zuweisungsprozessen sind hingegen die Noten das ausschlaggebende Kriterium. Die Diskussion zu Noten als Kriterium erfolgt weiter unten und ist im Zusammenhang zu sehen.

Berufsausbildung und *Lebenslauf*

In gewisser Weise gilt für die Kriterien Berufsausbildung und Lebenslauf ebenfalls das oben gesagte. Es erscheint einerseits nahe liegend, dass ein Schulleiter bzw. ein Auswahlgremium davon ausgeht, dass die Erfahrung aus einer eigenen Berufsausbildung den Zugang zum Schüler und dessen Denkweise erleichtern und die fachliche Wissensbasis verbreitern dürfte. Weiter dürften diese Erfahrungen die Kooperation mit den Ausbildungsbetrieben unterstützen. Die Schulleiter schätzen offenbar eine Person, die sowohl reich an Erfahrung ist, als auch Zielstrebigkeit zeigt. Biographischen Daten wird eine hohe prognostische Validität für den Berufserfolg zugeschrieben (REILLY, CHAO 1982; STAUFENBIEHL, RÖSLER 1999; vgl. Kapitel 2.3). Andererseits spielen diese Kriterien in der bisherigen Vergabepraxis ebenfalls keine Rolle. Die Schulleiter dieser Untersuchung dürften damit einen Schritt in die richtige Richtung unternehmen, wenn sie biographischen Daten mehr Gewicht bei der Personalauswahl einräumen.

Herkunft

Nach der Persönlichkeit und einem Lebenslauf mit Berufsausbildung sehen die Schulleiter in der regionalen Herkunft eines Bewerbers mit ähnlicher Häufigkeit ein relevantes Kriterium für die Bewerberauswahl. Bei knapp der Hälfte der Befragten sind alle diese Kriterien wichtig. Anzumerken ist jedoch, dass einige nicht unbedingt die ursprüngliche Herkunft des Bewerbers alleine gelten lassen, sondern auch damit zufrieden sind, wenn der Kandidat seinen Lebensmittelpunkt an den Schulort verlegt. Übereinstimmend gilt aber, dass eine Identifikation mit dem Schulort und der Region von Bedeutung ist. Das passt ins Bild. Der Wunschbewerber zeichnet sich durch eine überzeugende Persönlichkeit aus, hat eine Berufsausbildung durchlaufen, gerne auch in Verbindung mit einem Lebenslauf, der durch den beruflichen Bildungsweg gekennzeichnet ist. Er kommt aus der Region oder identifiziert sich mit ihr. Das sind Merkmale, die mit den Begriffen Sozialisation und Prägung in Verbindung stehen. Die meisten Bewerber erfüllen diese Anforderung der regionalen Verbundenheit. Dies legt zum einen die Vermutung nahe, dass in einem Flächenland Bayern, in dem der größere Teil der Bevölkerung in ländlich geprägten Gebieten oder Klein- und Mittelzentren lebt, auf Seiten der Bewerber ein Trend zurück zur Heimat besteht. Zum anderen wird die Identifikation mit der Region auf Seiten der Schulleiter als förderlich für den Lehrerberuf an Berufsschulen gesehen.

Als Gegenargument für diese These müsste ins Feld geführt werden, dass die Bewerberzahlen rund um München deutlich höher lagen als an anderen Standorten. Das deutet auf den ersten Blick auf das Attraktivitätsplus durch die Großstadtnähe hin. Bei genauerer Betrachtung ist jedoch anzumerken, dass es sich einerseits dabei fast ausschließlich um Stellen im beruflichen Bereich Wirtschaft und Verwaltung handelt und andererseits München einen der möglichen Studienorte für Wirtschaftspädagogen darstellt. Es liegt also die Vermutung nahe, dass die Bewerber aus dem Einzugsbereich Südbayern sich schon für das Studium in München entschieden haben und dann im Anschluss auch wieder Heimattreue zeigen. Ein anderes Bild zeigt sich bei den gewerblich-technischen Fachrichtungen. Dort liegt zwar für München auch eine erhöhte Bewerberzahl vor, die anderen Standorte über ganz Bayern verteilt zeigen aber keinen eindeutigen Trend. Vielmehr bleiben Standorte wie Würzburg oder Landshut, welche als vergleichsweise größere Städte attraktiver erscheinen könnten, zum Teil ohne Bewerber. Hingegen können Standorte wie Waldkirchen, Rothenburg ob der Tauber, Memmingen oder Forchheim ihre Stellen besetzen. München stellt für diesen relevanten Absolventenjahrgang im gewerblich-technischen Bereich monopolistisch den einzigen Studienstandort in Bayern dar. Daher steht die These im Raum, dass die Studierenden zwangsweise das Studium in München absolvieren, für den Vorbereitungsdienst und die spätere Anstellung aber wieder zurück in die Heimat streben.

Im Modellversuch AQUA haben sich im überwiegenden Maß Bewerber eingefunden, die eine höhere regionale Verbundenheit besitzen, zumindest aber keinen Wert auf unnötige Standortwechsel legen.

Die bisher behandelten Kriterien wären eher den personenbezogenen Merkmalen zuzuordnen, die nicht direkt mit Leistungsmerkmalen in Verbindung stehen. Sie haben im untersuchten

Prozess die größere Relevanz erfahren und sollen als Kriterien der ersten Kategorie benannt werden. Nun folgen die Kriterien der zweiten Kategorie, die zwar als härter und formal zu bezeichnen sind, aber offenbar eher nur moderierenden Einfluss haben.

Zusatzqualifikationen

Über den Bereich der Zusatzqualifikationen scheinen sich die wenigsten Schulleiter vor der Personalauswahl explizit Gedanken gemacht zu haben, sodass grundsätzlich erst einmal keine konkreten Anforderungen gestellt werden. EDV-Kenntnisse auf Anwenderebene sollten heute von Bewerbern mit einem akademischen Abschluss als Standard vorausgesetzt werden können. Vielmehr merken die Schulleiter positiv an, wenn jemand Engagement zeigt und sich auch in außergewöhnlichen Bereichen fortbildet. Zusatzqualifikationen werden dann wichtig, wenn sie bei den Bewerbern auftreten. A priori stehen sie nicht auf der Liste der Anforderungen.

Bewerbungsunterlagen

Tendenziell sind Bewerbungsunterlagen dann wichtiger, wenn die Anzahl der Bewerber größer ist. Das ist nahe liegend. Allerdings gibt es auch Schulleiter, die bei etwas größerer Bewerberzahl keinen gesteigerten Wert auf die Unterlagen legen und alle Kandidaten einladen. Wenn Bewerbungsunterlagen wichtig sind, dann von der inhaltlichen Seite her. Eine ansprechende äußere Form wird zwar als selbstverständlich vorausgesetzt, aber dennoch vereinzelt gesondert hervorgehoben. Die Bewerbungsunterlagen werden zur Vorbereitung auf das Gespräch genutzt. Die Schulleiter möchten also gewissenhaft vorbereitete Unterlagen vorliegen haben, um sich ein erstes Bild zu verschaffen, vermeiden es aber tendenziell, alleine auf dieser Basis bereits einen Ausschluss von Bewerbern vorzunehmen. Allein bei völlig überzogenen Darstellungen oder sehr hoher Bewerberzahl findet ein Ausschluss statt. Bei einer Bewerberzahl im einstelligen Bereich laden die Schulleiter meist doch alle Kandidaten zum Gespräch ein, offenbar um nicht alleine aufgrund der Unterlagen einen interessanten Kandidaten zu verpassen. Oder aber die Schulleiter empfinden eine Anzahl von bis zu zehn Bewerbungsgesprächen als zumutbar.

Die Beurteilungen zu den Bewerbungsunterlagen stellen sich jedoch insofern ambivalent dar, als dass etwa der Lebenslauf mit einer Berufsausbildung als wichtig eingestuft wird, die Noten aus beiliegenden Zeugnissen nicht. Beide Aspekte sind Bestandteil von Bewerbungsunterlagen. Ebenso sind Zweitfach, Herkunft, Studienschwerpunkt und soziale Kriterien erkennbar.

Zweitfach

Entsprechend der Übersichten 8-5 und 8-6 in Kapitel 8 erfährt das Zweitfach der Bewerber unterschiedliche Relevanz bei der Bewerberauswahl. Grundsätzlich ist festzuhalten, dass die Nennung des Zweitfachs zur Einschränkung der Bewerberzahl führt, insbesondere bei kaum oder wenig vorhandenen Zweitfächern. In der beruflichen Fachrichtung Wirtschaft und Verwaltung fällt dies besonders ins Gewicht, da etwa die Hälfte der Absolventen im Studiengang Diplomhandelslehrer und etwa ein Drittel derer, die sich für den Vorbereitungsdienst entscheiden kein Unterrichtsfach studiert hat. Zweitfächer wie Englisch, Deutsch, Mathematik oder Religion sind häufiger gefragt, bei den Bewerbern aber nur eingeschränkt vorhanden.

Unter Leitung des Verfassers der vorliegenden Arbeit wurden zum relevanten Absolventenjahrgang diverse Untersuchungen durchgeführt, welche die Referenzgruppe zum Modellversuch AQUA im herkömmlichen Vorbereitungsdienst beschreiben (vgl. JOHN 2002; KIRNER
2002). Das Zweitfach Englisch ist im Modellversuch mit 27% der Referendare überproportio-
nal häufig vertreten (Vergleichsgruppe: 12%). Alle anderen Fächer sind wie in der Vergleichsgruppe auf niedrigem einstelligen Prozentsatz zu finden, mit Ausnahme von Sozialkunde mit etwa einem Fünftel der Referendare. Auffällig ist, dass im Modellversuch nur 15%
der Diplomhandelslehrer kein Zweitfach aufweisen, in der Vergleichsgruppe aber 30%. Offenbar ist aus Schulleitersicht ein Zweitfach durchaus ein Attraktivitätsargument für einen
Bewerber.

Unter Rückbezug auf Übersicht 8-5 in Verbindung mit den tatsächlichen Bewerberzahlen an
den Schulen lassen sich folgende Strategieempfehlungen formulieren: Auf keinen Fall dürfen
Anforderungen genannt werden, die nicht tatsächlich wichtig für die Schule sind. Nachteilig
ist es ebenfalls, Zweitfächer als Voraussetzung zu nennen, wenn diese kein Kriterium ersten
Ranges darstellen. Sinnvoll erscheint es hingegen, erst einmal offen auszuschreiben, um auch
second-best-joice Kandidaten nicht gleich zu verschrecken. Melden sich dann viele Bewerber,
dann kann das Zweitfach als Auswahlkriterium wieder an Gewicht gewinnen. In vier Fällen
haben Schulen Zweitfächer als Anforderung in der Ausschreibung formuliert, obwohl der
Schulleiter im Nachhinein diese als nachrangiges Kriterium benannt hat. Die Bewerberzahlen
waren hier auch vergleichsweise gering. Keine Anforderung an ein Zweitfach zu stellen gibt
aber auch keine Garantie für hohen Bewerberzulauf.

Studienschwerpunkt

Der Studienschwerpunkt erfährt bei der Personalauswahl nur geringe Relevanz. Die Unterscheidung in Studienschwerpunkte bezieht sich in erster Linie auf die gewerblich-technischen
Fachrichtungen. Hintergrund ist die Gestaltung der Studiengänge für dieses Lehramt in Bayern, die eine vergleichsweise große Schneidung der fachlichen Zuständigkeit innerhalb einer
beruflichen Fachrichtung vorsieht. Das bedeutet, dass ein Bewerber, der beispielsweise die
berufliche Fachrichtung Metalltechnik studiert hat, die Lehrbefähigung für alle metalltechni-
schen Berufe erlangt. Er kann sich jedoch im Studium im Wahlpflichtbereich in eingeschränk-
tem Umfang spezialisieren. Ein Auswahlgremium sollte sich dafür interessieren, welche Fächer ein Kandidat belegt hat, da er sich im Studium z. B. auf die Schwerpunktrichtung Fertigungstechnik spezialisiert hat, die ausgeschriebene Stelle aber einen Einsatz in Kraftfahrzeug-
technik vorsieht. Die fachlichen Voraussetzungen der Bewerber können also durchaus diffe-
rieren. Andererseits geht man jedoch davon aus, dass ein Referendar und späterer Lehrer die
Fähigkeit zur Einarbeitung in neue fachliche Bereiche besitzt. Immerhin fünf Schulleiter legen Wert auf den Studienschwerpunkt. Sie hatten Stellen in den Bereichen Metalltechnik und
Elektrotechnik zu vergeben. Für den Bereich der Wirtschaft und Verwaltung stellt sich die
Frage nicht in diesem Ausmaß. Dort wird im Studiengang nicht in dieser Form nach Studien-
schwerpunkten bezogen auf Berufsfelder unterschieden. Eine weitere Begründung für die
vergleichsweise geringe Bedeutung der Studienschwerpunkte könnte in der Anlage des Modellversuchs liegen. Eine fachliche Spezialisierung mit den entsprechenden Fortbildungsmaß-

nahmen innerhalb des Vorbereitungsdienstes ist hier vorgesehen bzw. sogar gewünscht. Das steht im Gegensatz zur Philosophie der herkömmlichen Referendarsausbildung. Dort ist eine Spezialisierung zugunsten einer generellen Einsetzbarkeit nicht vorgesehen

Noten

Die Bewertung der Noten bezüglich ihrer Relevanz im Prozess der Bewerberauswahl ist differenziert vorzunehmen. Die quantifizierenden Darstellungen der Untersuchungsergebnisse erstaunen den kundigen Leser. Noten rutschen in diesem Ranking auf den letzten Platz ab (abgesehen von sozialen Kriterien, die gesondert zu betrachten sind, s. u.). Ein Argumentationsstrang lautet, dass gute Noten nicht zwingend mit einer guten Performanz als Lehrkraft korrelieren müssen. Dem kann so nicht widersprochen werden. Allerdings dürfte es als allgemein anerkannt gelten, dass gute Noten einer guten Performanz im Unterricht auch nicht im Wege stehen. Im Gegenteil, DUBS (2005) weist nochmals eindringlich drauf hin, dass eine fundierte fachliche Kompetenz unabdingbar ist, um zu Lernerfolg zu führen. Geht man davon aus, dass auch die Schulleiter sich diesem Desiderat anschließen können, stellt sich die Frage, weshalb dennoch den Noten, als formalem Ausdruck der Leistung im Studium, nicht die entsprechende Relevanz beigemessen wird.

Ein Erklärungsmuster könnte darin bestehen, dass die Prüfungen am Ende des Studiums nicht als hinreichend aussagekräftig für die fachliche Kompetenz, die über die gesamte Zeit der Ausbildung erworben wurde, anerkannt werden. Beruhigend könnten in diesem Zusammenhang die Aussagen von REILLY & CHAO (1982) und SCHULER (2002) wirken (vgl. Kapitel 2.3), denen zufolge die prognostische Validität von Schul- und Examensnoten für den Berufserfolg vorsichtig zu beurteilen ist. In der vorliegenden Untersuchung konnte auch nur eine geringe Korrelation der Noten aus dem Studium und dem zweiten Staatsexamen festgestellt werden.

Eine andere These besteht darin, dass die Inhalte des Studiums für die berufliche Tätigkeit der Lehrkraft zunächst nachgeordnete Bedeutung haben und die fachliche Fundierung für die zu unterrichtenden Berufe auf dieser Basis erst im Vorbereitungsdienst und in der Berufseingangsphase stattfindet. Selbst wenn man sich dieser Sichtweise anschließen würde, wäre immer noch zu bedenken, dass die Noten dennoch hohe Aussagekraft über die kognitiven Fähigkeiten und die generelle Leistungsfähigkeit des Bewerbers haben und somit seine Erschließungsfähigkeit abbildend. Eine optimistischere Sichtweise könnte aber auch annehmen, dass die Schulleiter davon ausgehen, dass das Bestehen des Studiums mit seinen konsekutiven Phasen und einem umfassenden Prüfungs- und Selektionsapparat ein Mindestmaß an fachlicher Kompetenz bereits garantiert.

Speziell die hier untersuchte Situation beinhaltet aber auch noch den besonderen Aspekt der Vorläufigkeit. Die Personen werden selbstverständlich bestmöglich ausgewählt und es steht die Ernsthaftigkeit der Zukunftsperspektive nicht in Frage. Dennoch hat die Bewerberauswahl für das Referendariat im Gegensatz zur Bewerberauswahl für die Besetzung von Planstellen nach dem Vorbereitungsdienst einen Vorteil. Am Ende des Referendariats steht eine erneute Zäsur, an der die Personalentscheidung zu erneuern ist. Insofern kann man es zunächst auch mit einem Kandidaten versuchen, der formal zunächst nicht glänzt, hinsichtlich der personalen und sozialen Kompetenzen aber überzeugt.

An diesen Gesichtspunkt schließt sich die Argumentation an, nach der es leichter ist, vorhandene fachliche Defizite auszugleichen, als persönliche Merkmale zu verändern (vgl. Kapitel 2.4). Die – schwerer veränderbaren – persönlichen Merkmale wären also Eingangsvoraussetzung, die – leichter nachzubildenden – fachlichen Kompetenzen Entwicklungspotential. Wenn ein Personalverhältnis nicht erfolgreich ist, dann liegt das nicht selten an der fehlenden Kompatibilität von Mitarbeiter und Kollegium. Von daher wäre die Schwerpunktsetzung der Schulleiter auf die persönlichen Merkmale der Bewerber zu Lasten der formal bestätigten fachlichen Kompetenz als zielführende Strategie zu bezeichnen.

Abschließend darf jedoch auch nicht unterschätzt werden, dass ein erheblicher Teil der Bewerber zum Zeitpunkt der Bewerbung noch keine Abschlusszeugnisse vorlegen konnte. Damit könnte für den Schulleiter das Kriterium Noten in den Hintergrund treten und andere Merkmale für die Potentialabschätzung müssten an Gewicht gewinnen.

Soziale Kriterien

Die Vernachlässigung sozialer Kriterien, etwa des Familienstandes oder der Kinderzahl erscheint gerechtfertigt und sozial gerecht. Im herkömmlichen System des Zuweisungsverfahrens waren solche Merkmale zu Gunsten des Referendars zu berücksichtigen, um soziale Härten zu vermeiden. In einem System der freien Bewerbung ist das nicht mehr nötig, da etwa eine räumliche Trennung von der Familie auf der freien Entscheidung des Bewerbers für einen Standort beruht. Vielmehr erhöht sich die Gerechtigkeit durch Nichtansehen z. B. der Kinderzahl, da auch Benachteiligungen vermieden werden.

9.4 Situationsbezogene Interpretationen

Die vorliegende Arbeit befasst sich mit der Personalauswahl durch Schulleiter und bewegt sich damit im Bereich der Personalentwicklung als Teilbereich der Schulentwicklung (vgl. Kapitel 2). Schulentwicklung verfolgt das Ziel der Verbesserung der Qualität der Schule und der Prozesse an und in der Schule. In diesem Sinne können die folgenden Anmerkungen von DUBS (2005) als Reflexionsfolie für die Ergebnisse dieser Arbeit dienen. Er weist nach einer umfassenden Sichtung der aktuellen Forschungsliteratur bezüglich der Anforderungen an Lehrkräfte darauf hin, „(...) dass die Qualität der Lehrkräfte der wichtigste Einflussfaktor für den Lernerfolg der Schülerinnen und Schüler ist (...). Deshalb ist bei der Beschaffung von Lehrkräften den Qualitätsfaktoren alle Beachtung zu schenken. Es sind deren drei, die wissenschaftlich tendenziell nachgewiesen sind.

1. Lehrkräfte mit hoher wissenschaftlicher Sachkompetenz führen Schülerinnen und Schüler zu höheren Schulleistungen. Das heißt natürlich nicht, dass pädagogische Faktoren unbedeutsam sind. Aber die Sachkompetenz ist eine unabdingbare Voraussetzung für den Lernerfolg.

2. Lehrkräfte, die in ihrem Studiengebiet unterrichten, sind erfolgreicher, als wenn sie in einem Bereich eingesetzt werden, den sie nur beiläufig oder gar nicht studiert haben.

3. Die praktische Lehrerfahrung hat positive Auswirkungen auf die Schülerleistung." (DUBS 2005, S. 268)

Zunächst zu den oben genannten Qualitätsfaktoren. Die wissenschaftliche Sachkompetenz sollte ihren Niederschlag in den Noten aus dem Studium finden. Die Diskussion zum Auswahlkriterium Noten wird weiter oben ausführlich geführt. An dieser Stelle festzuhalten bleibt jedoch, dass die Haltung der Schulleiter zumindest irritiert, Noten im Vergleich zu anderen Kriterien so weit hinten anzustellen. Beruhigend hingegen ist, dass die ausgewählten Bewerber tatsächlich trotzdem über gute, in einigen Fällen sogar sehr gute Noten verfügen. In nur einem Fall lag ein Schnitt unter 3,0 vor. Eventuell liegt insgesamt eine Vernachlässigung auf hohem Niveau vor, d.h. die meisten Bewerber hatten sowieso vergleichsweise gute Noten. Vielleicht sind es gerade die Leistungsstarken, die sich bereit erklären, neue Wege zu gehen.

Das zweite Argument von DUBS zielt auf die Fächer der Bewerber. Hier können keine Bedenken anmeldet werden, da nur Bewerber mit dem passenden Studienfach für die Stellen zugelassen wurden und ganz im Gegenteil die weitere Spezialisierung genau Inhalt der konzeptionellen Ausrichtung des Modellversuchs ist.

Die dritte Forderung nach praktischer Lehrerfahrung erübrigt sich im untersuchten Fall, da es sich ausschließlich um Novizen handelt, die für die Ausbildung rekrutiert werden.

In formaler Hinsicht, d. h. mit Blick auf die Durchführung der Personalauswahl, schlägt DUBS (ebd.) für Lehrpersonal ein Vorgehen in sechs Schritten vor: (1) Analyse der Bewerbungsunterlagen, (2) Einholen von Referenzen, (3) Zwei Vorstellungslektionen, (4) Gezieltes Selektionsgespräch (Interview) und Kurzvortrag mit Diskussion, (5) Allenfalls Testaufgaben und schriftpsychologisches Gutachten, (6) Entscheid.

Im Rahmen der vorliegenden Untersuchung handelt es sich um eine Personalauswahl für den Vorbereitungsdienst, d. h. eine Form von Ausbildung, weshalb Schritt (2) Einholen von Referenzen entfällt, da im Regelfall noch keine berufliche in diesem Tätigkeitsfeld vorliegt. Von Schritt (5) Testaufgaben und schriftpsychologischen Gutachten nimmt die vorliegende Arbeit Abstand (vgl. Kapitel 2.3). Testaufgaben stehen für diese Personalauswahlverfahren in einem ungünstigen Kosten-Nutzen-Verhältnis und schriftpsychologische Gutachten sind wissenschaftlich doch mehr als umstritten. Es bleiben die Schritte (1), (3) und (4) relevant.

Die (1) Analyse der Bewerbungsunterlagen findet zwar in einigen Fällen statt, bei den wenigsten aber nach systematischen Gesichtspunkten, die zu einer tatsächlichen Vorauswahl führen. Bei geringen Bewerberzahlen ist das nachvollziehbar, bei größeren liegt hier wohl noch Optimierungspotential vor.

Vorstellungslektionen (3) bzw. Unterrichtsversuche hat kein Schulleiter im Rahmen der Bewerberauswahl eingefordert. Hier bestehen offensichtlich noch Möglichkeiten der Ausweitung des Bewerbungsverfahrens (THOM, RITZ 2006 a; STUFENBIEL, RÖSLER 1999). Die vorliegende Untersuchung findet zwar in einem Feld statt, in dem es darum geht Personal für die Ausbildung zu gewinnen. Somit könnte argumentiert werden, dass nicht geprüft werden kann, was erst erlernt werden soll. Legitim erscheint es trotzdem, da bereits im Rahmen der Praktika im Studium Unterrichtsversuche gehalten wurden und somit von Grundfähigkeiten der Bewerber auszugehen ist. Unterrichtsversuche einzufordern würde aber auch die Relevanz einer echten Vorauswahl erhöhen, um eine zeitlich ökonomische Personalauswahl zu gewährleisten.

Das gezielte Einstellungsinterview (4) wird in den untersuchten Fällen durchgeführt. Die Schulleiter nutzen die Chance, die in diesem Modellversuch eröffnet wurde, bedienen sich mit dem Bewerbungsgespräch einer Personalauswahlmethode, der hohe soziale Validität zugeschrieben wird (vgl. Kapitel 2.3) und beurteilen so die Persönlichkeit des Bewerbers. Das Bewerbungsgespräch ist als die Methode der Wahl zu betrachten (vgl. auch Kapitel 9.2), da es Kriterien der Objektivität, Reliabilität und Validität sowie Ökonomie und Akzeptanz in hinreichendem Maß erfüllen kann (SASSENSCHEIDT 2006).

Kritisch zu sehen ist in diesem Zusammenhang jedoch der Grad der Strukturiertheit der Bewerbungsgespräche. Die Schulleiter berichten nur vereinzelt von einem strukturierten Fragenkatalog. Die Praxis scheint hier noch weit entfernt von den in der einschlägigen Literatur vorgeschlagenen Maßnahmen zur Optimierung von Einstellungsinterviews (vgl. etwa SCHULER 2002; SASSENSCHEIDT 2006). Dort werden Aspekte wie etwa die Durchführung in (teil-) standardisierter Form, die Verwendung geprüfter und verankerter Skalen oder die Standardisierung der Gewichtungs- und Entscheidungsprozedur genannt. Der von DUBS vorgeschlagene Kurzvortrag mit anschließender Diskussion bleibt ebenso aus. Zwei wichtige Forderungen werden allerdings erfüllt: Der Einsatz von mehreren Interviewern bei einem geringen Standardisierungsgrad und die Trennung von Information und Entscheidung.

9.5 Gesamtschau

Die folgenden Ausführungen greifen zum Teil bereits diskutierte Aspekte auf und betrachten sie aus einem neuen Blickwinkel, zum Teil stellen sie aber auch weiter blickende Betrachtungen dar. Sie sollen zugleich Anregung sein, Konzeptionen schulischer Personalauswahl weiter zu denken.

Paradigmenwechsel

Die vorliegende Untersuchung bestätigt den Trend, der sich aus artverwandten Untersuchungen abzeichnet (vgl. Kapitel 3.2). Dort hatte sich gezeigt, dass die Persönlichkeit eines Bewerbers erheblichen Einfluss auf die Personalauswahl hat. Die Option, Schulen eigenständige Personalauswahl zu ermöglichen, scheint einen Paradigmenwechsel hervorzurufen. Ging es in herkömmlichen Verteilungsverfahren für Lehrerplanstellen um formale Leistungsnachweise als zentrales Kriterium für die Stellenzuweisung, übernimmt nun die Persönlichkeit des Bewerbers die Rolle des entscheidenden Arguments in der individualisierten Personalauswahl.

Das formale Kriterium der Noten verliert an Gewicht[49]. Einschränkend ist allerdings darauf hinzuweisen, dass in Fällen erheblichen Bewerberüberhangs die so genannte Einstellungsgrenznote (ein numerus clausus) nach wie vor vom Ministerium vorgegeben wird. Der ausgewählte Bewerber sollte mit seinen Leistungen nicht erheblich darunter liegen. Wichtig ist jedoch festzuhalten, dass die einzelne Schule nicht nur und nicht in erster Linie nach Notenliste einstellen will.

In Anlehnung an Hartmut von Hentig lassen sich zwei Schlüsselkategorien für die Eignungsdiagnose von Lehrkräften ableiten. Erstens „die Sachen klären", also eine Leidenschaft für und fundierte Kenntnis über ein Thema zu besitzen. Das impliziert auch die didaktische Kompetenz einer Lehrkraft. Und zweitens „die Menschen stärken", also Freude und Interesse daran zu haben, Schüler in ihrer Entwicklung zu begleiten und zu stärken, und dazu auch in der Lage zu sein. Im Lichte der vorliegenden Untersuchung müsste die Beurteilung lauten: Die Sachen klären zu können setzen die Schulleiter als gegeben voraus, weil durch einen akademischen Abschluss bestätigt. Die Eignungsdiagnose betrachtet dann stärker den Aspekt der Menschenstärkung im Kontext der Passung zum eigenen Kollegium.

Erfolg der Personalauswahl – Verbleibsquote

Die Verbleibsquote als Indikator für den Erfolg der Personalauswahl hat zwei Stufen. Die erste Stufe ist der Verbleib an der Schule nach dem Vorbereitungsdienst. Bei Betrachtung dieser Stufe, müssen die Personalauswahlverfahren im Ganzen als erfolgreich betrachtet werden. Zur Verdeutlichung sollen hier noch einmal die Quoten genannt werden. Von 34 Referendaren werden 27 an der Schule übernommen. Zwei Referendare entscheiden sich aus privaten Gründen von selbst für eine andere Schule. Ein Referendar geht an eine andere Schule, weil die Schulverwaltung die Stelle zu spät freigibt. Zwei Referendaren kann keine Stelle angeboten werden, da sich die Schülerzahlen in diesem Bereich rückläufig entwickeln. In diesen fünf Fällen ist die Personalauswahl als zumindest teilweise erfolgreich zu bezeichnen, da die ausgewählten Personen die Ausbildung erfolgreich abschließen und entweder eine Stelle angeboten bekamen oder unter günstigeren Rahmenbedingungen an der Schule bleiben könnten. Bei genauer Betrachtung sind also nur zwei Fälle als tatsächlich nicht erfolgreich zu bezeichnen. In einem Fall erfüllt der Referendar die Leistungsanforderungen des 2. Staatsexamens nicht, im zweiten Fall ist die Passung der Person zum Kollegium nicht gegeben und die Leistungserwartungen der Schule werden nicht erfüllt.

In den Fällen, in denen keine Stellen wegen des Schülerrückgangs angeboten werden konnten, hängt das mit dem Einbruch in IT-Bereich zusammen. In den Jahren 2001 und 2002, also zu Beginn des Modellversuchs, waren die meisten Schulleiter noch bewegt vom drohenden massiven Lehrermangel in den neuen IT-Berufen. Ein Einbruch der Branche mit der folgenden Zurückhaltung in der Ausbildung war da noch nicht abzusehen. Dementsprechend musste die Strategie lauten, den Bedarf an qualifiziertem Personal möglichst frühzeitig zu decken. Die konjunkturelle Entwicklung hat die Schulen im Verlauf der Ausbildung überrascht.

---

[49] Zu den Einschränkungen hinsichtlich der Nutzung von Noten als Auswahlkriterium sei auf die Ausführungen in Kapitel 9.3 hingewiesen.

Die zweite Stufe der Verbleibsquote als Indikator ist der Verbleib nach drei Jahren. Von den 27 nach dem Vorbereitungsdienst an der Schule eingestellten Lehrkräften hat eine Person die Schule bisher gewechselt. Eine Person ist erkrankt und aus dem Lehrdienst ausgeschieden. Bei einer Lehrkraft ist der Verbleib unklar. Damit ist auch diese Quote im Ganzen als erfolgreich zu beurteilen.

Erfolg der Personalauswahl – Ausbildungserfolg

Neben der Verbleibsquote als Indikator für den Erfolg der Personalauswahl sind die Leistungen der Referendare im 2. Staatsexamen zu betrachten. Die AQUA-Referendare erbringen im Vergleich zum Referenzjahrgang bei vergleichbaren Prüfungsbedingungen im Mittelwert der Gesamtnoten ein um drei Zehntel besseres Ergebnis. Dieser Wert ist aufgrund der geringen Anzahl (die Anzahl der AQUA-Referendare entspricht einem Zehntel des gesamten Jahrgangs) nicht zu stark statistisch belastbar. Jedoch ist er als Hinweis auf eine erfolgreiche Personalauswahl zu sehen. Die Erfolgsquote kann motivationale Aspekte haben. Ein Erklärungsmuster könnte darin bestehen, dass die Referendare durch die Freiwilligkeit ihrer Entscheidung für diese Schule und diesen Standort eine Form von (intrinsischer) Motivation entfalten können, die der Leistungsentfaltung dienlich, zumindest aber nicht hinderlich ist. KEHR (2004) schlägt vor, „... eine notwendige Bedingung intrinsischer Motivation darin zu sehen, dass das Handeln den aktuellen affektiven Präferenzen entspricht, dass es also thematisch mit den momentan angeregten impliziten Motiven übereinstimmt. Die hinreichende Bedingung *wird* darin gesehen, dass aktuell keine der affektiven Präferenz widerstrebenden kognitiven Präferenzen bestehen, mithin keine andersthematischen expliziten Motiv- bzw. Zielsysteme angeregt sind" (S. 102, Tempusadaption im Kursivdruck d. V.). Auf die vorliegende Situation übertragen würde das in einem sehr weiten Sinn bedeuten, die affektiven Präferenzen in Zusammenhang mit der selbstbestimmten Schulwahl zu sehen, wobei das implizite Motiv in der Rückkehr in die Heimat oder der Zusammenführung der Familie, also im weitesten Sinne einem sozialen Anschlussmotiv zu finden ist. Die Absenz der widerstreben kognitiven Präferenzen als hinreichende Bedingung ergibt sich aus dem Umkehrschluss, da beispielsweise das Zielsystem „Überstehen der Zeit der Zwangsversetzung" nicht mehr leitend ist.

Weiter berichte KEHR (2004) im Rahmen der Emotionskontrolle als volitionale Strategie aus der Literatursichtung, dass negative Emotionslagen in verstärktem Maße emotionsbezogen Bewältigungsprozesse statt Aufgabenlösung stattfinden lassen, was auf die Bindung von Aufmerksamkeit zurückgeführt wird. Im vorliegenden Zusammenhang ist da auf die grundsätzliche Kritik an der herkömmlichen Form des Vorbereitungsdienstes mit seiner Verschickungspraxis zu erinnern, die in erheblichem Maße negative Emotionslagen auslösen dürfte. Im Gegenzug lässt sich ein leistungsförderlicher Effekt positiver Stimmung feststellen. Die Schulleiter achten bei der Personalauswahl auf die Persönlichkeit des Bewerbers und dessen Passung zum Kollegium. Das dürfte für eine positive Emotionslage zuträglich sein und damit leistungsförderlich wirken. Inwieweit hier der direkte Zusammenhang zwischen situativen Emotionslagen und der Leistungserbringung im 2. Staatsexamen besteht sei dahin gestellt.

Moderierende Parameter – Ausbildungskonzept und Erfolgsmessung

Aufgrund der in Teilen schwer zu sichernden prognostischen Validität von Personalauswahlmethoden kann es im Einzelfall zu ungünstigen Auswahlentscheidungen kommen. Im vorliegenden Fall dürften jedoch die Folgen einer eventuell ungünstigen Auswahl zumindest teilweise durch die individuelle Gestaltung des Ausbildungskonzeptes kompensiert werden. So erlauben einerseits Wahlmodule die gezielte Profilstärkung des Referendars. Andererseits dürften dem Konzept implizite positive motivationale Bedingungen (vgl. oben) den Ausbildungserfolg begünstigen. Nicht unerwähnt bleiben soll an dieser Stelle auch die Schwierigkeit der Leistungsmessung im Lehrerberuf. Berufliche Leistung ist in diesem Zusammenhang als Indikator für den Erfolg der Personalauswahl nicht einfach zu skalieren. So gesehen liegen nicht nur unklare Validitäten bei der Potentialbeurteilung für die Personalauswahl vor, sondern auch Unschärfen in der Statusdiagnose für den Berufserfolg.

Schulleiter als Experten

Schulleiter überlegen nicht, sie sehen Lösungen (frei nach BROMME 1992). Die Stärke der Schulleiter liegt offenbar darin, den Bewerber in seiner Gesamtheit zu erfassen. Eine haarscharfe Analyse von Einzelkriterien kann alleine wohl nicht zielführend sein. Das Ganze ist mehr als die Summe seiner Einzelteile, und das ist in diesem Fall die von den Schulleitern immer wieder ins Feld geführte Persönlichkeit des Bewerbers. In dieser Betrachtung des Bewerbers in der Gesamtschau dürften implizite Entscheidungskriterien der Schulleiter mitschwingen, die im Interview nicht oder nur schwer explizierbar sind. Vielfach dürften Kenntnisse der Schule und des Kollegiums mit hinein spielen, welche die Passung von Bewerber und Kollegium beeinflussen, was aber hinsichtlich der spezifischen Person des Bewerbers nicht expliziert werden kann. Die Erfahrungswerte erlangt der Schulleiter im langen Prozess der beruflichen Tätigkeit. Ein Schulleiter hat im Regelfall mindestens 20 Jahre schulische Berufserfahrung. In der Funktion einer Lehrkraft geht es zunächst in erheblichem Maße darum Status- und Potentialbeurteilungen von Schülern vorzunehmen, später als Schulleiter sind Lehrkräfte zu beurteilen.

Schulleiterische Entscheidungen zur Personalauswahl lassen sich nicht auf monokausale Zusammenhänge zurückführen – oder anders ausgedrückt: Personalauswahl durch Schulleiter stellt eine komplexe Handlung dar. Dabei ist zu konstatieren, dass die Schulleiter offenbar eine Expertise im Bezug auf Potentialbeurteilung von Bewerbern haben, ohne jedoch jemals gezielt auf diese neue Aufgabe vorbereitet worden zu sein.

Personalauswahl als Teil strategischer Personalentwicklung

a) Reaktive Personalentwicklung: Es entsteht Personalbedarf z. B. durch biologische Fluktuation oder durch Expansion der Schülerzahlen in einem Berufsfeld. Die Personalentwicklungsstrategie ist auf Ersatzbeschaffung ausgerichtet und könnte als retrospektiv bezeichnet werden. Wenn Bedarf entstanden ist oder absehbar entsteht, reagiert die Schulleitung mit Personalbeschaffung. Die Aufgabenfelder für die neue Person sind im Idealfall geklärt und können kommuniziert werden. Auswahlgrundlage für die Personalentscheidung ist die Passung von Anforderungs- und Bewerberprofil basierend auf der aktuellen Realsituation der Schule. Der Vorteil einer solchen Strategie liegt in der Planbarkeit und Klarheit in der Entscheidung. Sie hat eine eher kurz- bis mittelfristige Reichweite. Der Nachteil liegt in der Gefahr, dass Personalentwicklung in die Defensive gerät und lediglich Defizitmanagement betreibt. Basis für eine solche Strategie ist eine nachfrageorientierte Grundhaltung, d. h. wenn beispielsweise die Anzahl der Schüler in einem Berufsfeld steigt, dann muss die Schulleitung auf Personalsuche gehen. Die schulische Leistung Unterricht wird nachgefragt.

b) Initiative Personalentwicklung: Eine zweite mögliche Personalentwicklungsstrategie könnte auf die Veränderung der Schulstruktur über einen angebotsorientierten Weg abzielen. Dabei wäre eine prospektive Personalentwicklung als Fundament für Zukunftsstrategien zu begreifen. Wenn es für die Schule in Zukunft darum gehen soll, eine neue Abteilung z. B. im Rahmen der Kompetenzzentrenbildung aufzubauen, muss geeignetes Personal eingestellt werden, um die Grundstruktur zu bilden. Gleiches gilt für die Entwicklung von Zusatzangeboten neben dem Pflichtunterricht. Dazu kann es nötig sein, Personal auf Vorrat einstellen. In diesen Fällen kann die Anforderungsanalyse nur weniger konkrete Kriterien liefern, da der Prozess Flexibilität von den Beteiligten fordert. Ggf. kann auch aus dem Bewerberpool die Idee für einen Einsatz einer Person erst entstehen. Da die Einsatzbereiche ja auch wechseln können, eröffnen Bewerber vielleicht bei den Schulleitern überhaupt erst neue Ideen der Personalentwicklung durch ihr Erscheinen. Diese Strategie wäre am ehesten mit dem System der Initiativbewerbungen in der Wirtschaft zu vergleichen.

9.6 Empfehlungen

Die folgenden Ausführungen verlassen die Ebene der wissenschaftlichen Diskussion und bieten eine Aufbereitung der Erkenntnisse aus der vorliegenden Untersuchung, der Erfahrungen aus dem Modellversuch AQUA sowie der Sichtung der einschlägigen Praxisliteratur in Form von Empfehlungen für die Bildungspraxis an.

Es existieren hinreichend Empfehlungen zur Personalauswahl im Allgemeinen, auch und gerade zur Personalauswahl für Führungspositionen. Zur schulischen Personalauswahl jedoch zeigt sich die Empfehlungslage sehr dünn, zur Personalauswahl an beruflichen Schulen schließlich lassen sich keine dezidierten und fundierten Hinweise finden. Das vorliegende Kapitel greift daher an dieser Stelle an und versucht, eine erste schulartspezifische und situationsbezogene Empfehlung für die Personalauswahl an Berufsschulen vorzulegen. Die Empfehlungen gelten dabei im Kern sowohl für die hier untersuchte Situation der Personalauswahl für den Vorbereitungsdienst als auch für die Personalauswahl zur Besetzung von Planstellen im höheren Dienst nach dem Referendariat.

Für die erstgenannte Situation haben die Empfehlungen zumindest für Bayern noch eher zukunftsträchtigen Charakter, da nach Abschluss des für diese Untersuchung zugrunde liegenden Modellversuchs zunächst nicht an eine generelle Umsetzung eines Personalauswahlverfahrens für den Vorbereitungsdienst gedacht ist. Für den zweiten genannten Fall allerdings haben die Empfehlungen hohe Gegenwartsbedeutung. Die Stellenbesetzung für berufliche

Schulen wird in Bayern über das Direktbewerbungsverfahren vollzogen und erreicht erfahrungsgemäß eine Besetzungsquote von über 90% bezogen auf die tatsächlich besetzten Stellen. Nur ein kleiner Anteil wird noch über eine Stellenzuweisung besetzt. Für die anderen Bundesländer gestaltet sich die Situation heterogen (vgl. Kapitel 3.1).

Die Empfehlungen orientieren sich an der chronologischen Abfolge einer Personalsuche und Personalauswahl.

Stellenausschreibung

Stellenausschreibungen für Lehrkräfte im staatlichen oder kommunalen Schuldienst haben von vorne herein einen im Vergleich zur Wirtschaft geringen Freiheitsgrad. Von administrativer Seite ist im Regelfall aus besoldungsrechtlichen Gründen bereits vorgegeben, welchen Bildungsabschluss ein Bewerber haben muss. Für die hier betrachtete Situation ist das ein Universitätsabschluss, im Normalfall in einem Studiengang, der explizit auf das Lehramt vorbereitet. Sollte diese relativ enge Vorgabe im Einzelfall aufgeweitet sein, ist es Aufgabe der Stellenausschreibung, Eingangsvoraussetzungen exakt wiederzugeben.

Grundlage einer Stellenausschreibung sollte ein Stellenplan sein, der sich mittelfristig orientiert und so biologische Fluktuation und Prognosen zur Entwicklung von Schülerzahlen mit einbeziehen kann. Daneben bildet sich im Stellenplan eine Strategie der Personalentwicklung ab (vgl. Kapitel 9.5). Wichtig ist hierbei, vor allem bei durch Pensionierungen frei werdenden Stellen nicht nur eine Fortführung der bisherigen Stellenbeschreibung zu praktizieren, das wäre eine rein reaktive Personalstrategie. Vielmehr gilt es, im Sinne einer initiativen Personalstrategie zu überlegen, mit welchen Aufgabenbereichen die freiwerdende Stelle zukünftig ausgestattet sein soll. Daher geht der Stellenausschreibung eine Anforderungsanalyse voraus. Hilfestellung zur Identifikation und Definition der Anforderungen kann das Modell der Berufskompetenz einer Lehrkraft an beruflichen Schulen (SCHELTEN 2000) sein. Dort werden im Wesentlichen vier Bereiche der Berufskompetenz einer Lehrkraft unterschieden: (1) Fachkompetenz, (2) Didaktische Kompetenz, (3) Sozialkompetenz und (4) Innovationskompetenz.

Die Anforderungsanalyse legt fest, in welchem Maß der Bewerber bestimmte Kompetenzen aufweisen muss. Beispielsweise wäre für den geplanten Unterrichtseinsatz in ausgesprochen theorieträchtigen Berufen eine ausgeprägte Fachkompetenz zu fordern, während die Förderung lernbeeinträchtigter Schüler ein stärkeres erzieherisches Engagement als Teil der Sozialkompetenz voraussetzt. Gilt es, ein neues Berufsbild an der Schule einzuführen, können insbesondere didaktische und Innovationskompetenz gefragt sein. Für die Beschreibung der Anforderungsstufe kann die Formulierung von Minimal-, Regel- und Maximalstandards hilfreich sein.

Dieses noch relativ grobe Raster der Bereiche der Berufskompetenz muss im nächsten Schritt differenzierter ausgefüllt werden. Leitend können dabei folgende Fragen sein:

1. *Welche Aufgaben müssen auf der ausgeschriebenen Stelle wahrgenommen werden?*
(z. B. Klassenführungen, Unterricht in bestimmten Berufen, Arbeit am Schulprogramm, Außenkoordination mit Betrieben, Beratungslehrkraft, ...)

2. In welchen Situationen wird die Aufgabenwahrnehmung vor allem verlangt?
(z. B. Klassenführung in allen Klassen dieses Berufs, 14-tägiges Treffen der Schulprogrammgruppe, Häufigkeit der Schülerberatung, ...)

3. Zu welchen Kompetenzbereichen lassen sich die Aufgaben zuschreiben?

4. Welche Muss-Kriterien sind zu beachten (beamtenrechtlich, schulartspezifisch, ...)

Die Anforderungsanalyse kann von Schule zu Schule unterschiedlich differenzierte Ergebnisse liefern. Ein einheitliches Muster kann und soll dabei nicht entstehen. Basierend auf diesen Ergebnissen ist eine Stellen*be*schreibung zu entwerfen. Dabei könnte zwischen einer internen und einer externen Version unterschieden werden. Die interne Version gibt die Anforderungen entsprechend der vorherigen Analyse möglichst exakt wieder und ist den an der Personalauswahl beteiligten präsent. Für die externe, zu veröffentlichende Version empfiehlt es sich, inhaltlich Abstriche zu machen. Diese Stellen*aus*schreibung sollte zwei Ziele verfolgen. Erstens sollte sie möglichst viele potentielle Bewerber ansprechen, zweitens sollte sie ein hohe Basisrate – d. h. einen hohen Prozentsatz geeigneter Personen in der Bewerbergruppe – erbringen. In der Stellenausschreibung sollten demnach die Muss-Kriterien genannt sein. Darüber hinaus erwünschte Kompetenzen oder Eigenschaften, also moderierende Kriterien, sollten aber abgemildert formuliert sein, um potentielle Bewerber nicht zu verschrecken, falls sie diese weniger wichtigen Kriterien nicht erfüllen. Zum Beispiel empfiehlt es sich, in der Stellenausschreibung ein bestimmtes Zweitfach nur als Anforderung zu nennen, wenn dieses für die Personalauswahl auch als wichtiges Kriterium fungiert. Ansonsten würde diese Anforderung die Basisrate der Bewerbergruppe unnötig einschränken.

Auf der inhaltlichen Ebene sollte eine Stellenausschreibung neben der Nennung der Anforderungen auch Informationen zur Schule geben. Dazu ist es notwendig, sich im Vorfeld über die eigenen Attraktivitätsaspekte klar zu werden. Ähnlich wie die Anforderungsanalyse kann eine Situationsanalyse hier Aufschluss geben. Erkenntnisse aus internen und externen Evaluationen sowie die Betrachtung der regionalen, wirtschaftlichen oder personellen Struktur können Hinweise liefern. Attraktivitätsargumente sollten möglichst konkret formuliert sein, der bloße Verweis z. B. auf gute Fortschritte im Schulentwicklungsprozess ist hier zu vage. Weniger werbewirksam kommen ausführlich dargestellte statistische Kennzahlen an. Dienlich können Informationen darüber sein, in welcher Form dem Bewerber Unterstützung bei der Einarbeitung in das Tätigkeitsfeld und bei der Integration ins Kollegium gegeben werden kann. Die Stellenausschreibung sollte in einem ansprechenden Layout die wichtigsten Punkte übersichtlich darbieten. Weiterführende Informationen können über die Schul-Homepage oder Links auf Websites der Region bereitgestellt werden. Auch die Inanspruchnahme der Dienste einer Werbeagentur oder eines Web-Designers sollten kein Tabu darstellen, schließlich geht es bei einer Stellenbesetzung um ein Investitionsvolumen von über zwei Millionen Euro alleine an Personalkosten bei einer hypothetischen Dienstzeit von nur 30 Jahren. Nicht berücksichtigt sind dabei die Schwierigkeiten und Schäden, die durch eine Fehlbesetzung oder eine längere Vakanz entstehen können. Insofern ist bereits dem ersten Schritt einer Stellenbesetzung, der Stellenausschreibung, größte Aufmerksamkeit zu schenken.

Vorauswahl

Zur Reduzierung der Personalbeschaffungskosten empfiehlt es sich, durch eine Vorauswahl nur Bewerberzahlen im einstelligen Bereich zur zweiten Stufe der Auswahl, dem Einstellungsinterview, einzuladen. Für den Fall großer Bewerberzahlen sind strukturierte Vorauswahlverfahren basierend auf den Bewerbungsunterlagen vorzuhalten. Aber auch im Fall weniger Bewerbungen lassen sich ungeeignete Bewerber gleich in der Vorauswahl selektieren. Im schlimmsten Fall kommt kein Bewerber in die zweite Stufe der Bewerberauswahl, wenn die Muss-Kriterien nicht erfüllt werden. Die Kriterien für die Vorauswahl ergeben sich wiederum aus der Anforderungsanalyse mit der daraus entstandenen, oben genannten internen Stellenbeschreibung. Darüber hinaus liefern die Bewerbungsunterlagen z. B. Informationen über eine abgeschlossene Berufsausbildung, die regionale Herkunft des Bewerbers oder den Bildungsweg. Im Anschluss an die Bereiche der Berufskompetenz könnte ein erstes Bewerberprofil anhand des folgenden Rasters erstellt werden.

Fachkompetenz (Noten in beruflicher Fachrichtung, Studiengang, Studienrichtung)

    Berufsausbildung (ggf. auch Berufserfahrung, Praktika)

    Zweitfach (Fakultas, Noten im Zweitfach)

    Zusatzqualifikationen

Didaktische Kompetenz
(Noten in Didaktik und Lehrproben, Lehrerfahrung, Unterrichtsversuche)

Sozialkompetenz
(Noten in Erziehungswissenschaften, Beurteilungen im Referendariat, Soziales Engagement, Unterrichtsversuche)

Innovationskompetenz
(Eigene Projekte, Diplomarbeit (Thema, Performanz))

Lebenslauf (Bildungsweg, Stringenz)

Regionale Verbundenheit (Herkunft, Zuzugsbereitschaft, soziale Anbindung)

Soziale Kriterien (Familie, Kinder, Behinderungen)

Alter, Geschlecht

Bewerbungsunterlagen
(Übersichtlichkeit, Vollständigkeit, Angemessenheit,
Ausdrucksweise, Umfang, Stimmigkeit, Plausibilität)

Besonderheiten

Übersicht 9-1: Hilfestellung zur Erstellung eines Bewerberprofils

Das in Übersicht 9-1 vorgestellte Raster kann eine Hilfestellung bei der Erstellung eines Bewerberprofils geben. Dazu muss für jeden Bewerber das Vorhandensein der Kriterien und der Ausprägungsgrad der vorhandenen Kompetenzen vermerkt werden. Es ermöglicht einen schnellen Überblick bei einer größeren Anzahl von Bewerbungen hinsichtlich der Passung auf

das Anforderungsprofil (Stellenbeschreibung) und vor allem die Erfüllung der Muss-
Kriterien. Freilich sind individuelle und situationsspezifische Adaptionen vorzunehmen.
Die Sichtung der Bewerbungsunterlagen dient zunächst der Vorauswahl. Bei Bewerbern, die
zum Einstellungsinterview eingeladen werden sollen, dient sie darüber hinaus der Vorbereitung auf das Interview. Zum einen werden dort Punkte erörtert, die sich aus den Unterlagen
alleine nicht vollständig klären. Zum anderen bieten sich Gesprächsanlässe u. a. für die Ken-
nenlernphase oder die situationsbezogene Exploration des Bewerbers.

Einstellungsinterview

Beim Einstellungsinterview sind äußere und inhaltliche Aspekte zu beachten. Die äußeren
Aspekte betreffen zunächst die Durchführung. Das Vorstellungsgespräch erfordert eine angenehme Gesprächsatmosphäre, welche die Interaktionsfähigkeit beider Gesprächspartner erleichtert. Gerade bei der Personalauswahl für den Lehrerberuf ist die soziale Interaktion von
hoher Relevanz. Es ist förderlich, wenn der Interviewer, hier also der Schulleiter ruhig, gelassen und natürlich wirkt und die Kommunikation auf gleicher Augenhöhe stattfindet. Zum Ge-
sprächsbeginn ist es in den meisten Fällen günstig small talk zu betreiben. Allgemeine An-
knüpfungspunkte können sich aus den Bewerbungsunterlagen, der regionalen oder schulischen Situation ergeben. Gemeinsamkeiten fördern die Sympathie und lockern die Atmosphäre auf. Zudem lässt sich schon feststellen, ob der Kandidat bereit ist, das Gespräch aufzuneh-
men oder ob er sich wortkarg gibt. Die Gesprächssteuerung bleibt aber beim Schulleiter, der
die Themenbereiche lenkt. Das Einstellungsinterview sollte anhand eines Leitfadens oder Fra-
genkatalogs geführt werden. Damit wird sichergestellt, dass die anforderungsrelevanten Informationen in der zur Verfügung stehenden Zeit eingeholt werden und die Entscheidung ob-
jektiviert werden kann. Den größeren Gesprächsanteil hat der Bewerber. Der Schulleiter bzw.
das Auswahlgremium hören aufmerksam zu und stellen Anschlussfragen, fassen zusammen,
konzentrieren sich auf den Bewerber. Da nicht alle Informationen aufgenommen und behalten
werden können empfiehlt es sich Notizen während und nach dem Interview zu machen. Für
ein Einstellungsinterview sollte eine Gesprächszeit von 30 – 60 Minuten vorgesehen werden.
Zum Abschluss des Gesprächs empfiehlt es sich, die wichtigsten Punkte zusammenzufassen
und dem Bewerber einen Rundgang durch das Schulgebäude anzubieten. Während des Rund-
gangs können noch Fragen außerhalb des Interviewleitfadens erörtert und der Eindruck von
der Persönlichkeit des Bewerbers abgerundet werden.

Inhaltlich orientiert sich der Leitfaden für das Einstellungsinterview an Punkten, die über die
Bewerbungsunterlagen nicht oder nicht in hinreichender Tiefe geklärt werden konnten. Interessant dürften vor allem persönliche Einstellungen und Erwartungen sowie Berufswahlmoti-
ve oder Begründungen für die Standortwahl sein. Weiter besteht die Chance, sich über Noten
aus dem Studium oder dem Vorbereitungsdienst zu informieren, sofern diese den Bewerbungsunterlagen noch nicht in Form von Zeugnissen beigelegt werden konnten. Offene Fragen sind zu bevorzugen. Zu Beginn des Gesprächs bietet es sich an, sehr weite Fragen zu stellen und dem Bewerber die Möglichkeit zu geben, sich zu explorieren. Nachfragen ist nur
sinnvoll, wenn ein Sachverhalt noch nicht klar ist oder die Frage in eine andere Richtung

ging. Ansonsten sollte der nächste Themenbereich aus dem Leitfaden aufgenommen werden. Grundsätzlich besteht auch die Möglichkeit, den Bewerber bei der Einladung zum Vorstellungsgespräch zu einem Kurzvortrag mit anschließender Diskussion aufzufordern und damit die prognostische Validität des Bewerbungsgesprächs zu erhöhen.

Dem Bewerbungsgespräch folgt eine Nachbereitung in Form einer Besprechung des Auswahlgremiums. Anhand der Eindrücke und Notizen wird die Passung des Bewerbers mit dem Anforderungsprofil geprüft. Die abschließende Entscheidung sollte nicht unmittelbar nach dem Einstellungsinterview getroffen werden.

Wenn das Einstellungsinterview erfolgreich verläuft, empfiehlt es sich, den Bewerber zu ein oder zwei Unterrichtsversuchen als zweiter Stufe der Endauswahl einzuladen. Anforderungsrelevanten situationsspezifischen Arbeitsproben wird eine hohe prognostische Validität zugeschrieben. Der mitunter schwierigen Einschätzung der sozialen Kompetenz kann über Unterrichtsversuche zu besseren Validitätswerten verholfen werden. Dieser auf den ersten Blick erhebliche Aufwand relativiert sich, wenn man die langfristigen Auswirkungen einer solchen Personalauswahl gegenüberstellt. Zudem reicht es aus, wenn nicht grundsätzlich alle Bewerber Unterrichtsproben liefern, sondern nur die Bewerber in der letzten Auswahlrunde.

Auswahlgremium

Das Auswahlgremium sollte sich aus mehreren Personen zusammensetzen. Im Regelfall ist der Schulleiter beteiligt. Daneben sollte ein Vertreter aus dem Fachbereich, meist der Fachbetreuer dem Gremium angehören. Ein weiterer Kollege ergänzt die Runde. Er kann auch aus dem Fachbereich kommen oder den Personalrat vertreten. Über die Beteiligung eines Schülers bzw. des Schülersprechers muss grundsätzlich nachgedacht werden. Zusätzlich kann ein Gespräch zwischen dem Schülervertreter und dem Bewerber stattfinden, an dem das übrige Auswahlgremium nicht teilnimmt.

Zusammenfassung der Empfehlungen

In Anbetracht der spezifischen Situation der Personalauswahl für Schulen sind vor dem Hintergrund der vorliegenden Arbeit folgende Empfehlungen komprimiert abzugeben.

a) Strukturierte Vorauswahlverfahren basierend auf den Bewerbungsunterlagen sind für den Fall großer Bewerberzahlen vorzuhalten. Dazu ist die Beschäftigung mit Anforderungskriterien Voraussetzung. Diese Kriterien sollten zumindest in Teilen Niederschlag in der Stellenausschreibung finden. Der Stellenausschreibug an sich ist mehr Bedeutung beizumessen und ihre Gestaltung zu professionalisieren.

b) Der gestiegenen Relevanz der Persönlichkeit des Bewerbers ist im Auswahlverfahren angemessen Rechnung zu tragen. Daher sollten Potentialeinschätzungen in realitätsnahen berufsrelevanten Situationen vorgenommen werden. Dazu sollten Unterrichtsversuche als Teil der Personalauswahl nicht tabuisiert werden. Diesen dürften relevante prognostische und soziale Validitätswerte zugeschrieben werden. Große Assessment-Center hingegen sind nicht anzustreben.

c) Das Einstellungsinterview kann über Strukturierungsmaßnahmen optimiert werden. Ein Fragenkatalog oder ein Interviewleitfaden bieten sich hier an. Mögliche Fragen können sich an den Bewerbungsunterlagen orientieren, sollten aber ebenso die Anforderungskriterien reflektieren. Ein hoher Sprechanteil des Bewerbers ist sicherzustellen, beispielsweise über einen Kurzvortrag mit anschließender Diskussion.

10 Zusammenfassung

Schulen sehen sich heute veränderten Anforderungen von außen und von innen gegenüber gestellt. Um diesen Herausforderungen angemessen begegnen zu können betreiben sie eine Schulentwicklung, die in den Bereichen Organisations-, Unterrichts- und Personalentwicklung agiert. Auf den Schulleiter als der führenden Kraft in dieser Institution kommen neue Aufgaben zu. Bildungsadministrative Prozesse der Verantwortungsverlagerung von der Ebene der Schulaufsichtsbehörden auf die Ebene der einzelnen Schulen führen dazu, dass Schulleitungen Personalauswahlentscheidungen in eigener Verantwortung treffen. Dazu ermöglicht es die Schuladministration den Schulen, Stellen für Lehrkräfte schulscharf auszuschreiben. Die Umsetzungsvarianten sind bundesweit vielfältig und schulartspezifisch different. Es zeigt sich aber eine generelle Tendenz zur Ausweitung dieser Form der Stellenbesetzungsverfahren. In Bayern wird ein Direktbewerbungsverfahren zur Besetzung von Planstellen an staatlichen beruflichen Schulen seit Anfang der 2000er Jahre praktiziert.

Wissenschaftliche Untersuchungen zur Güte der eingesetzten Verfahren im spezifischen Kontext des deutschen Lehrerbildungs- und Schulsystems liegen derzeit noch nicht vor. Weitgehend ungeklärt ist auch, welche Kriterien die Schulleiter bei der Personalauswahl ansetzen und mit welcher Professionalität sie Personalauswahl durchführen. Zu dieser Frage können zwei artverwandte Untersuchungen berichtet werden, die auf eine Tendenz zum Wandel bei der Relevanz von Auswahlkriterien hindeuten. Die vorliegende Untersuchung setzt an einer spezifischen Situation der Personalauswahl für berufliche Schulen an, um dieses Feld systematisch zu explorieren.

Als Untersuchungsfeld dient der Modellversuch Adressatenbezogene Qualifizierung: Qualitätssicherung und Attraktivitätssteigerung des Lehrerberufs an beruflichen Schulen (AQUA). Dieser findet im BLK-Modellversuchsprogramm Innovative Konzepte der Lehrerbildung (2. und 3. Phase) für berufsbildende Schulen statt und wird vom Land Bayern durchgeführt. Das Konzept des Modellversuchs sieht vor, dass eine Berufsschule ihren Personalbedarf feststellt, Stellen für Referendare ausschreibt und die Personalauswahl eigenverantwortlich durchführt. Im Rahmen einer modernen und individuellen Form des Vorbereitungsdienstes bildet sie den eingestellten Bewerber aus und geht anschließend ein langfristiges Personalverhältnis ein. Am Modellversuch beteiligen sich 23 Berufsschulen verteilt über ganz Bayern. Sie schreiben Stellen für Referendare in allen beruflichen Fachrichtungen aus, besetzen diese in eigener Verantwortung und entscheiden nach dem Vorbereitungsdienst mit der Lehrkraft über die Besetzung einer Planstelle.

An der Stelle der Personalauswahl für den Vorbereitungsdienst setzt die vorliegende Untersuchung an. Ausgehend von der Grundannahme, dass schulische Personalentwicklung und Personalauswahl in das Aufgabenfeld der Schulleitung fallen, geht sie der Fragestellung nach, welcher Kriterien sich Schulleiter bei der Personalauswahl bedienen. Daneben werden die Gründe für die Teilnahme am Modellversuch und die Sichtweise der Schulleiter bezüglich der Attraktivität der eigenen Schule untersucht. Zur Gewinnung empirischer Daten finden mit 23 Schulleitern nach der Personalauswahl problemzentrierte Experteninterviews anhand eines

Leitfadens vor Ort an den Schulen statt. Die Transkriptionsprotokolle werden zur Datenauswertung einer systematischen qualitativen Inhaltanalyse unterzogen. Die Ergebnisaufbereitung erfolgt in Form von Einzelfallbeschreibungen sowie in quantifizierenden Darstellungen
bezogen auf ausgewählte Fragestellungen.

Die Schulen hatten die Möglichkeit, die Stellenausschreibungen inhaltlich und im Layout
selbst zu gestalten. Dem wurde zu einem größeren Teil keine besondere Aufmerksamkeit ge-
schenkt. Die Wirksamkeit einer Stellenausschreibung auf den Bewerberzulauf wird tendenziell stark unterschätzt. Häufig liegt keine dezidierte Anforderungsanalyse zugrunde. Das
schlägt sich im häufigen Fehlen einer gezielten Vorauswahl nieder. Hinzu kommt, dass die
Attraktivitätsargumente der eigenen Schule zum Teil nicht explizit erkannt und folglich nicht
werbewirksam eingesetzt werden.

Die Untersuchung bestätigt mit ihren Ergebnissen den Trend, der sich in den berichteten artverwandten Forschungen angedeutet hat. Die Schulleiter legen bei der Personalauswahl großen Wert auf die Persönlichkeit eines Bewerbers. Das unterscheidet sich insofern von bisherigen Stellenbesetzungsverfahren, als dass diese ausschließlich formale Kriterien für die Besetzung von Lehrerstellen herangezogen haben. Dazu sind etwa die Fächerkombination, die Noten und soziale Kriterien zu zählen. Die untersuchten Schulleiter legen im Kern neben der
Persönlichkeit Wert auf die regionale Herkunft, eine Berufsausbildung und damit in der Gesamtschau auf biografische Merkmale. Das Zweitfach ist für einige Schulleiter relevant. Auffällig ist die Relevanzeinschätzung bezüglich der Noten aus dem Studium. Sollten diese doch
Aufschluss über die fachliche Kompetenz eines Bewerbers sowie dessen kognitive Fähigkeiten und sein Engagement geben, so werden sie von den Schulleitern offenbar nicht als besonders relevantes Kriterium geschätzt. Die genauere Betrachtung zeigt allerdings, dass nicht bei
allen Bewerbern die Noten schon vollständig vorlagen, was eine Vergleichbarkeit erschwert.
Dennoch irritieren zum Teil die Aussagen der Schulleiter zur Aussagekraft der Noten.

Für die Endauswahl greifen alle Schulleiter auf die Methode des Einstellungsinterviews zurück. Allerdings findet dieses meist in unstrukturierter Form statt, was die prognostische Validität beeinträchtigt. Häufig bleibt das Interview auch die einzige Methode der Personalauswahl. Die Auswahlgremien bestehen aus dem Schulleiter und weiteren Kollegen.

Die Personalauswahl ist in der weitaus überwiegenden Zahl der untersuchten Fälle als erfolgreich zu bezeichnen. Die überaus hohe Verbleibsquote ist ein Indiz dafür. Die wenigen Fälle
missglückter Auswahl sind plausibel nachzuvollziehen. Schulleiter handeln bei der Personalauswahl meist intuitiv richtig, ohne sich der Entscheidung explizit methodisch und systematisch zu nähern. Hier besteht Optimierungs- und Professionalisierungspotential.

Für zukünftige Personalauswahlverfahren wird ein multimethodisches Vorgehen empfohlen.
Zur Vorbereitung ist eine explizite Anforderungsanalyse durchzuführen, die Stellenausschreibungen sind in professioneller Form zu gestalten. Das Auswahlverfahren an sich sollte in drei
Phasen stattfinden, einer kriterienorientierten Vorauswahl, einem strukturierten Einstellungsinterview und tätigkeitsbezogenen Unterrichtsproben.

Literatur

Ackermann, H.; Wissinger, J. (Hrsg.): Schulqualität managen. Von der Verwaltung der Schule zur Entwicklung von Schulqualität. Neuwied: Luchterhand 1998

Ackermann, H.; Wissinger, J.: Probleme und Anforderungen der Schulentwicklung durch Dezentralisierung und Autonomie. In: Ackermann, H.; Wissinger, J. (Hrsg.): Schulqualität managen. Von der Verwaltung der Schule zur Entwicklung von Schulqualität. Neuwied: Luchterhand 1998, S. 1-20

Altrichter, H.; Schley, W.; Schratz, M. (Hrsg.): Handbuch Schulentwicklung. Innsbruck: Studienverlag 1998

ASD Arbeitsgemeinschaft der Schulleiterverbände Deutschlands: Personalentwicklung und Berufsausbildung für Schulleiter. In schul-management 28 (1997) 4, S. 27-31

Atteslander, P.: Methoden der empirischen Sozialforschung. 10. neu bearb. und erw. Aufl., Berlin: de Gruyter 2003

Bartz, A.: Personalmanagement in der Schule. Bönen: Verlag für Schule und Weiterbildung 2004

Bauer, B.: Entscheidungsprozess der Schule zur Teilnahme an AQUA. Schriftliche Hausarbeit zur ersten Staatsprüfung für das Lehramt an beruflichen Schulen (Betreuer: M. Müller) Lehrstuhl für Pädagogik, Technische Universität München 2003

Bayerisches Staatsministerium für Unterricht, Kultus, Wissenschaft und Kunst (STMUKWK) (Hrsg.): Wissen und Werte für die Welt von morgen. Dokumentation zum Bildungskongress. München: Auer 1998

Bayerisches Staatsministerium für Unterricht und Kultus (STMUK): Pressemitteilung Nr. 51 vom 24. Februar 2000: Reform der Lehrerbildung ist zentraler Bestandteil der Schulentwicklung. München 2000

Bayerisches Staatsministerium für Unterricht und Kultus (STMUK): Pressemitteilung Nr. 112 vom 18. April 2001: Direktbewerbung für Lehrkräfte an beruflichen Schulen: Erfolgreiches Verfahren wird ausgeweitet. München 2001

Bayerisches Staatsministerium für Unterricht und Kultus (STMUK): Merkblatt über das Einstellungsverfahren in den staatlichen Schuldienst an beruflichen Schulen in Bayern zum Schuljahr 2006/07. >>http://www.km.bayern.de/km/schule/schularten/berufliche/forum/einstellung/Merkblatt2006_Anlage_1.pdf#search=%22merkblatt%20einstellungsverfahren%20bayern%20schuldienst%22<<, 17.08.06

Becker, M.: Personalentwicklung. Bildung, Förderung und Organisationsentwicklung in Theorie und Praxis. Stuttgart: Schäffer-Poeschl 2002

Borkenau, P.: Persönlichkeitsmerkmale und deren Erfassung. In: Gaugler, E.; Oechsler, A.; Weber. W. (Hrsg.): Handwörterbuch des Personalwesens. Stuttgart: Schäffer-Pöschel 2004, S. 1664-1672

Bortz, J.; Döring, N.: Forschungsmethoden und Evaluation für Human- und Sozialwissenschaftler. 3., überarb. Aufl., Berlin: Springer 2002

Bromme, R.: Der Lehrer als Experte. Zur Psychologie des professionellen Wissens. Bern: Huber 1992

Buchen, H.; Rolff, H.-G. (Hrsg.): Professionswissen Schulleitung. Weinheim und Basel: Beltz 2006

Bund-Länder-Kommision für Bildungsplanung und Forschungsförderung (BLK): Weiterentwicklung berufsbildender Schulen. Heft 105 Bonn 2003

Deinböck, A.; Hiener, G.; Müller, M.; Pfahler, M.; Riedl, A.: Erfahrungen und Ergebnisse aus AQUA – tauglich für die Zukunft? In: VLB-akzente 14 (2005) 05, S. 15-20

Denzin, N.K.: The Research Act. A Theoretical Introduction to Sociological Methods (3. Aufl.) Englewood Cliffs, N. J.: Prentice Hall 1989

Deutsches Institut für Internationale Pädagogische Forschung (DIPF): Deutscher Bildungsserver. >>http://www.bildungsserver.de<< 2006

Drumm, H. J.: Personalwirtschaft. Berlin: Springer 2000

Dubs, R.: Die Führung einer Schule. Leadership und Management. Zürich: Steiner, SKV 2005

Eder, A.: Auswahlkriterien von Schulleitern bei Einstellungen im Rahmen des offenen Bewerbungsverfahrens an beruflichen Schulen in Bayern. Schriftliche Hausarbeit zur ersten Staatsprüfung für das Lehramt an beruflichen Schulen (Betreuer: M. Müller) Lehrstuhl für Pädagogik, Technische Universität München 2004

Ender, B.; Strittmatter, A.: Personalentwicklung als Schulleitungsaufgabe. Innsbruck: Studienverlag 2001

Eppinger, M.: Mehr Flexibilität für Schulen und Lehrkräfte. Neuerungen im Lehrereinstellungsverfahren. In: Magazin Schule (7) 2002 S. 10-11

Flick, U.: Qualitative Sozialforschung. Eine Einführung. 2. Aufl., Reinbek: Rowohlt 2004a

Flick, U.: Zur Qualität qualitativer Forschung - Diskurse und Ansätze. In: Kuckartz, U.; Grunenberg, H.; Lauterbach, A. (Hrsg.): Qualitative Datenanalyse: computergestützt. Methodische Hintergründe und Beispiele aus der Forschungspraxis. Wiesbaden: VS Verlag 2004b

Funke, U.: Die Validität verschiedener eignungsdiagnostischer Verfahren bei Lehrstellenbewerbern. In: Zeitschrift für Arbeits- und Organisationspsychologie 2 (1986), S. 92-97

Geißbauer, H.; Hittler, K.: Die schulbezogene Stellenausschreibung für Lehrkräfte an Gymnasien. Erfahrungen im Bereich des Oberschulamtes Stuttgart. In: SchulVerwaltung BW (10) 6/2001, S. 133-135

Gläser, J.; Laudel, G.: Experteninterviews und qualitative Inhaltsanalyse als Instrumente rekonstruierender Untersuchungen. Wiesbaden: VS Verlag 2004

Heinzmann, M.: Attraktivität von Berufsschulen in Bezug auf die Rekrutierung von Personal. Schriftliche Hausarbeit zur ersten Staatsprüfung für das Lehramt an beruflichen Schulen (Betreuer: M. Müller) Lehrstuhl für Pädagogik, Technische Universität München 2003

Hercher, J.; Schaefers, C.: Mehr Personalautonomie für die Einzelschule – Wie bewerten Schulleiter/innen, Lehrer/innen und Bewerber/innen das Ausschreibungsverfahren in NRW?   >>http://www.paed-kongress04.unizh.ch/downloads/publikationen/AG22_ Hercher_Schaefers.pdf<<, 16.08.06

Hercher, J.; Schaefers, C.; Treptow, E.; Terhart, E. (= Hercher et al.): Die Mitwirkung von Schulen bei der Einstellung von Lehrerinnen und Lehrern: Erfahrungen und Wirkungen. Bericht an das Ministerium für Wissenschaft und Forschung des Landes NRW. - ZfL-Texte Nr. 10 - Münster: Westfälische Wilhelms Universität 2004

Hiener, G.; Müller, M.; Riedl, A.: Modellversuch AQUA - Innovative Lehrerbildung. In: VLB-akzente 11 (2002) 8-9, S. 22-24

Innovelle-bs, BLK-Programmträger (Hrsg.): Professionalität in der Berufsbildung entwickeln und erweitern. Programmträgerinfo 04. Kronshagen 2003

John, A.: Entscheidungsprozesse bei Universitätsabsolventen für das Höhere Lehramt an beruflichen Schulen. Untersuchung zu den Entscheidungsgründen gegen die Teilnahme am Modellversuch AQUA als Alternative zum herkömmlichen Referendariat. Schriftliche Hausarbeit zur ersten Staatsprüfung für das Lehramt an beruflichen Schulen (Betreuer: M. Müller) Lehrstuhl für Pädagogik, Technische Universität München 2002

Kanning, U. P.; Holling, H.: Potenzialbeurteilung. In: Gaugler, E.; Oechsler, A.; Weber. W. (Hrsg.): Handwörterbuch des Personalwesens. Stuttgart: Schäffer-Pöschel 2004, S. 1686-1692

Kehr, H. M.: Motivation und Volition. Göttingen: Hogrefe 2004

Keuffer, J.; Oelkers, J. (Hrsg.): Reform der Lehrerbildung in Hamburg. Weinheim: Beltz 2001

Kirner, G.: Entscheidungshintergründe für Absolventinnen und Absolventen der Studiengänge Lehramt an beruflichen Schulen und Wirtschaftspädagogik zur Aufnahme des Vorbereitungsdienstes für ein Lehramt an beruflichen Schulen. Schriftliche Hausarbeit zur ersten Staatsprüfung für das Lehramt an beruflichen Schulen (Betreuer: M. Müller) Lehrstuhl für Pädagogik, Technische Universität München 2002

Kolbe, F.-U.; Combe, A.: Lehrerbildung. In: Helsper, W.; Böhme, J. (Hrsg.): Handbuch der Schulforschung. Wiesbaden: Verlag für Sozialwissenschaften 2004, S. 853-877

Kolzarek, B.; Lindau-Bank, D.: Personalmanagement in der Schule. 2. Teil: Personalauswahl in der Schule – Personalgewinnung. In: Der berufliche Bildungsweg 11/2004, S. 12-17

Kompa, A.: Assessment Center. In: Gaugler, E.; Oechsler, A.; Weber. W. (Hrsg.): Handwörterbuch des Personalwesens. Stuttgart: Schäffer-Pöschel 2004, S. 474-483

Kultusministerium Baden-Württemberg (KM-BW): Hinweise zur Lehrereinstellung für wissenschaftliche Lehrkräfte im Bereich Gymnasien und berufliche Schulen im Schuljahr 2006/07. >>http://www.km-bw.de/servlet/PB/-s/ps3z94csjvluqt22z317ek9sos5lgyt/show/1149090/Hinweise_WL_Laufbahn_GYM-BS_2006.pdf<<, 17.08.06

Lamnek, S.: Qualitative Sozialforschung. Band 1 Methodologie. 3., korrigierte Auflage, Weinheim: Psychologie Verlags Union 1995a

Lamnek, S.: Qualitative Sozialforschung. Band 2 Methoden und Techniken. 3., korrigierte Auflage, Weinheim: Psychologie Verlags Union 1995b

Lange, H.: Das Personal ist unser Kapital. Personalentwicklung in Schule und Schulverwaltung. In: Pädagogik 5/1994, S.16-21

Legl, P.: Entscheidungskriterien von Schulleitern für Referendare. Schriftliche Hausarbeit zur ersten Staatsprüfung für das Lehramt an beruflichen Schulen (Betreuer: M. Müller) Lehrstuhl für Pädagogik, Technische Universität München 2003

Martizen, N.: Autonomie der Schule: Schulentwicklung zwischen Fremd- und Selbststeuerung. In: Altrichter, H.; Schley, W.; Schratz, M. (Hrsg.): Handbuch Schulentwicklung. Innsbruck: Studienverlag 1998, S. 609-637

Mayring, P.: Einführung in die qualitative Sozialforschung. Eine Anleitung zu qualitativem Denken. 5. Aufl., Weinheim: Beltz 2002

Mayring, P.: Qualitative Inhaltsanalyse. Grundlagen und Techniken. 8. Aufl., Weinheim: Beltz 2003

Mayring, P.; Gläser-Zikuda, M. (Hrsg.): Die Praxis der Qualitativen Inhaltsanalyse. Weinheim: Beltz 2005

Meetz, F.; Sprütten, F.; Klemm, K. (= Meetz et al.): Teilarbeitsmarkt Schule – Arbeitsmarktbericht für das Jahr 2005. >>http://www.uni-essen.de/bfp/forschung/pdf/Teilarbeitsmarkt_Schule_2005.pdf<<, 16.08.06

Paschen, M.; Faerber, Y.: Personalauswahlgespräche. In: Handbuch Personalentwicklung. Kapitel 8.22, 85. Erg-Lfg., September 2003

Reilly, R.; Chao, G.: Validity and Fairness of some alternative Employee Selection Procedures. In: Personnel Psychology. 35 (1982) S. 1-62

Reinhart, I.: Auswahlkriterien von Schulleitern bei Einstellungen im Rahmen des offenen Bewerbungsverfahrens an beruflichen Schulen in Bayern. Eine empirische Untersuchung mit besonderer Berücksichtigung der Unterschiede der Schulleiter bezüglich ihrer persönlichen Merkmale. Schriftliche Hausarbeit zur ersten Staatsprüfung für das Lehramt an beruflichen Schulen (Betreuer: M. Müller) Lehrstuhl für Pädagogik, Technische Universität München 2004

Ritsert, J.: Inhaltsanalyse und Ideologiekritik. Ein Versuch über kritische Sozialforschung. Frankfurt 1975

Rütters, K.; Roggenbrodt, G.; Künzel, J.: 2. Zwischenbericht der wissenschaftlichen Begleitung des Schulversuchs `Berufsbildende Schulen in Niedersachsen als regionale Kompetenzzentren´. Hannover: Institut für Berufspädagogik 2005

Sassenscheidt, H.: Personalauswahl schulgenau. In: Buchen, H.; Rolff, H.-G. (Hrsg.): Professionswissen Schulleitung. Weinheim und Basel: Beltz 2006

Schavan, A.: Jeder Schule ihre Lehrer. Weichenstellungen für die Stärkung der Selbstständigkeit der Schulen. In: Schulmanagement (33) 6/2002, S. 13-14

Schelten, A.: Begriffe und Konzepte der berufspädagogischen Fachsprache. Stuttgart: Steiner 2000

Schelten, A.; Müller, M.; Riedl, A. (Hrsg.): Modellversuch Adressatenbezogene Qualifizierung: Qualitätssicherung und Attraktivitätssteigerung des Lehrerberufs an beruflichen Schulen (AQUA). Zwischenbericht der wissenschaftlichen Begleitung. Lehrstuhl für Pädagogik, Technische Universität München 2004a

Schelten, A.; Müller, M.; Riedl, A. (Hrsg.): Modellversuch Adressatenbezogene Qualifizierung: Qualitätssicherung und Attraktivitätssteigerung des Lehrerberufs an beruflichen Schulen (AQUA). Abschließender Bericht der wissenschaftlichen Begleitung. Lehrstuhl für Pädagogik, Technische Universität München 2004b

Schelten, A.; Tenberg, R. (Hrsg.): Zwischenbericht der wissenschaftlichen Begleitung zum Modellversuch „Qualitätsentwicklung an beruflichen Schulen". Lehrstuhl für Pädagogik, Technische Universität München 2001

Schley, W.: Change Management: Schule als lernende Organisation. In: Altrichter, H.; Schley, W.; Schratz, M. (Hrsg.): Handbuch Schulentwicklung. Innsbruck: Studienverlag 1998, S. 13-54

Schratz, M.: Schulleitung als *change agent*: Vom Verwalten zum Gestalten von Schule. In: Altrichter, H.; Schley, W.; Schratz, M. (Hrsg.): Handbuch Schulentwicklung. Innsbruck: Studienverlag 1998, S. 160-189

Schuler, H.: Psychologische Personalauswahl. Göttingen: Hogrefe 2000

Schuler, H.: Das Einstellungsinterview. Göttingen: Hogrefe 2002

Staatsinstitut für Schulpädagogik und Bildungsforschung (ISB) (Hrsg.): Qualitätsentwicklung in der Berufsschule (Quabs). Abschlussbericht zum BLK-Verbundmodellversuch. München: ISB 2003

Staatsinstitut für Schulpädagogik und Bildungsforschung (ISB); Lehrstuhl für Pädagogik, Technische Universität München: Abschlussbericht zum BLK-Programm "Innovative Konzepte der Lehrerbildung für berufsbildende Schulen", Modellversuch AQUA das Landes Bayern. München 2004

Staufenbiel, T.; Rösler, F.: Personalauswahl. In: Graf Hoyos, C.; Frey, D. (Hrsg.): Arbeits- und Organisationspsychologie. Weinheim: Psychologie Verlagsunion 1999, S. 488-509

Steinmann, H; Schreyögg, G.: Management. Grundlagen der Unternehmensführung. Konzepte, Funktionen, Praxisfälle. Wiesbaden 1990

Stiftung Bildungspakt Bayern: MODUS 21. Das Programm – Die Maßnahmen. Berlin: Cornelsen 2005

Terhart, E. (Hrsg.): Perspektiven der Lehrerbildung in Deutschland. Weinheim: Beltz 2000

Terhart, E.: Die Mitwirkung von Schulen bei der Besetzung von Lehrerstellen. Überlegungen im Anschluss an ein Forschungsprojekt. In: SchulVerwaltung NRW (15) 10/2004, S. 280-283

Thom, N.; Ritz, A.; Steiner, R. (Hrsg.): Effektive Schulführung. Chancen und Gefahren des Public Managements im Bildungswesen. 2. Aufl. Bern: Haupt 2006

Thom, N.; Ritz, A.: Innovation, Organisation und Personal als Merkmale einer effektiven Schulführung. 2006a, In: Thom, N.; Ritz, A.; Steiner, R. (Hrsg.): Effektive Schulführung. Chancen und Gefahren des Public Managements im Bildungswesen. 2. Aufl. Bern: Haupt 2006

Thom, N.; Ritz, A.: Public Management. Innovative Konzepte zur Führung im öffentlichen Sektor. 3., überarb. u. erw. Aufl.,Wiesbaden: Gabler 2006b

Tredop, D.: Zur Funktion des Personalmanagement im Neuen Steuerungsmodell als zentrales Instrument für eine teilautonome Schule. In: bwp@ Nr.5 2003 <http://www.bwpat.de/ausgabe5/tredop_bwpat5.shtml> 12.05.2006

Treptow, E.; Rothland, M.: „Jeder Schule ihre Lehrer"? Empirische Befunde zum Auswahlverfahren bei der Besetzung von Lehrerstellen in Nordrhein-Westfalen. In: Zeitschrift für Erziehungswissenschaft (8) 2/2005, S. 305-320

Wissinger, J; Höher, P.: Personalführung – Von individueller Beratung und Kontrolle zum Entwicklungsmanagement. In: Ackermann, H.; Wissinger, J. (Hrsg.): Schulqualität managen. Von der Verwaltung der Schule zur Entwicklung von Schulqualität. Neuwied: Luchterhand 1998, S. 199-210

Anhang

Interviewleitfaden

Schulleiterbefragung

„Aufwärmphase"

Infos vor dem Interview

- Befragung findet anhand des Leitfadens statt
- Anonymität in der Auswertung / Veröffentlichung bleibt gewahrt
- Aufzeichnung mit Tonband
- Zeitumfang ca. eine halbe bis eine Stunde
- Drei Themenbereiche
- Teil der Fragen zum direkten Eintragen / Statistik
- (Sitzposition klären → Aufnahmequalität)
- offene Fragen
- (ggf. kurze Darstellung des Standes des MV, sonst eher am Ende)

Themenbereich 1

Entscheidungsprozess der Schule zur Teilnahme an AQUA

- Woher hatten Sie Informationen über den Modellversuch AQUA?

- Was waren die wichtigsten inhaltlichen Informationen für Sie zu diesem Modellversuch?

- Was waren für Sie besonders wichtige Gründe, an AQUA teilzunehmen? *(mind. drei Gründe nennen lassen; Nachfrage:* Was waren weitere Gründe?*)*

- Wer war außer Ihnen noch an der Entscheidung für die Teilnahme an AQUA beteiligt?

- Wie haben Sie Ihr Kollegium über AQUA informiert?

- Wie war die Resonanz auf AQUA in Ihrem Kollegium?
- Hat das Ihre Entscheidung beeinflusst?

- Welche Einschränkungen sehen Sie für diese Form der Ausbildung speziell <u>an Ihrer Schule</u>?

- Welche Einschränkungen sehen Sie über Ihre Schule hinaus <u>allgemein</u> für dieses Ausbildungskonzept?

- Gibt es Dinge, die Ihre Entscheidung mit beeinflusst haben, die Sie mir bisher noch nicht genannt haben?

Themenbereich 2

a) Entscheidungskriterien der Schule für einen Referendar

b) Entscheidungsprozess an der Schule

* Wie viele Kandidaten haben sich für die ausgeschriebene Stelle beworben?

* Wie viele Kandidaten haben Sie zum Vorstellungsgespräch eingeladen?

* Welche Bewerber fielen hier schon raus?

* Welche Kriterien waren für Sie bei den Bewerbungen wichtig?

(Was nicht genannt wird abfragen.)

War für Sie wichtig:

  - Der Eindruck von den Bewerbungsunterlagen

  - Das Auftreten im Vorstellungsgespräch

  - Die Berufliche Erstausbildung

  - Das Zweitfach

  - Die Noten im Staatsexamen / Diplomzeugnis

  - Der Studienschwerpunkt

  - Zusatzqualifikationen

  - Die Herkunft / der Heimatort

  - Der Lebenslauf

  - Soziale Kriterien

* Warum haben Sie genau diesen Bewerber ausgewählt?

* Welche Kriterien musste der Kandidat auf jeden Fall erfüllen?

- Welche Kriterien waren Ihnen <u>nicht</u> so wichtig?

- Gibt es etwas, das Sie bei Ihrem jetzigen Kandidaten vermissen?

- Waren an der Entscheidung für diesen Kandidaten außer Ihnen noch andere Personen beteiligt?

- Wer war beim Vorstellungsgespräch mit dabei?

- Konnten Sie ihre Stelle mit dem Bewerber ihrer ersten Wahl besetzen?
- → *Nein* → Wie sind Sie dann vorgegangen?

- Wie schnell hatten Sie sich für den Bewerber entschieden?
(war das gleich nach dem Vorstellungsgespräch)

- Wann kam dessen Zusage?

- Gibt es Dinge, die Ihre Entscheidung mit beeinflusst haben, die ich bisher nicht gefragt habe?

Themenbereich 3
Attraktivität der Schule

Sie hatten hohen / geringen Zulauf an Bewerbungen für Ihre Stelle.

- Hätten Sie mit mehr oder weniger Bewerbungen gerechnet?

- Worauf führen Sie den hohen / geringen Zulauf an Bewerbungen an Ihrer Schule zurück?

- Was macht Ihre Schule für den Bewerber zusätzlich besonders attraktiv?

- Haben Sie diese Besonderheiten in der Stellenausschreibung im Internet so dargestellt?

- Welchen Einfluss hatte Ihrer Meinung nach die Gestaltung der Ausschreibung im Internet auf den Bewerberzulauf?

- Was haben Sie zusätzlich unternommen, um sich für den Bewerber attraktiv darzustellen?

- Welche Möglichkeiten sehen Sie zur Steigerung der Attraktivität Ihrer Schule in der Zukunft?

- Welche Perspektiven können Sie dem Bewerber bieten?

- Gibt es etwas bezüglich der Attraktivität Ihrer Schule, das wir bisher noch nicht angesprochen haben?

Calm-down-Phase

Zusammenfassende Frage

• Wenn Sie zusammenfassen: Welches sind für Sie die wichtigsten Punkte an AQUA?

Statistische Daten

Wie viele Schüler werden beschult?	
Wie viele Lehrkräfte unterrichten an der Schule?	
Wie viele Klassen führt die Schule?	
Wie würden Sie die Altersstruktur des Kollegiums beschreiben?	
Welche Fachbereiche sind an der Schule vertreten?	
Wie viele Kollegen sind in dem ausgeschriebenen Fachbereich tätig?	
Wie viele Kollegen gehen in diesem Fachbereich in Kürze in Pension?	
Wie viele jüngere (< 45) Kollegen arbeiten in diesem Fachbereich?	

- Allgemeine Situation der Schule thematisieren
- Stand des MV thematisieren
- Wünsche aufnehmen

Beispiel einer Transkription

Schulleiterbefragung

Schule XX

Schulleiter YY

Befragungstermin: 00.00.00

Interviewer: Müller

Themenbereich 1

Entscheidungsprozess der Schule zur Teilnahme an AQUA

- Woher hatten Sie Informationen über den Modellversuch AQUA?

Antwort: Die Information ist uns zugeschickt worden, einmal über den Brief des ISB, und vorher, oder ziemlich zeitgleich über ein KMS oder Regierungsschreiben.

- Was waren die wichtigsten inhaltlichen Informationen für Sie zu diesem Modellversuch?

Antwort: Inhaltlich war für mich, was die Adressatenbezogenheit, was die Schule anbelangt, sehr wichtig, weil ich schon meine, wenn man einen jungen Menschen an der Schule schon dorthin führen kann, wo er vielleicht später seinen Einsatz findet, dann braucht er nicht irgendwelche Schleifen ziehen, ich erinnere mich an meine eigene Zeit, wo man als Metaller zuerst bei den Automechanikern, dann bei den Heizungsbauern, dann bei den Werkzeugmachern eingesetzt war. Ja das waren also wirklich sehr unterschiedliche Bereiche, und plötzlich ist das alles weg.

- Was waren für Sie besonders wichtige Gründe, an AQUA teilzunehmen?

Antwort: Ein wichtiger Grund war sicherlich jetzt in der schwierigen Zeit auch an Lehrkräfte heranzukommen, die Sicherung der Stellen, des Lehrerbedarfs, aber ziemlich gleichbedeutend war auch, dass ich sage, wir können in der Ausbildung mitarbeiten, weil ich mir eine Wirkung vorstellen kann, nicht nur auf den schulinternen Personalentwickler, sondern auch auf das ganze Team in der Abteilung. Aus unserer Sicht ist auch bei der Besprechung im Januar im ISB oben die Frage gekommen, ob das unbedingt nur einer sein muss, ein Personalentwickler, kann man das nicht auf mehrere Schultern verteilen, weil, gerade im kaufmännischen Bereich die Berufe so unterschiedlich sind, von der Bank bis zum Verkäufer, und es schon wichtig ist, dass aus der fachlichen Sicht heraus mehrere Personen zur Verfügung stehen, um dem Probanden auch die fachliche Qualifizierung beibringen zu können oder unterstützend dazusein.

Frage: Gab es noch weitere Gründe an AQUA teilzunehmen?

Antwort: Also wie gesagt, die Wirkung auf das Kollegium, ich kann mir vorstellen, dass es da einen Effekt gibt, wo sich so mancher, der sonst im eigenen Brei dahinschmort, sich vielleicht motiviert sieht, aha, da mitzumachen, was ist das moderne, was machen die da, unter Umständen ist er sogar eingebunden in Hospitationen und Hörversuche usw. Ein weiterer Grund? Tja. Grundsätzlich ist mein Team, das ich an der Schule als Lehrer habe, so wie ich sie kenne, für neue Dinge offen. Etwas Neues mitzuerleben ist immer etwas Gutes, weil es einen Schub gibt, also Schulentwicklung, das ist eigentlich ein Hauptpunkt und die Wirkung die dahinter steht.

- Wer war außer Ihnen noch an der Entscheidung für die Teilnahme an AQUA beteiligt?

Antwort: Ich habe diese Problematik sehr eng diskutiert mit meinem Stellvertreter, der ein Kaufmann auch ist und ich habe es auch diskutiert mit einer möglichen Personalentwicklerin, die noch sehr nahe am Seminar ist, es ist noch eine sehr junge Platzziffer 1 Dame, wo ich weiß, dass sie auch was drauf hat und von der ich auch wusste, außer, dass sie einen hervorragenden Unterricht macht, sie hat also Probezeitverkürzung jetzt gerade hinter sich, dass sie freiwillig mit dem Seminar zusammenarbeitet. Sie möchte heute noch, in ihrer zA-Phase noch wissen, was im Seminar, also was modern ist, behandelt wird. Ich wusste, dass ich jemanden habe, der das auch gut begleiten kann an der Schule. Und dass die auch wieder Mitglieder in der Abteilung hat, die sie unterstützen, also das Team war für mich schon latent vorhanden. Sonst hätte ich mich nicht beteiligt. Also allein aus Gründen, dass ich sage, ich als Schulleiter und meine Schule, wir wollen gut dastehen nach außen, wie es dann wirklich läuft, das war für mich wirklich sekundär, weit weg.

- Wie haben Sie Ihr Kollegium über AQUA informiert?

Antwort: In einer Lehrerkonferenz. Wir halten für uns in den Pausen alle 14 Tage, verteilt in den Gruppen, wie sie gerade Zeit haben, Konferenzen, die einen sehr informativen Charakter haben und da habe ich das den Leuten mitgeteilt.

- Wie war die Resonanz auf AQUA in Ihrem Kollegium?

Antwort: Interessant. Natürlich, was ist AQUA? Allein die Abkürzung AQUA lässt schon die Sinne mitdenken und aufwachen, was ist AQUA, dann die Erklärung, was es halt ist, adressatenbezogen usw., einfach das individualisierte in der Lehrerausbildung. Das war also schon interessant.

- Hat das Ihre Entscheidung beeinflusst?

Antwort: Ich habe eine Bestätigung festgestellt, dass sich da niemand spreizt und dann deckt man so eine Entscheidung dann auch leichter.

- Welche Einschränkungen sehen Sie für diese Form der Ausbildung an Ihrer Schule?

Antwort: Welche Einschränkung? Vielleicht die eine, dass in der Anfangsphase die betroffene Personalentwicklerin bei uns zunächst einmal gesagt hat: Ja wie soll denn das alles gehen? Wir wissen nicht, wie es läuft, es ist noch nichts vorbereitet und das war für mich auch der Punkt, an dem ich gesagt habe, ein ehrgeiziger Mensch, der sein Leben lang nach guten Noten und nach guten Leistungen getrachtet hat, der will natürlich auch diese Arbeit hervorragend machen und der will auch frühzeitig, also nicht zu lang im Ungewissen bleiben. Also, das war eine Zeit für mich, in der ich mir gedacht habe, wie kann ich die Personalentwicklerin bei der Stange halten, dass sie mit mir das letzten Endes dann doch durchzieht. Das waren so kleine Einschränkungen, aber mittlerweile sind wir darüber hinweg.

- Welche Einschränkungen sehen Sie über Ihre Schule hinaus <u>allgemein</u> für dieses Ausbildungskonzept?

Antwort: Ja, was ich nicht erwarte, ist das, dass man zu sehr... ich bin froh, dass wir nicht gleichzeitig Seminarschule sind, weil ich im Vorfeld mitbekommen habe, dass sich durchaus, aus dem Standesdenken heraus, eine Diskussion entwickelt hat, ist das Seminar in der bisherigen Form in Gefahr oder nicht, das Problem hatte ich nicht, weil wir keine Seminarschule sind, aber ich denke, dass die Lehrerausbildung in der Summe attraktiver werden muss. Es ist Zeit, dass man hier etwas reformiert und ich hoffe, dass auch die LPO II mit diesem Versuch eine Änderung erfahren wird, weil es attraktiver werden muss, die ganze Geschichte, auch in der Hinsicht, dass wir wirklich unserer Lehrerbedarf abdecken können. Damit wir nicht immer den Wünschen aus der Wirtschaft zum Opfer fallen. Das ist ein ganz wichtiger Punkt.

- Gibt es Dinge, die Ihre Entscheidung mit beeinflusst haben, die Sie mir bisher noch nicht genannt haben?

Antwort: Eigentlich nicht.

Themenbereich 2

c) Entscheidungskriterien der Schule für einen Referendar

d) Entscheidungsprozess an der Schule

- Wie viele Kandidaten haben sich für die ausgeschriebenen Stellen beworben?

Antwort: Es haben sich insgesamt 14 Kandidaten beworben.

- Wie viele Kandidaten haben Sie zum Vorstellungsgespräch eingeladen?

Antwort: 6

- Welche Bewerber fielen hier schon raus?

Antwort: Das hat jetzt natürlich auch mit der Priorität der Dinge zu tun, die mir wichtig sind. Ganz oben steht natürlich die Qualifikation des Betroffenen, soweit sie schon aus den Bewerbungsunterlagen heraus ersichtlich war. Manche hatten schon ihr volles Diplomzeugnis vorlegen können, manche waren ja noch in der Abschlussphase des Diploms und da war es gut, dass einige schon die Detailprüfungen vorlegen konnten. Die Punkte, die sie halt erreicht haben. Aber was war für mich sehr wichtig? Sicherlich auch, neben der Qualifikation, die Herkunft, wo ist er geboren, wo wohnte er, wo wohnen seine Eltern, wo wird er sich wohl niederlassen wollen. Also da verhehle ich nicht, dass ich, natürlich auch neben der Qualifikation, sehr stark darauf geachtet habe, wird er wohl dann bei uns an der Schule bleiben. Nach dem ganz einfachen Prinzip, man will sich gute Leute aussuchen, sie gut ausbilden und sie dann natürlich auch dann an der Schule einsetzen für die Zukunft. Gerade im Bereich WV, das war auch der Grund, warum ich mich in WV beworben habe, hier teilzunehmen, weiß ich, dass sich im Zuge des Strukturwandels durch den Flughafen München, unsere Schule mit Sicherheit im Dienstleistungsbereich entwickeln wird und auch die Diskussion der Kompetenzzentren, die Sie ja auch kennen, die heiß ist zwischen XXX und ZZZ, dass hier auch sicherlich ein Bedarf in der nächsten Zeit, nicht nur der normale Bedarf, sondern auch hinsichtlich dieser Entscheidungen Kompetenzzentren, dass man hier wohl in der nächsten Zeit auch Kaufleute brauchen wird. Und darum die Teilnahme an diesem Versuch und die Vorsorge, guten Nachwuchs selber nachzuziehen.

- Welche Kriterien waren für Sie bei den Bewerbungen wichtig?

War für Sie wichtig:

- Der Eindruck von den Bewerbungsunterlagen

Antwort: Also, ich bin erstaunt, heute ist ja schon der Begriff Bewerbungskultur schon gefallen, dass sich die Leute heutzutage mit einer Bewerbungsmappe professionell bewerben, da ist alles dabei, was man braucht, manche haben vorher auch schon angerufen, was man wünscht, was dabei sein soll und wie gesagt, wir reden ja immer noch von der Phase vor dem Vorstellungsgespräch, ein Passbild, ein Bild von einem Menschen, das Gesicht, auch wenn das oft Vorurteile sind, ist natürlich auch wichtig, aber insbesondere dann in der Runde des Vorstellungsgespräches der Mensch, der also direkt gegenüber sitzt, dem man Fragen stellen kann und dann kommt eigentlich der wichtigste Aspekt dazu: Was ist das für ein Mensch? Wird er wohl einer sein, der ein Lehrer werden kann? Solange man nur Zeugnisse vorliegen hat und auf Punkte und Noten schielt, weiß man längst noch nicht, ob das auch ein Lehrer ist, vom Menschen her, ob er die Talente hat, mit Menschen umgehen zu können.

Frage: Ich darf gerade noch einmal kurz zusammenfassen: Ins Vorstellungsgespräch haben Sie dann die eingeladen, die von der Qualifikation her in Frage kamen und die vom Wohnort bzw. Herkunft her in Frage kamen?

Antwort: Richtig.

Frage: Dann haben Sie das Vorstellungsgespräch geführt, nach welchen Kriterien sind Sie dann vorgegangen? Sie haben also aus diesen sechs Bewerbern zwei ausgewählt?

Antwort: Ich sage auch ganz ehrlich und ohne Probleme, dass wir auf alle Fälle einen männlichen Bewerber dabeihaben wollten, um in dem Bereich Wirtschaft und Verwaltung an der Schule auch eine ausgeglichene Bilanz zu haben, zwischen Männern und Frauen. Es tut nicht gut, wenn nur Frauen da sind, wir haben vielleicht 55-60% Frauen in der Abteilung Wirtschaft und Verwaltung und den Rest Männer, es scheidet jetzt ein Mann aus und darum haben wir gemeint, sollten wir unbedingt wieder einen Mann mit hereinnehmen, ein bisschen haben wir auch darauf geschielt, vielleicht im Bereich gelernter Bankkaufmann und es hatte sich dann im Vorstellungsgespräch so ergeben, dass wir auf alle Fälle einen Favoriten hatten. Ich habe also, ohne dass ich die Mail gelesen habe vom ISB, intuitiv meinen Personalentwickler in die Vorstellungsrunde mit einbezogen, meinen Stellvertreter und die zwei Leute, die den Personalentwickler personell unterstützen wollen, wir waren also fünf Leute und es hat hinsichtlich einer Bewerberin sofort eine einhellige Meinung gegeben: Die gehört auf alle Fälle dazu. Da hat alles gepasst, hervorragende Qualifikation, war bei uns an der Schule schon an der Berufsaufbauschule, wir wussten also wer das ist, was er für ein Mensch ist, was er auf der Schule schon damals für ein Verhalten gezeigt hat und da passte alles, die Qualifikationen, die Leistungen im Studium und vor allen Dingen auch die Herkunft aus dem Landkreis und auch der Mensch, wie er sich gegeben hat, in dem Fall ist es eine Frau gewesen, von dem wir sicher gewusst haben, das wird ein Lehrer. Die bleibt uns. Das wird eine gute Lehrerin. Das war klar und dann war es zufällig auch so, dass es dann um einen von zwei männlichen Bewerbern gegangen ist und jetzt kommt ein interessanter Punkt dazu, vielleicht für Sie. Nachdem wir eigentlich einen Bankkaufmann wollten, von der Schulleitung her, war die Runde aber überzeugt von einem männlichen Bewerber, der kein Bankkaufmann war. Wie der Eindruck entstanden ist können wir vielleicht hernach noch besprechen, aber die Frage ist nach meiner Entscheidung, ich habe mich dann an die Runde angepasst und zwar aus dem Grunde, weil ich gesagt habe: Die Leute, die direkt mit dem Studenten arbeiten müssen, sollen berücksichtigt werden, denn ich kann mich nicht selber entscheiden für einen Menschen und den dann anderen vorsetzen und sagen: So, jetzt bildet ihr ihn mal aus. Somit haben wir uns für einen Mann entschieden, der nicht Bankkaufmann ist und weil wir meinen, da funkt es besser zwischen diesen beteiligten Personen und vor allen Dingen, in der Phase der Entscheidung war auch schon wichtig, dass wir gesagt haben: Wie passen die zwei Studenten zusammen? Ein ganz wichtiger Aspekt, weil ich meine, dass in diesem Modellversuch, wo alles neu ist, die Studenten lassen sich auf etwas Neuen ein, der Personalentwickler, oder das Team lassen sich auf etwas Neues ein und ich meine, dass es sich gut befruchtet, wenn auch die zwei zusammen gut zusammenpassen, ich meine vom Typ, vom Charakter her, so dass dann in der Summe, im Team, das Beste herauskommt. Der andere Bewerber, also das ist ja eine seriöse Befragung, wie ich gehört habe, der kam also in einem typischen Anzug daher, als wäre es ein Bankmann von der Vorstandsebene. Starkes Selbstbewusstsein, hat also schon gewaltig aufgetragen, war von den Leistungen nicht ganz so gut, Bankkaufmann wohlgemerkt und dann eine Dame, wo wir gewusst haben, dass sie sicherlich ein sehr einfühlender Mensch ist, das hätte wohl nicht zusammengepasst. Darum haben wir uns für den anderen entschieden, der nicht Bankkaufmann ist aber sicherlich auch ganz gut hier reinpasst, und was interessant ist, der hat eine Entwicklung gehabt, dass er an der Realschule war, Fachrichtung Wirtschaft, gut qualifiziert und dann eine technische Lehre gemacht hat. Bei BMW in Landshut. Und zwar Werkzeugmechaniker/Formenbau. Dann aber trotzdem an der BOS Wirtschaft weitergemacht hat und jetzt Diplom Wirtschaft abschließt. Der junge Mann hat mich beeindruckt in der Weise, indem er gesagt hat: Vielleicht ist das auch einmal gut, dass man dann keine Berührungsängste hat im gewerblichen Bereich, wenn man da mal Sozialkunde oder Deutsch unterrichten sollte. Das war auch ein Punkt, der ganz interessant war.

Frage: Welche weiteren Kriterien haben jetzt den Ausschlag gegeben für diese beiden Kandidaten?

Antwort: Ein weiteres Kriterium ist sicherlich der Bildungsweg. Wo kommt er her? Kommt er beispielsweise über den berufsbezogenen Bildungsweg? Sprich: Beruf gelernt, BOS, BAS, je nachdem, für mich ein Garant dafür, dass er die Schule schon kennt, die Berufsschule, dass er das Klientel der Schüler kennt und wenn er noch dazu an der eigenen Schule war, an der BAS, wo man den Menschen schon kennt, wo man Lehrer fragen kann, wie er sich da schon gegeben hat usw., dann sind das Dinge, wo man nicht vorbeikann. Wo man sagt, da vertippt man sich nicht. Das ist glaube ich das allerwichtigste, weil man da den Menschen kennt. Während, wenn einer, ich möchte überhaupt nichts gegen den klassischen Weg sagen, Gymnasium etc., vielleicht bloß einmal ein Praktikum gemacht hat oder so was, ist oft schon gefährlich, ob er sich, von seiner Berufsentscheidung her, auch richtig eingeschätzt hat. Wobei im wirtschaftlichen Bereich, also im Bereich Wirtschaft und Verwaltung, es aus meiner Sicht nicht so wichtig wäre, wie im gewerblichen Bereich, ob Metall oder Elektrotechnik.

- Das Zweitfach

Antwort: Interessante Frage, ja. Das Zweitfach wäre sicherlich wichtig, beispielsweise Englisch, Religion, das sind so typische Bereiche, die derzeit an der Berufsschule ein bisschen mager belegt sind, aber es war bei den Bewerbern wohl keiner mit Englisch dabei. Eine war mit Religion dabei und ich habe bewusst zuerst das Bewerbungsende abgewartet. Ich habe meine Entscheidungen nicht schon vorher getroffen, sondern ich habe bewusst das Ende abgewartet und gerade die mit Religion hat vorher schon abgesagt, weil sie schon eine andere Zusage bekommen hatte. Also es hat offenbar verschiedene Schulen gegeben, die sehr schnell zugegriffen haben.

Frage: Für Ihre Entscheidung war aber dann das Zweitfach nicht wichtig?

Antwort: Nein, ich würde meinen, wenn das Zweitfach zusätzlich gepasst hätte, dann wäre es natürlich der Idealfall gewesen in der Hinsicht, wie ich ja vorhin schon erläutert habe, dass man sich selber was nachzieht, was man gut gebrauchen kann. Aber ich denke, da denkt man schon sehr weit und sehr diffizil voraus, ob das dann eintrifft?

- Die Noten im Staatsexamen / Diplomzeugnis

Antwort: Ja gut, ich habe mich von den Teilnehmern, die schulischerseits dabeigesessen sind, überzeugen lassen, dass das Vordiplom, das ja sehr häufig schon dalag, durchaus nicht so entscheidend ist und die Noten durchaus bei befriedigend, so im Schnitt liegen können, natürlich, ein Staatsexamen mit ausreichend zieht man nicht gerne vor. Gut oder mindestens befriedigend soll es schon sein.

- Der Studienschwerpunkt

Antwort: Das habe ich mehr meinen Wirtschaftlern überlassen, ich selber bin ein gewerblicher, bin also Maschinenbauingenieur, ich würde sagen, nicht unbedingt primär.

- Zusatzqualifikationen

Antwort: Der erlernte Beruf ist sehr wichtig.

Frage: Neben dem Studium EDV-Kurse oder so ähnlich?

Antwort: Ich gehe heute davon aus, und die Erfahrung hat man mittlerweile, dass die Jahrgänge, die jetzt in den Lehrerberuf hereinkommen in der Regel mit EDV schon gut umgehen können. Das gehört heute, in diesen Jahrgängen, schon zur ganz normalen Kulturtechnik, würde ich einmal sagen. So wie früher der Führerschein.

- Die Herkunft / der Heimatort

Antwort: Ja, das war mir sehr wichtig. Weil in der Region, in der wir leben, wir sind zwar sehr nahe bei München und der Flughafen ändert sehr viel bei uns, aber man kann sagen, wir sind immer noch in einer ländlichen Region und wenn ich weiß, dass einer hier irgendwo im Dorf geboren ist und dort beheimatet ist, dann kann man in der Regel davon ausgehen, dass er sich dort niederlassen möchte. Und das ist eine Gewähr dafür, dass man in der dritten Phase, wenn alles passt, die Hoffnung hat, dass man ihn an der Schule behalten kann. Und ich halte sehr viel davon, dass eine Lehrkraft für eine Berufsschule von Ort, möglichst innerhalb des Landkreises wohnt. Wer bewusst sagt, er möchte gar nicht dort wohnen, wo die Schüler sind, ist aus meiner Sicht nicht optimal, weil ein Lehrer muss, meines Erachtens, wissen, was in der Gegend, wo die Schüler wohnen, los ist. Was läuft hier ab? Wirtschaftlich, politisch? Was gibt es für Probleme in diesem Bereich? Wenn einer bewusst sagt, ich möchte in München wohnen oder so was, obwohl man von München nach XXX gut rausfahren kann, da kriegt er viel nicht mit. Ich möchte ja gar nicht unterstellen, dass es schon ein kleines Fluchtverhalten ist, möglichst weg. Ich bin der Meinung, als Lehrer sollte man jederzeit, auch wenn es im privaten Bereich ist, ansprechbar sein und ich habe es selber so erfahren, man bekommt von den Schülern, die man selber in der Klasse hatte, das was für den Künstler der Applaus ist, das bekommt man, so zwei, drei Jahre im Zeitverzug, mit, wo die Schüler auf einen zugehen, die man trifft, auf einem Volksfest oder irgendwo in der Stadt, da kommt er her: Kennen Sie mich noch? Meistens fällt einem auch noch der Name ein, dann kommt in der Regel was Positives, ein Dank, wozu er früher noch nicht fähig war, weil er vielleicht auch noch nicht das Alter dazu gehabt hat, die Entwicklung noch nicht gehabt hat, das ist das, was einen Lehrer, für mich, ein Leben lang aufbaut. Das, was für einen Künstler der Applaus ist, sind die Rückmeldungen für einen Lehrer, wenn man dort wohnt. Und da hat man halt die Möglichkeiten. Wenn ich in einer anonymen Welt lebe, wo ich die Leute rein zufällig mal treffen könnte, am Oktoberfest oder wo, wenn ich schon hingehe, als Lehrer, dann kriege ich diese Erfolgserlebnisse gar nicht mit. Das finde ich ganz wichtig.

- Der Lebenslauf

Antwort: Ja klar, der Lebenslauf gibt ja das wieder. Was hat er gemacht? Wenn einer irgendwie von der Herkunft her konservativ, bodenständig aufgewachsen ist, dann war er meistens kein Zugvogel, der mal dorthin, mal dorthin gezogen ist mit den Eltern, wobei viele natürlich nicht anders können, beruflich, ich denke an die Bundeswehr, wenn sie alle zwei, drei Jahre umziehen müssen, aber sonst kriegt man aus dem Lebenslauf raus, wo stammt er her, was sind die Eltern, das lässt man ja oft weg, aber für mich ist das ganz wichtig wenn die Eltern noch dabei stehen, was hat er gelernt, hat er von dort aufgebaut, also der ganze berufliche Werdegang. Im Lebenslauf, ganz wichtig. Oder, wie oft hat er etwas begonnen und wieder abgebrochen. Zum Beispiel. Oder hat er etwas durchgezogen? Der Lebenslauf ist auch ein ganz wichtiger Punkt für das Vorstellungsgespräch. Weil man Gründe erfragen kann, wenn er wo abgebrochen hat, was auch mal ganz natürlich sein kann. Kein Mensch kann sich sicher sein, dass er immer die richtige Entscheidung getroffen hat. Da kann man drüber reden. Darum ist der Lebenslauf absolut wichtig.

Frage: Wie wichtig waren für Sie **soziale Kriterien**, Familienstand, Kinder?

Antwort: In der Regel waren es Ledige, die hier vorgesprochen haben. Einer war verheiratet, den wir letztlich dann genommen haben, war eigentlich in der Phase, wo es um den Vorbereitungsdienst geht, nicht so wichtig. Stand auch nicht im Vordergrund der Bewerber. Ich könnte mir vorstellen, wäre einer oder eine dabei gewesen, verheiratet mit Kindern, sesshaft und was weiß ich und hätte das andere Profil dazugepasst, dann wäre es sicherlich gleichrangig wichtig gewesen.

- **Warum haben Sie genau diesen Bewerber ausgewählt?** Wenn Sie es jetzt noch mal zusammenfassen, die entscheidenden Punkte, warum Sie diese beiden Bewerber genommen haben?

Antwort: Das wichtigste war wohl, dass wir uns auf einen Mann oder eine Frau einigen konnten, die gut zusammen passen. Für die Ausbildung, für das was vor uns liegt. Und ich glaube auch, dass in beiden Fällen die Qualifikation ausreicht und dass sie beide eigentlich uns zu erkennen gegeben haben, dass sie sich durchaus auch für die dritte Phase für XXX interessieren.

- **Welche Kriterien musste der Kandidat auf jeden Fall erfüllen?**

Antwort: Qualifikation. Für mich das wichtigste. Und, dass man das Gefühl hat, er möchte nicht Lehrer wegen den Ferien werden, sondern Lehrer aus Berufung, weil er mit jungen Leuten umgehen will und kann. Ich habe auch oft nachgefragt, wo sie denn schon Kontakt mit jungen Menschen hatten. Ob sie irgendwo in Jugendgruppen tätig waren, oder welche Schlüsselerlebnisse sie hatten, dass sie Lehrer werden wollten. Sei es, dass der eine oder andere einem anderen Schüler Nachhilfeunterricht gegeben hat, einfach Schlüsselerlebnisse, die einen Menschen dazu bringen, dass er sagt: Ich möchte Lehrer werden. Da gehört ein Schlüsselerlebnis her. Nicht die Ferien.

- **Welche Kriterien waren Ihnen <u>nicht</u> so wichtig?**

Antwort: Was war mir nicht wichtig? Auf diese Frage bin ich jetzt gar nicht vorbereitet. Dinge, die man sowieso nicht als wichtig beachten sollte. Meinetwegen das Aussehen, oder vielleicht, wie sich vielleicht einer künstlich darstellt. Das Auftreten. Ich würde mal sagen, das Äußere. Ja zum Beispiel, dieser Anzug. Für mich war jetzt nicht wichtig, ob er mit Anzug und Krawatte kommt, sondern, was ist dahinter, hinter dem Menschen.

• Gibt es etwas, das Sie bei Ihren jetzigen Kandidaten vermissen?

Antwort: Ja, natürlich. Wenn ich auf bairisch sagen darf, dann wäre es das Düpferl auf dem i gewesen, wenn der eine sogar noch eine Ausbildung als Bankkaufmann gehabt hätte und zwar deswegen, weil ich weiß, dass im Bankbereich sich einer schwer tut, sich einzuarbeiten, wenn er den Beruf nicht gelernt hat. Der Bankkaufmann ist also ein typischer Beruf in dem Bereich Wirtschaft und Verwaltung, der sehr stoffbezogen spezialisiert ist, wo auch die Schüler sehr ausgewählt sind und natürlich es nie passieren darf, dass der Schüler gescheiter ist, als der Lehrer. Meine Erfahrung als Schulleiter, die ich habe, weist darauf hin, dass im Bankbereich absolut gute Fachleute drin sein müssen, die den Stoff beherrschen und eine dreijährige Lehre ist durch kein Praktikum zu ersetzen. Sich aus der Literatur sich anzueignen, da müsste man schon gut drauf sein. Das spüren die Schüler.

Frage: Und bei der Kandidatin, vermissen Sie da etwas?

Antwort: Eigentlich nicht. Das habe ich ja vorher schon gesagt, da war Einigkeit da. Man hat sich angeschaut und das war die Favoritin. Da war alles da. Ich hoffe, dass sie nicht zu verschlossen ist. Dass sie auch das an sich hat, das ein Lehrer braucht, um aus sich herauszugehen. Sie ist sehr gut qualifiziert, BAS BOS, nur Einser, sicherlich eine sehr leistungsfähige und engagierte Kraft, ich hoffe letztendlich, dass sie das persönliche entfalten kann, das man als Lehrer braucht. Man muss in einer Klasse drinstehen können und auch mal einen Witz erzählen können und die Schüler begeistern können, nicht nur eine Fachfrau sein. Aber das sind Vermutungen.

• Waren an der Entscheidung für diesen Kandidaten außer Ihnen noch andere Personen beteiligt?

entfällt

• Wer war beim Vorstellungsgespräch mit dabei?

Antwort: Ich selbst, mein Stellvertreter, die Personalentwicklerin und zwei weitere Damen des Fachbereiches Wirtschaft und Verwaltung, die eine Fachbetreuerin und die andere deckt einen besonderen Berufsbereich ab, so dass die Wirtschaftsberufe alle vom fachlicher her abgedeckt sind. Die andere ist sogar noch Fachbetreuerin für Deutsch und Sozialkunde. Deutsch und Sozialkunde muss jeder Lehrer unterrichten können.

• Konnten Sie ihre Stelle mit dem Bewerber ihrer ersten Wahl besetzen? Das heißt, Sie haben die Zusagen auch schon zugesendet?

Antwort: Ja

Frage: Wie schnell hatten Sie sich für die Bewerber entschieden? Bei der einen Kandidatin, hatten Sie gesagt, ging das Vorstellungsgespräch ganz schnell, Einigkeit bei dem anderen?

Antwort: Das war so, wir haben eine Vorstellungsrunde geschaltet und zwar alle halbe Stunde ein anderer Kandidat und die sind angerückt und wie gesagt, die eine war klar, zwischen zwei männlichen Bewerbern haben wir dann am Ende dieser Bewerberrunde eine Diskussion geführt, die Entscheidung kam aber auch noch am Ende dieser Runde. Am nächsten Tag gab es Telefonanrufe, das war dann der Freitag, am Montag in der Frühe waren die beiden Kandidaten vor Ort, die haben sich dann gleich kennen gelernt und hier habe ich auch gespürt, dass sie zusammenpassen, nicht, dass wir nur gemeint haben, sie passen zusammen und somit steht das Team. Die haben sich kennen gelernt, haben Telefonnummern ausgetauscht und wissen heute schon, mit wem sie es ab September im Team zu tun haben.

Frage: Und die haben an dem Montag auch praktisch zugesagt?

Antwort: An dem Montag haben die mein Schreiben auf den Tisch bekommen und ich habe gleichzeitig ihr Schreiben auf den Tisch bekommen.

- **Wie schnell hatten Sie sich für den Bewerber entschieden?**

entfällt

- **Wann kam dessen Zusage?**

entfällt

- **Gibt es Dinge, die Ihre Entscheidung mit beeinflusst haben, die ich bisher nicht gefragt habe?**

Antwort: Ja gut, für einen der Kandidaten, den wir letztlich aber nicht genommen haben, lagen auch Referenzen vor. Ich weiß, dass hier sogar jemand angerufen hat bei mir, den ich persönlich gut kenne und der mir Referenzen bieten konnte hinsichtlich dieses Studenten, aber ich habe mich von dem nicht leiten lassen, weil mir das andere wichtiger war, dass die Leute, die mit ihm arbeiten müssen, dass deren Meinung nicht übergangen wird. Er war natürlich auch sehr betroffen darüber und wollte von mir wissen warum und wieso und was weiß ich und hat nach wie vor zum Ausdruck gebracht, dass er, wenn er die normale Referendarzeit hinter sich gebracht hat, er auf alle Fälle in XXX arbeiten möchte. Ob er später dann noch mal anklopfen darf. Natürlich.

Themenbereich 3
Attraktivität der Schule

- Hätten Sie mit mehr oder weniger Bewerbungen gerechnet?

Antwort: Ich war eigentlich schon überrascht, dass es gleich 14 waren.

- Worauf führen Sie den hohen Zulauf an Bewerbungen an Ihrer Schule zurück?

Antwort: Wie ich vor dem Interview schon gesagt habe, wir stellen hier in XXX fest, dass wir überhaupt gut bedient werden, wenn es um Bewerbungen geht. Seitdem es auch im Direktbewerb um die normalen Stellen geht, wo wir die Leute selber zum Vorstellungsgespräch laden können und wo sich die Leute direkt bewerben, stelle ich fest, dass sich bei uns in der Regel viele Leute bewerben. Bei uns bewerben sich Leute, obwohl gar keine Ausschreibung stattfindet. Ich habe immer einen Akt Bewerbungen vorliegen, ich weiß nicht, warum. Wir sind froh darüber.

Frage: Haben Sie eine Vermutung?

Antwort: Es ist nicht nur eine Vermutung, man spricht natürlich darüber und insbesondere erfährt man von den Referendaren, die wir ja schon über längere Zeit haben, im Zweitschuleinsatz, dass sich unter diesen Referendaren im Seminar das rumspricht. Vielleicht ist ein Stück Ruf der Schule mit dabei. Der hoffentlich ein guter Ruf ist. Aber sicherlich auch der Standort, das hätte ich fast vergessen. Ich denke wohl, dass der Standort XXX ein S-Bahn Standort ist, da gibt es ja mehrere rund um München und man hört auch von den Leuten, die sich bewerben, dass XXX, als Stadt selber, eine attraktive Stadt geworden ist, eine attraktive Herzugstadt, rund um den Flughafen, da tut sich was, da rührt sich was, ich glaube, dass unsere Schule attraktiv ausgestattet ist, das alles glaube ich und vermute zumindest zählt zur Standortentscheidung dazu. Und ich traue mir auch zu sagen, dass wir ein gutes Team an der Schule haben.

- Was macht Ihre Schule für den Bewerber zusätzlich besonders attraktiv?

Antwort: Die Mischung der Berufe. Wir haben auch seit 40 Jahren die flugtechnischen Berufe an der Schule, sei es der Militärflughafen in XXX, oder auch Lufthansa, also die ganzen Fluggerätemechaniker, ich glaube, wir sind die einzige Schule in ganz Deutschland, die ein komplettes Flugzeug in der Halle stehen hat, einen Alpha-Jet, auch eine Besonderheit, das ist nur ein Bereich. Ich denke, dass wir wohl auch eine gute Öffentlichkeitsarbeit machen, nach außen hin.

- Haben Sie diese Besonderheiten in der Stellenausschreibung im Internet so dargestellt?

Antwort: In dieser Internetausschreibung zum AQUA meinen Sie? (Jawohl) Ja, da haben wir die Schule beschrieben und auch mit einem Bild, das unsere Schule, in einem durchaus eingegrünten, ruhigen Gebiet darstellt und in einem Fall weiß ich sogar, dass ein Bewerber im Gespräch darauf Bezug genommen hat, als ich ihn fragte, wieso haben Sie sich in XXX beworben? Weil ihm das irgendwie angenehm erschienen ist.

- Welchen Einfluss hatte Ihrer Meinung nach die Gestaltung der Ausschreibung im Internet auf den Bewerberzulauf?

Antwort: Ich könnte mir vorstellen, mit der einen Aussage, die ich eben gerade erwähnt habe, war es im Prinzip die Beschreibung der Ausbildungsberufe, die wir an der Schule führen, ansonsten meine ich, können alle Schulen in einer gleichen Art und Weise im Internet aufwarten. Ich kann mir nicht vorstellen, dass man über das Internet ... ich denke wohl, das Internet ist die Möglichkeit, dass die Schule sich darstellt. Wie im Bereich der Werbung auch, da kann man natürlich auch alle Register ziehen. Sofern die obere Stelle das reinstellt letzten Endes. Im Prinzip haben wir natürlich versucht, es so attraktiv wie möglich zu machen und wir haben uns gewundert, dass zum Beispiel das Bild mit reingestellt wurde. Das war schon wichtig, finde ich.

- Was haben Sie zusätzlich unternommen, um sich für den Bewerber attraktiv darzustellen?

Antwort: Eigentlich sonst nichts.

- Welche Möglichkeiten sehen Sie zur Steigerung der Attraktivität Ihrer Schule in der Zukunft?

Antwort: Auf die vorige Frage noch ganz kurz: Es war natürlich ein Bewerber dabei, der vorher schon die Schule anschauen wollte. Bevor die Vorstellungsrunde war. Natürlich ist man aufgeschlossen und zeigt dem Menschen die Schule. Ganz klar. Das ist ein ganz wichtiger Punkt. Das weiß ich aus der anderen Ausschreibungsrunde. Man muss einem Menschen, der sich für die Schule entscheidet, natürlich erst einmal das Haus zeigen, wichtig ist, dass der Chef selber, der Schulleiter selber sich Zeit nimmt und nicht irgendeiner, das ist natürlich zeitintensiv. Aber ich würde meinen, das ist ein wichtiger Punkt, wenn man jemanden gewinnen möchte.

Frage: Und welche Möglichkeiten der Steigerung der Attraktivität in der Zukunft sehen Sie an Ihrer Schule?

Antwort: Wir tun alles Mögliche, dass die Schule ordentlich, sauber und modern, von der

Bausubstanz her, gestaltet ist. Das ist ganz wichtig. Sie haben auch einen gewissen Eindruck bekommen als sie heute in die Schule hineingegangen sind, das müssen Sie am
ehesten feststellen, weil Sie momentan viele Schulen besuchen, an unserer Schule weht die
Fahne draußen, wie vor einer Firma, mir ist das wichtig, dass wir uns von dem Image von
einer ganz trüben Amtsstube entfernen, sondern, dass wir uns wie ein Betrieb, ein Wirtschaftsbetrieb darstellen, da muss die Fahne wehen draußen. Nicht die Deutschlandfahne,
sondern die Fahne unseres Berufsschul-Logos. Die haben Sie sicherlich gesehen, hoffentlich stand sie im Wind, heut ist ja windiges Wetter, der Eindruck nach außen, der muss da
sein. Für mich ist es ganz wichtig, wir haben auch jetzt die Schule in der Homepage dargestellt, die Homepage hätte ich jetzt fast vergessen, für mich ist es auch ganz wichtig, dass
die Lehrkräfte sich bereit erklären, auf unserer Homepage sich mit Bild darzustellen, jetzt
nicht nur für die Schüler, Betriebe und Eltern, und jetzt komme ich wieder auf den Bewerber
zurück, dass auch der Bewerber unsere Schule über das Internet besuchen kann, also unsere Homepage, dass er schon einmal sieht, wer ist der Schulleiter? Aha, das ist der YYY,
wie schaut der aus? Wer sind die Lehrer? Was gibt es für Abteilungen? Je mehr Persönlichkeit man da hereinbringt, über die Bilder, was für viele oft nicht ganz so leicht ist, Daten-
schutz usw., aber wir sind jetzt soweit, dass wir das hereinstellen, zumindest Gruppenbilder.
Noch ist es nicht drin. Das glaube ich, ist ganz wichtig, dass man sich öffnet nach außen mit
den Personen, dass man die Schule möglichst schon virtuell besuchen kann.

- **Welche Perspektiven können Sie dem Bewerber bieten?**

  Antwort: Es ist natürlich klar, dass ein Bewerber, der zu uns kommt, schon auch eine gewisse Zielrichtung hat, in welchen Berufsbereich er später, zumindest schwerpunktmäßig, er
  reinkommen kann. Während der Ausbildung schon und vielleicht auch später. Das wollen
  wir auch tun, dass man sie da schon reinlässt, weil sonst fühlt er sich vielleicht auch fehlge-
  leitet. Das ist eine Perspektive. Die andere Perspektive ist, dass wir ihn möglichst stark integrieren wollen, in das Kollegium, beispielsweise bieten wir unseren beiden neuen jetzt
  schon an, dass sie sich Anfang Oktober an einem Lehrerausflug zu unserer Partnerschule
  nach Ungarn beteiligen können.

- **Gibt es etwas bezüglich der Attraktivität Ihrer Schule, das wir bisher noch
  nicht angesprochen haben?**

  Antwort: Ich denke wohl, dass wir an einer Schnittstelle angelangt sind, die Schule weiterhin noch attraktiver zu gestalten. Und zwar möchte ich den Gastronomiebereich an der
  Schule ansiedeln, Gespräche laufen bereits, sowohl mit der Regierung als auch mit dem
  Gastronomieverband und auch mit dem Sachaufwandsträger, da geht es noch mal um eine
  riesige Investition, unter Umständen um 10 bis 12 Millionen Mark, ein völlig neuer Bau, der
  entstehen soll. Ich meine, das ist strukturbildungspolitisch eine ganz wichtige Entscheidung,
  dass wir in XXX, Nähe Flughafen, Therme XXX, Münchner Osten, Messe, ich selber sitze im

Stadt- und Kreisrat von XXX und weiß, was sich auf dem Hotelsektor tut, ich kenne auch die Zahlen der IHK und ich meine, dass wir hier den Gastronomiebereich ansiedeln sollen. Jeder Schulleiter weiß, was es bedeutet, wenn man den Gastronomiebereich an der Schule hat, was das für eine Attraktivitätssteigerung nach außen ist. In der direkten Nachbarschaft haben wir die Kreismusikschule von XXX, eine beispielhafte Schule und ich könnte mir gut vorstellen, dass sich diese zwei Schulen gut ergänzen. Kultur ist sehr wichtig. Das Essen und Trinken und die Musik gehören zusammen. Ich könnte mir vorstellen, dass wir schon was bieten können, nach außen hin gemeinsam die Schule darzustellen. Also ich freue mich auf diese neue Aufgabe, ich hoffe, dass wir die Entscheidungen im Landkreis, die natürlich mit viel Geld zusammenhängen und auch mit der Regierung in der Weise durchbringen.

Zusammenfassende Frage

- Wenn Sie zusammenfassen: Welches sind für Sie die wichtigsten Punkte an AQUA?

Antwort: Der wichtigste Punkt an AQUA ist, dass man wegkommt von der kollektiven zur individuellen Ausbildung. Also adressatenbezogen, was den Probanden, oder den Studenten betrifft und der andere Adressat ist die Schule. Die Schule, wie sie geartet ist, hinsichtlich der Schüler und Ausbildungsberufe und den Studenten, was er von der Vorbildung mitbringt, wo er seine Stärken und Schwächen hat. Wenn man die beiden Dinge bestmöglich zusammenbringt, in diesen zwei Jahren, vielleicht noch ein bisschen in die dritte Phase rein, dann denke ich wohl, ist die beste Effektivität einer Ausbildung zum Lehrerberuf erreichbar.

Statistische Daten

Wie viele Schüler werden beschult?	2037
Wie viele Lehrkräfte unterrichten an der Schule?	Ca. 55 hauptamtlich, ca. 20 nebenberuflich
Wie viele Klassen führt die Schule?	93
Wie gestaltet sich die Altersstruktur des Kollegiums?	Leicht überaltert, aber junges Personal kommt nach
Welche Fachbereiche sind an der Schule vertreten?	WV, MT, ET, BT, Gesundheitsberufe, Körperpflege
Wie viele Kollegen sind in dem ausgeschriebenen Fachbereich tätig?	15
Wie viele Kollegen gehen in diesem Fachbereich in Kürze in Pension?	2
Wie viele jüngere (< 45) Kollegen arbeiten in diesem Fachbereich?	5

BEITRÄGE ZUR ARBEITS-, BERUFS - UND WIRTSCHAFTSPÄDAGOGIK

Band 20 Clemens Espe: Komplexes Problemlösen und Zusammenhangswissen in der beruflichen Bildung. Evaluation eines Unterrichtskonzeptes zur Verbesserung des Erwerbs von Zusammenhangswissen und dessen Anwendung beim komplexen Problemlösen mittels einer Verlaufsuntersuchung und einem computersimulierten Problemlöseszenario. 2001.

Band 21 Ralf Tenberg: Multimedia und Telekommunikation im beruflichen Unterricht. Theoretische Analyse und empirische Untersuchungen im gewerblich-technischen Berufsfeld. 2001.

Band 22 Michael Vögele: Computerunterstütztes Lernen in der beruflichen Bildung. Analyse von individuellen Lernwegen beim Einsatz einer Unterrichtssoftware und Darstellung eines Unterrichts in den Ausbildungsberufen der Informations- und Telekommunikationstechnik. 2003.

Band 23 Robert Geiger: Systematik- und beispielorientierte Gestaltungsvarianten eines handlungsorientierten technischen beruflichen Unterrichts. Eine Gegenüberstellung von systematik- und beispielorientierten Gestaltungsvarianten eines Automatisierungstechnikunterrichts bei Mechatronikern. 2005.

Band 24 Susanne Schollweck: Lernprozesse in einem handlungsorientierten beruflichen Unterricht aus Sicht der Schüler. 2007.

Band 25 Markus Müller: Schulleiter und Personalauswahl. Eine Untersuchung über Entscheidungen von Schulleitern zum Eingehen eines langfristigen Personalverhältnisses in der zweiten Phase der Lehrerbildung für berufliche Schulen. 2008.

www.peterlang.de